NIINA LAITINEN

Finnische Socken stricken

First published in 2021 by Otava Publishing Company Ltd. with the Finnish title *Lempivillasukkia*
Published in the German Language by arrangement with Otava Publishing Company Ltd. Helsinki

Anleitungen und Strickschriften: Niina Laitinen
Fotos, Styling, grafisches Design: Viola Virtamo

Bibliografische Information der Deutschen Nationalbibliothek
Die Deutsche Nationalbibliothek verzeichnet diese Publikation in der Deutschen Nationalbibliografie; detaillierte bibliografische Daten sind im Internet über http://dnb.d-nb.de abrufbar.

Umschlaggestaltung: Guter Punkt GmbH & Co KG, München

Übersetzung aus dem Finnischen: Andrea Hauss-Honkanen

Satz und Redaktion der deutschen Ausgabe:
Verlags- und Redaktionsbüro München, www.vrb-muenchen.de

Wir produzieren unsere Bücher mit großer Sorgfalt und Genauigkeit. Trotzdem lässt es sich nicht ausschließen, dass uns in Einzelfällen Fehler passieren. Auf unserer Webseite finden Sie bei den Produktinformationen für diesen Titel eventuelle Hinweise und Korrekturen. Möglicherweise sind die Korrekturen in Ihrer Ausgabe bereits ausgeführt, da wir vor jeder neuen Auflage bekannte Fehler korrigieren. Sollten Sie in diesem Buch einen Fehler finden, so bitten wir um einen Hinweis an verlag@stiebner.com. Für solche Hinweise sind wir sehr dankbar, denn sie helfen uns, unsere Bücher zu verbessern.

ISBN: 978-3-8307-2119-2
Printed in the EU
www.stiebner.com

NIINA LAITINEN

Finnische Socken stricken

stiebner

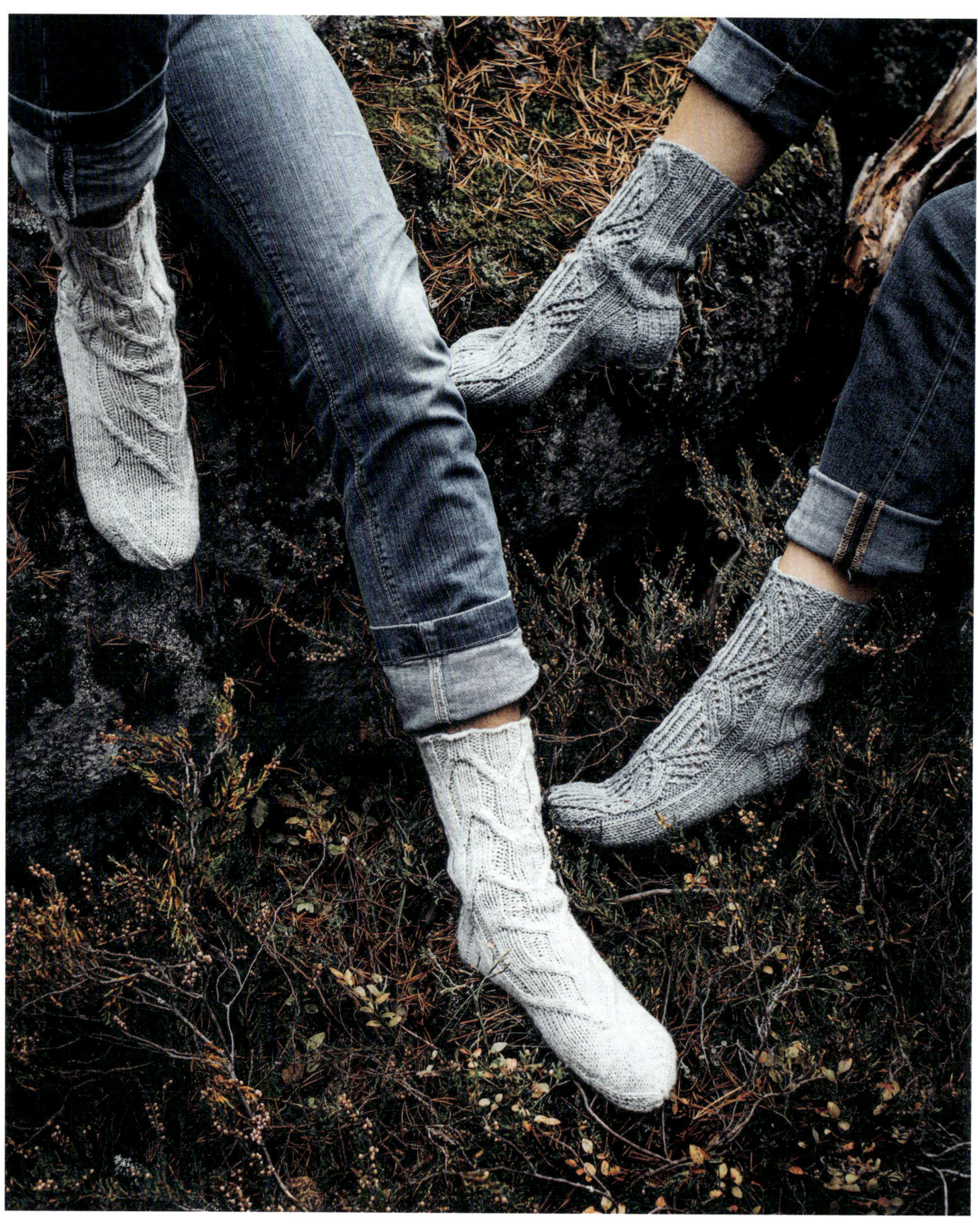

Vorwort

Sie halten jetzt mein neuestes Strickbuch in den Händen – ein weiteres, *Finnische Socken stricken für jede Jahreszeit*, ist bereits im Stiebner Verlag erschienen. Die Modelle sind inspiriert von einem zeitlosen Thema, das sich wie ein roter Faden durch den Inhalt zieht, der Liebe – zum Partner oder zur Partnerin, zur Freundin und zum Freund, zur Familie, zur Natur und vor allem: zum Leben!

Während der Entstehung dieses Buches bin ich als Mensch innerlich gewachsen und habe gelernt, Vertrauen in meine eigene Arbeit, mein Können und meine Leidenschaft zu haben. Die Fähigkeit, die kleinen, wichtigen Momente und das Leben als Ganzes zu genießen, führte mich durch diesen Schöpfungsprozess in die Entspannung und gab der Kreativität Raum, sich auszubreiten.

Das Leben ist besser, wenn man sich traut zu lieben und Liebe zu empfangen. Bei den Strickanleitungen in diesem Buch dachte ich an eine Liebesgeschichte von der ersten Begegnung an. Dabei geht es um Tequila und das erste Kennenlernen, um den Reiz des Neuen und Schmetterlinge im Bauch, um wunderbare Momente in der Natur bei Vogelgezwitscher, um vielversprechende Spaziergänge Hand in Hand und das Glück einer Sommernacht. Es geht um das sichere Gefühl, die richtige Wahl getroffen zu haben, um Abenteuer auf dem Fluss der Liebe wie in der Dunkelheit der Nacht. Es geht um die Magie des Tanzens, den Glauben an das Miteinander und um das gemeinsam gelebte Glück.

Das Buch bietet Einstrick-, Loch- und Zopfmuster für jeden Geschmack. Sie finden hier zwölf Sockenmodelle in jeweils zwei verschiedenen Ausführungen: eine für einen schlankeren Fuß mit einem zierlicheren Muster, eine für einen etwas kräftigeren Fuß mit einem gröberen Muster. Ich habe die Anleitungen leicht verständlich geschrieben, damit Sie mühelos folgen und stricken können (weitere Inspiration finden Sie auch auf www.instagram.com/niinalaitinendesigns/).

Ein herzliches Dankeschön an alle, die bei der Entstehung dieses Buches mitgeholfen haben. Mein größter Dank für die Inspiration, die Unterstützung und die Magie der Geschichten gebührt jedoch meinem eigenen Schatz: Ohne ihn würde diesem Buch die Liebe fehlen.

Niina

Inhalt

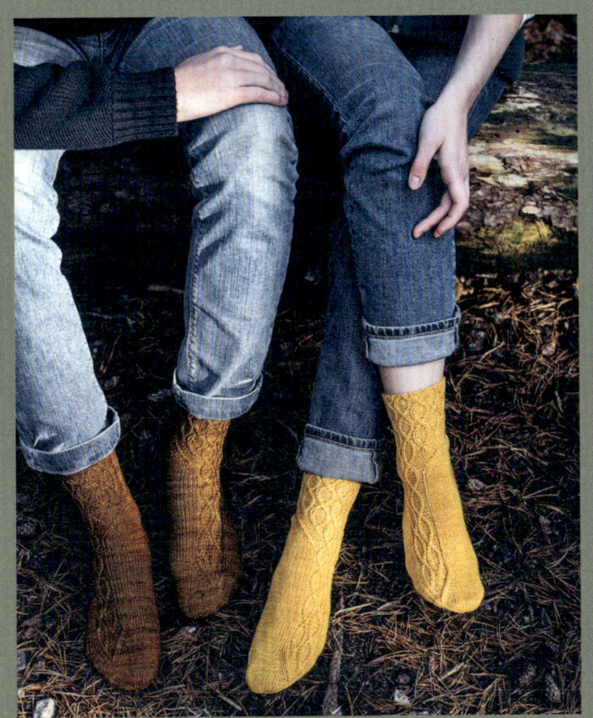

17 Tequila

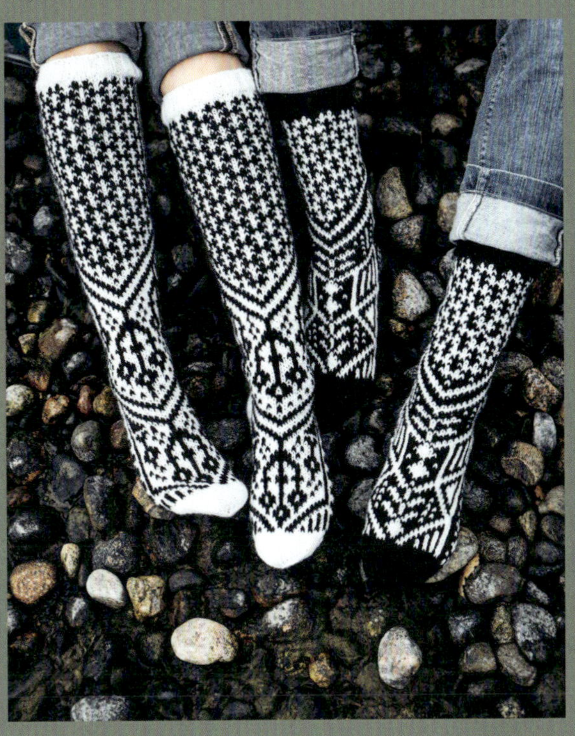

31 Mysterium

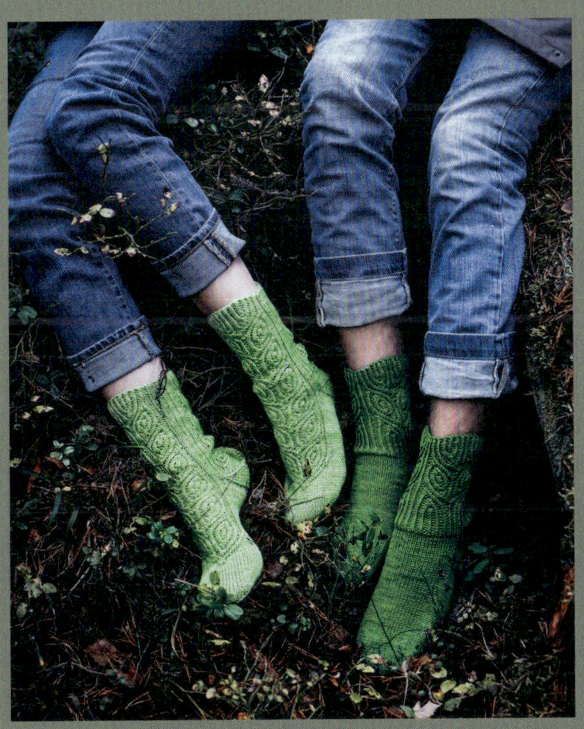

45 Meisterzeichnung

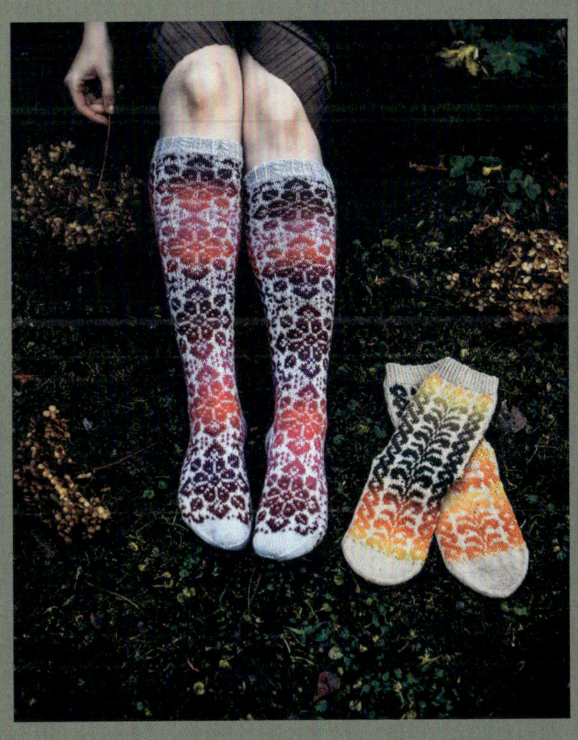

57 Eins sein

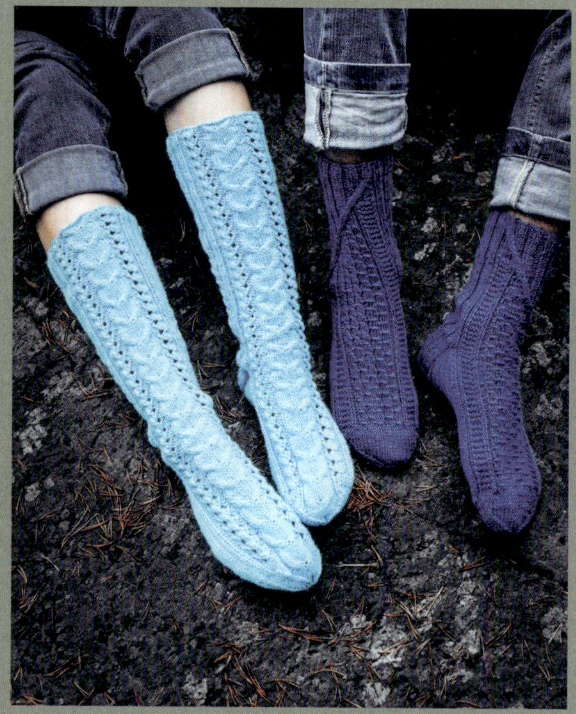

69 Nocturne

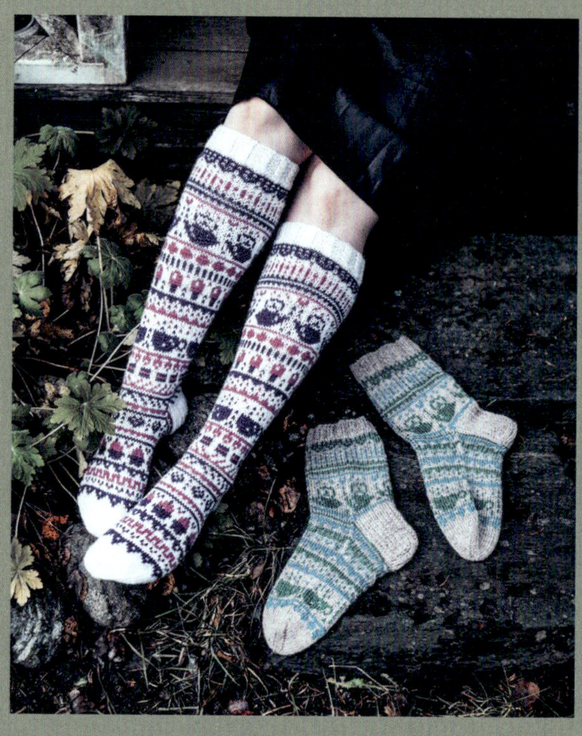

83 Für einen Moment ist die Welt hier

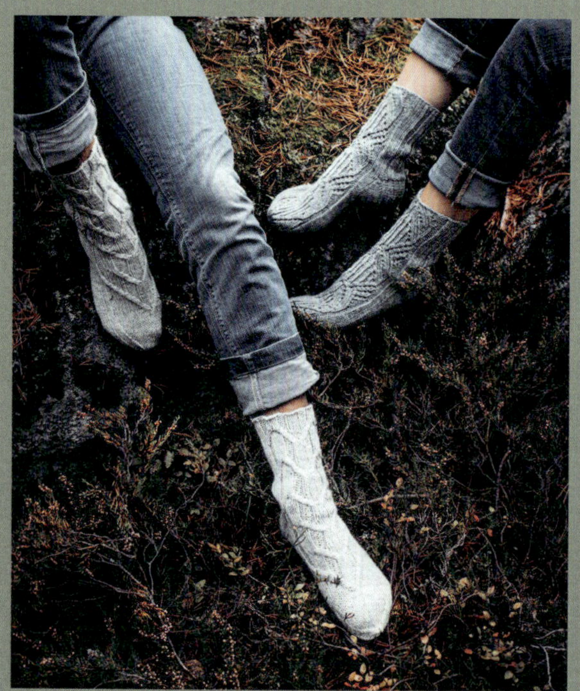

97 Darf ich bitten?

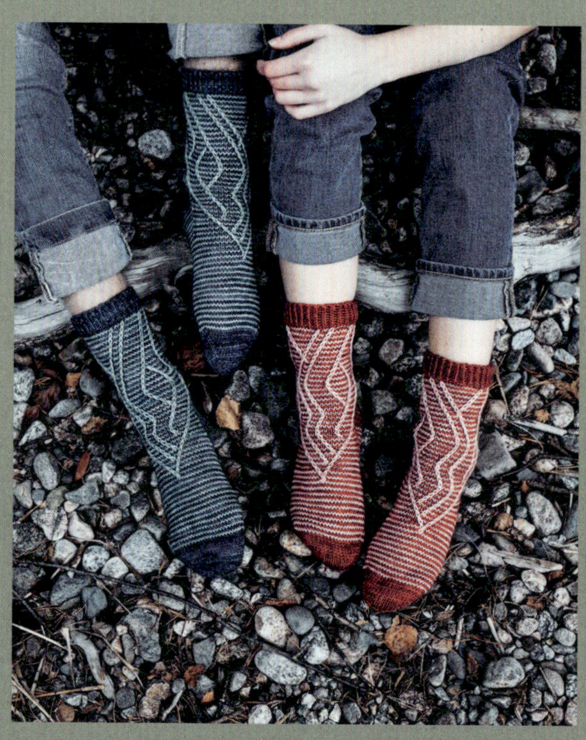

109 Alles fließt

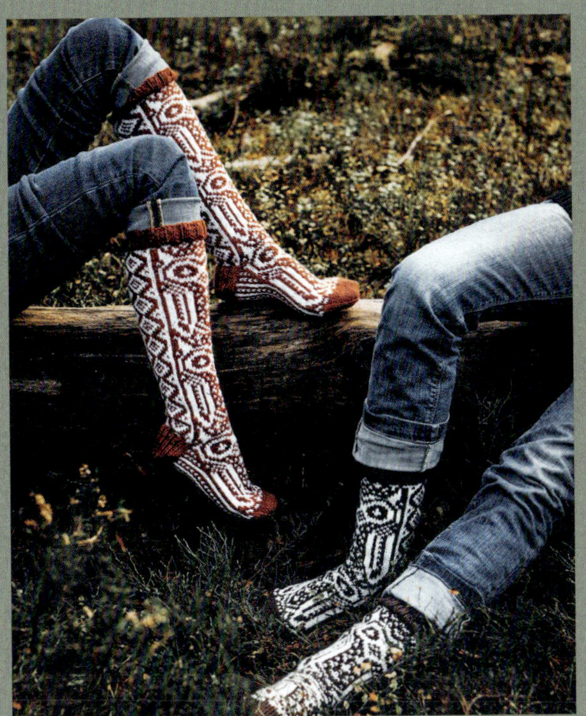

123 Hörst du die Nacht?

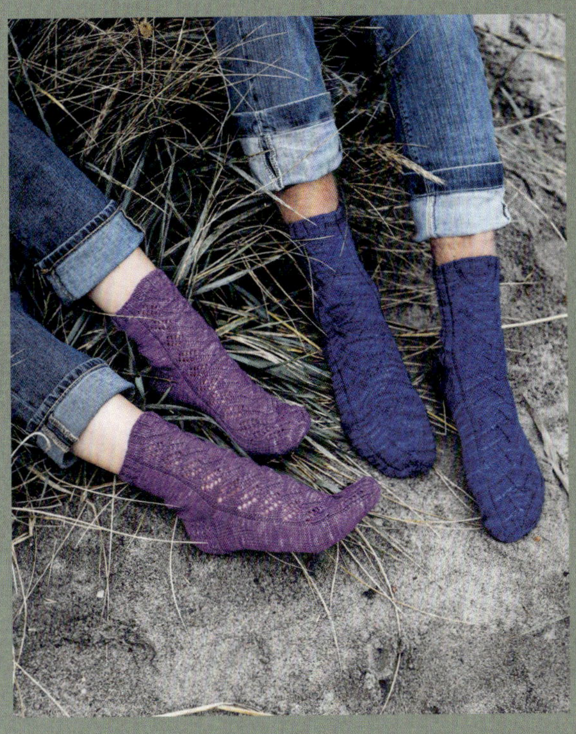

137 Das Wasser unter dem Wasser

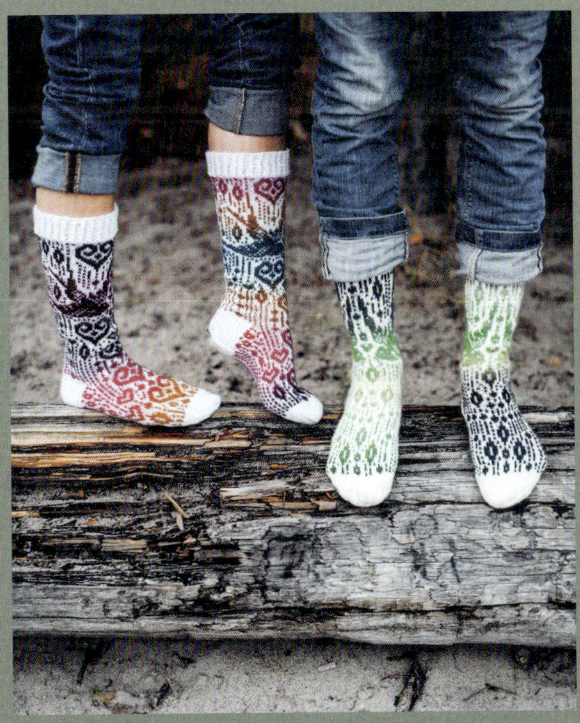

147 Ich bin dein

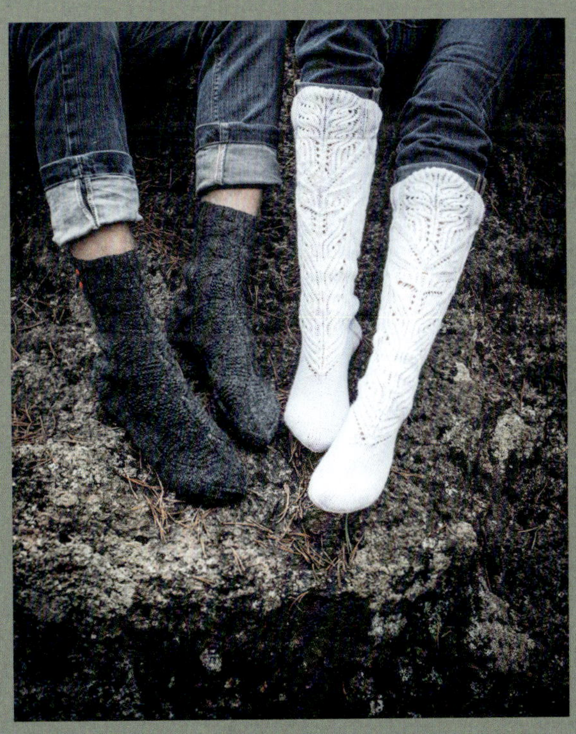

161 Die Eberesche vom Ural

Abkürzungen und Stricktipps

In den Anleitungen werden Abkürzungen verwendet, damit der Text nicht zu lang wird. Manche Abkürzungen kommen in jeder Anleitung vor, andere nur in einigen. Die Erklärungen der Zeichen in den einzelnen Strickschriften finden Sie bei der jeweiligen Strickschrift.

1 M ABHEBEN, OHNE SIE ZU STRICKEN	Wenn nicht angegeben ist, ob die Masche rechts oder links abgehoben wird, wird sie rechts abgehoben. Bei der verstärkten Ferse können Sie die Masche, die abgehoben werden soll, einfach ohne sie zu stricken auf die rechte Nadel legen, statt sie rechts abzuheben, damit die Maschen sauberer aussehen.
1 M LINKS ABHEBEN, OHNE SIE ZU STRICKEN	Masche auf die rechte Nadel heben, Faden liegt vor der Arbeit.
2 M LI ZUS	2 Maschen links zusammenstricken.
2 M RE ZUS	2 Maschen rechts zusammenstricken.
ÄNDERN DER GRÖSSE	Sie können die Größe der Socken leicht anpassen, indem Sie Nadeln anderer Stärke verwenden. Mit dickeren Nadeln erhalten Sie größere Socken, mit dünneren Nadeln kleinere. Einige Modelle haben fertige Anleitungen für unterschiedliche Größen oder Tipps zum Ändern der Größe.
ARB	Arbeit
EINSTRICKMUSTER	Bei Einstrickmustern sollten die langen Spannfäden alle paar Maschen verkreuzt werden. Nach jeder gestrickten Nadel sollten Sie die Maschen etwas dehnen und dabei sicherstellen, dass das Gestrick elastisch ist.
FERSEN-R	Zu den Gesamtreihen der Fersen werden nur die verstärkt ge strickten Reihen gezählt, wenn nicht anders angegeben.
GLATT RE IN REIHEN	In der Hinreihe rechte Maschen, in der Rückreihe linke Maschen stricken.
GLATT RE IN RUNDEN	Rechte Maschen stricken.
HILFSND	Hilfsnadel
HIN-R	Hinreihe(n)

KRAUS RE IN REIHEN	In allen Reihen rechte Maschen stricken.
LESERICHTUNG DER STRICKSCHRIFTEN	Die Strickschriften werden von rechts nach links und von unten nach oben gelesen, wenn nicht anders angegeben.
LI	linke, links
M	Masche(n)
MASCHENPROBE	Die Maschenprobe ist für jedes Modell angegeben. Wenn Sie Ihre Maschenprobe für ein bestimmtes Garn nicht wissen, empfehle ich, ein Probestück zu stricken und die Maschen zu zählen. Wenn Ihre Maschenprobe größer ausfällt als in der Anleitung angegeben, werden die Socken kleiner, und umgekehrt.
ND	Nadel
NADELVERTEILUNG	Alle Modelle werden mit 4 Stricknadeln eines Nadelspiels gestrickt. Bei fast allen Modellen ist die Maschenaufteilung angegeben. Falls nicht, hat das keine Bedeutung. Gelegentlich unterscheidet sich die Maschenzahl auf einer Nadel durch Abnahmen und Zunahmen von der einer anderen Nadel. Deshalb sollten Sie stets auf die richtige Gesamtzahl der Maschen achten.
NUMMERIERUNG DER NADELN	Mit der 1. und 4. Nadel wird die rückwärtige Sockenseite, mit der 2. und 3. Nadel die vordere Sockenseite gestrickt, wenn nicht anders angegeben.
R, RD	Reihe(n), Runde(n)
RE	rechte, rechts
RÜCK-R	Rückreihe(n)
SSK	slip, slip, knit: abheben, abheben, stricken: 2 M einzeln wie zum Rechtsstricken abheben, beide M zurück auf die linke Nadel legen und von hinten zusammenstricken. Die ssk-Abnahme kann durch den Überzug ersetzt werden.
STR	stricken
STRICKSCHRIFTEN FÜR DIE SPITZENMUSTER	Bei einigen Strickschriften für die Spitzenmuster kann die R/Rd, die gerade gestrickt wird, aufgrund von Ab- und Zunahmen nicht direkt mit der Vorreihe/Vorrunde verglichen werden. Stricken Sie immer eine R/Rd nach der anderen, unabhängig von den M der Vorreihe/Vorrunde.
U	Umschlag. Der Faden liegt von vorne nach hinten über der Nadel.
ÜBZ	Überzug: 1 M wie zum Rechtsstricken abheben, 1 M rechts stricken, die abgehobene M über die gestrickte ziehen. Der Überzug kann durch die ssk-Abnahme ersetzt werden.
UMSCHLAG VON HINTEN NACH VORN	Der Faden liegt von hinten nach vorne über der Nadel. In einigen Modellen wird dieser Umschlag verwendet, damit die rechte Masche in der folgenden Runde sich in die gewünschte Richtung neigt.
ZUNAHME VON MASCHEN	Bei einigen Modellen werden für die Ferse eine oder mehrere Maschen zugenommen. Dazu den Querfaden zwischen zwei M der Vorreihe aufnehmen und rechts bzw. links verschränkt abstricken.

Verwendete Garne und Alternativen dazu

DÜNNE SOCKENGARNE

100 g = 400–420 m, empfohlene Nadelstärke 2,5

Alize
Austermann Step
Drops Fabel
Kaupunkilanka Keskustori
Kirjo-Pirkka
Lana Grossa
Louhittaren Luola Väinämöinen
Malabrigo Sock
Novita Venla
Opal 4ply
Regia 4ply
Riikka-Piikan Hip Hei
Socki Fine
Uschitita Fibre art Merino sock

MITTELDICKE SOCKENGARNE

100 g = 250–270 m, empfohlene Nadelstärke 3

Aara Aatos
Austermann Step 6
Gjestal Maija
Kaupunkilanka Rotvalli
Louhittaren Luola Väinämöinen sport
Nordia Oona
Novita Nalle
Opal 6ply
Regia 6ply
Teetee Pallas
Vuorelma Veto

DICKE SOCKENGARNE

100 g = 200 m, empfohlene Nadelstärke 3,5

Adlibris Socki
Gjestal Janne
Kaupunkilanka Kivijalka
Nordia Oiva
Novita 7 Veljestä
Teetee Salla

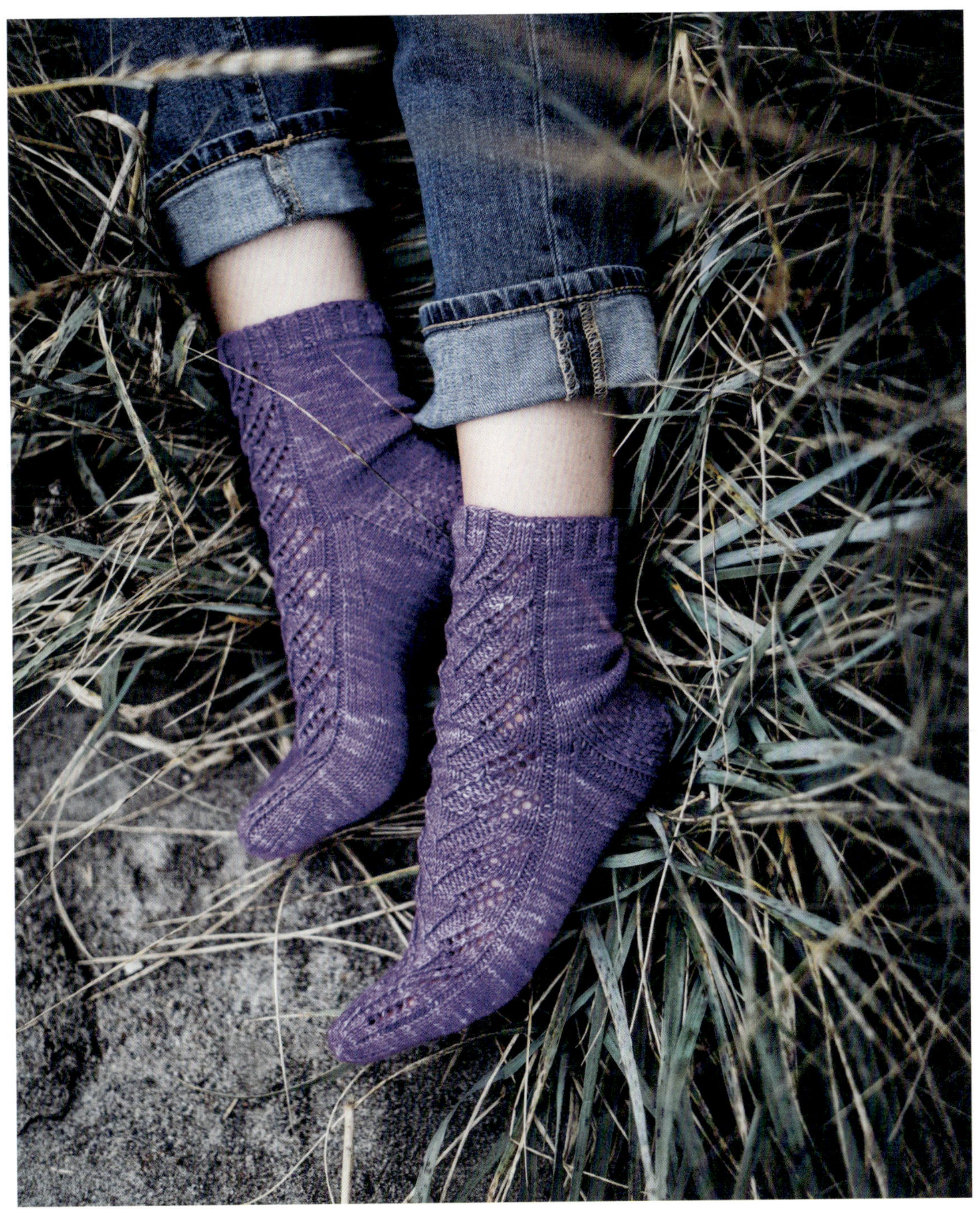

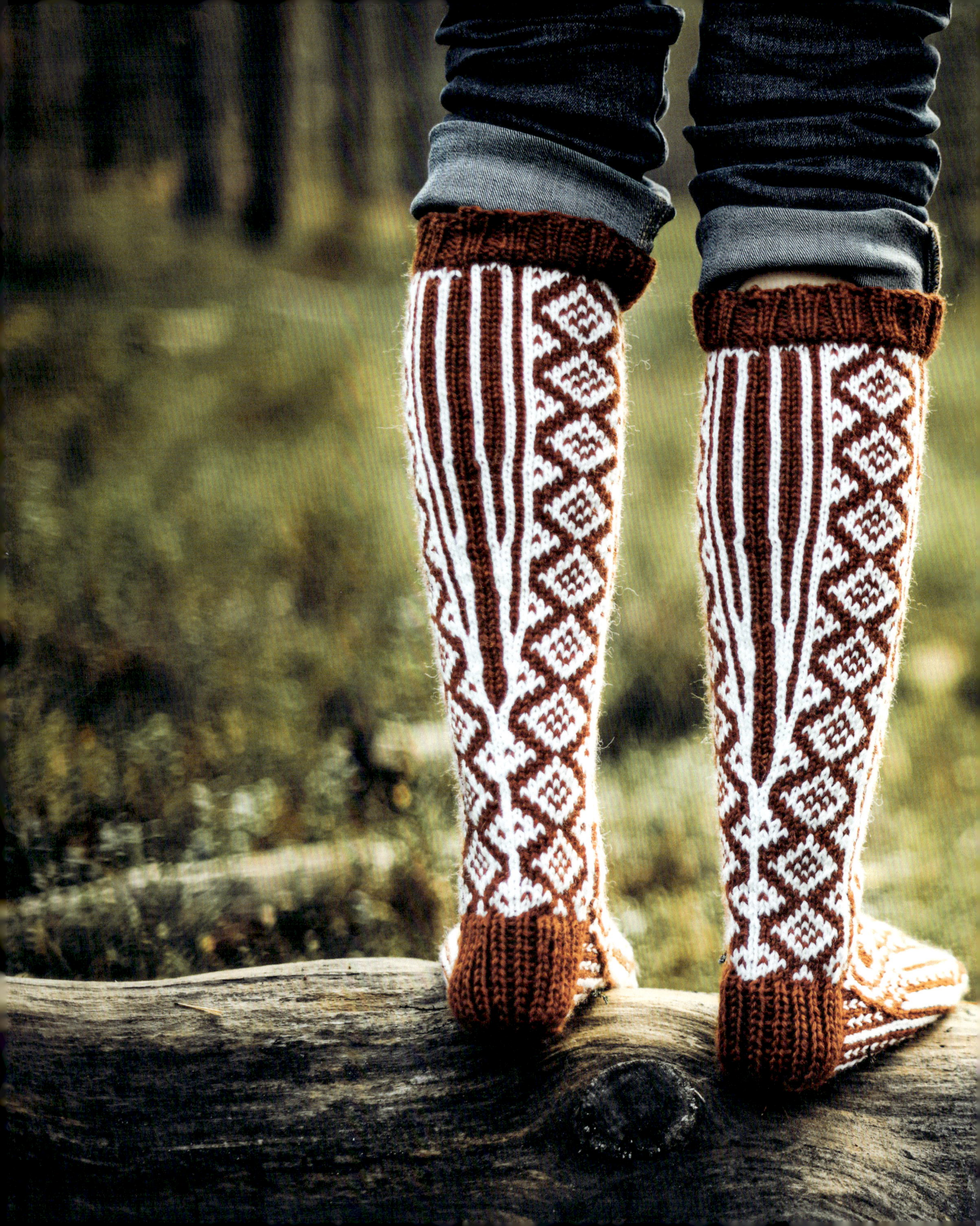

Anleitungen

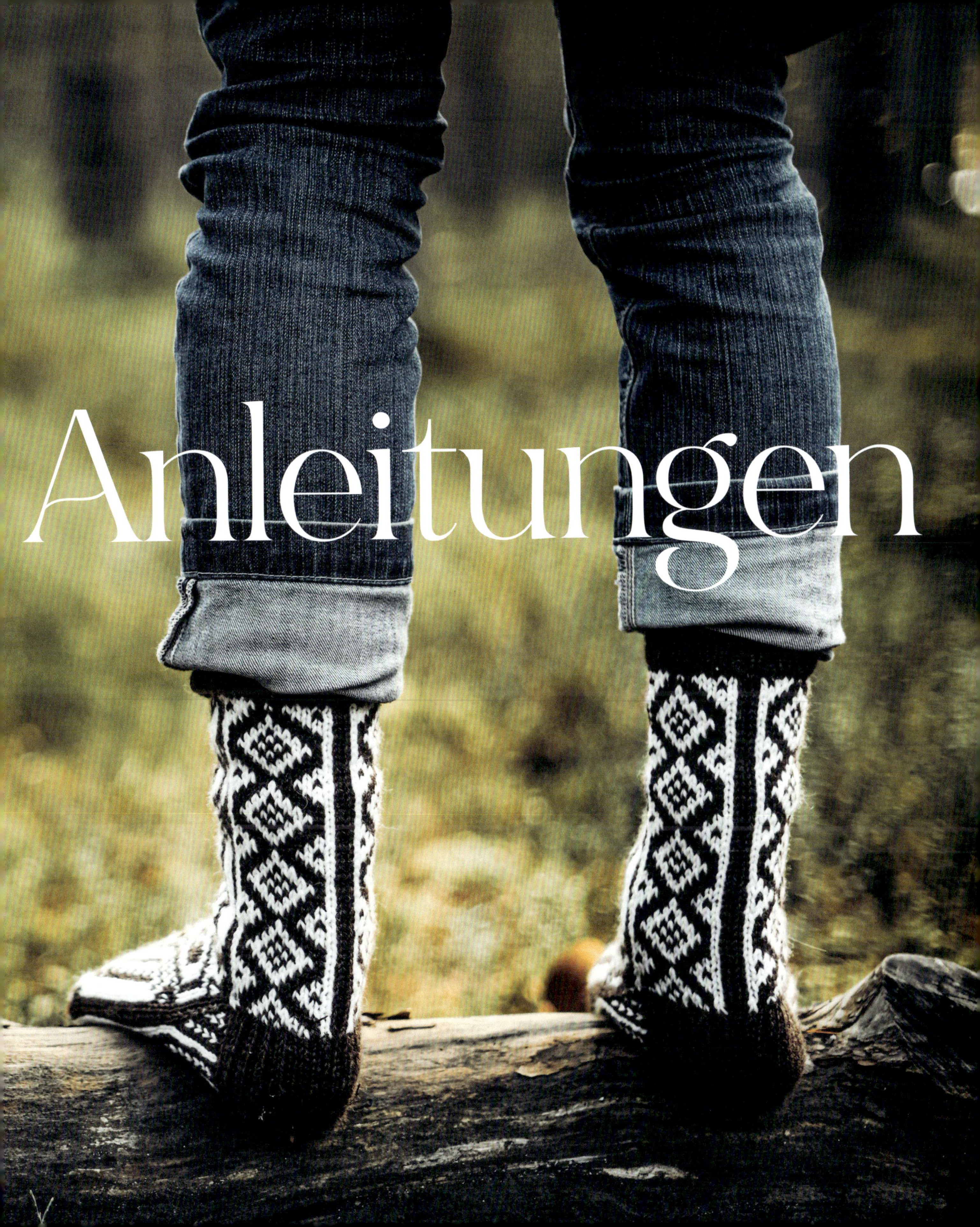

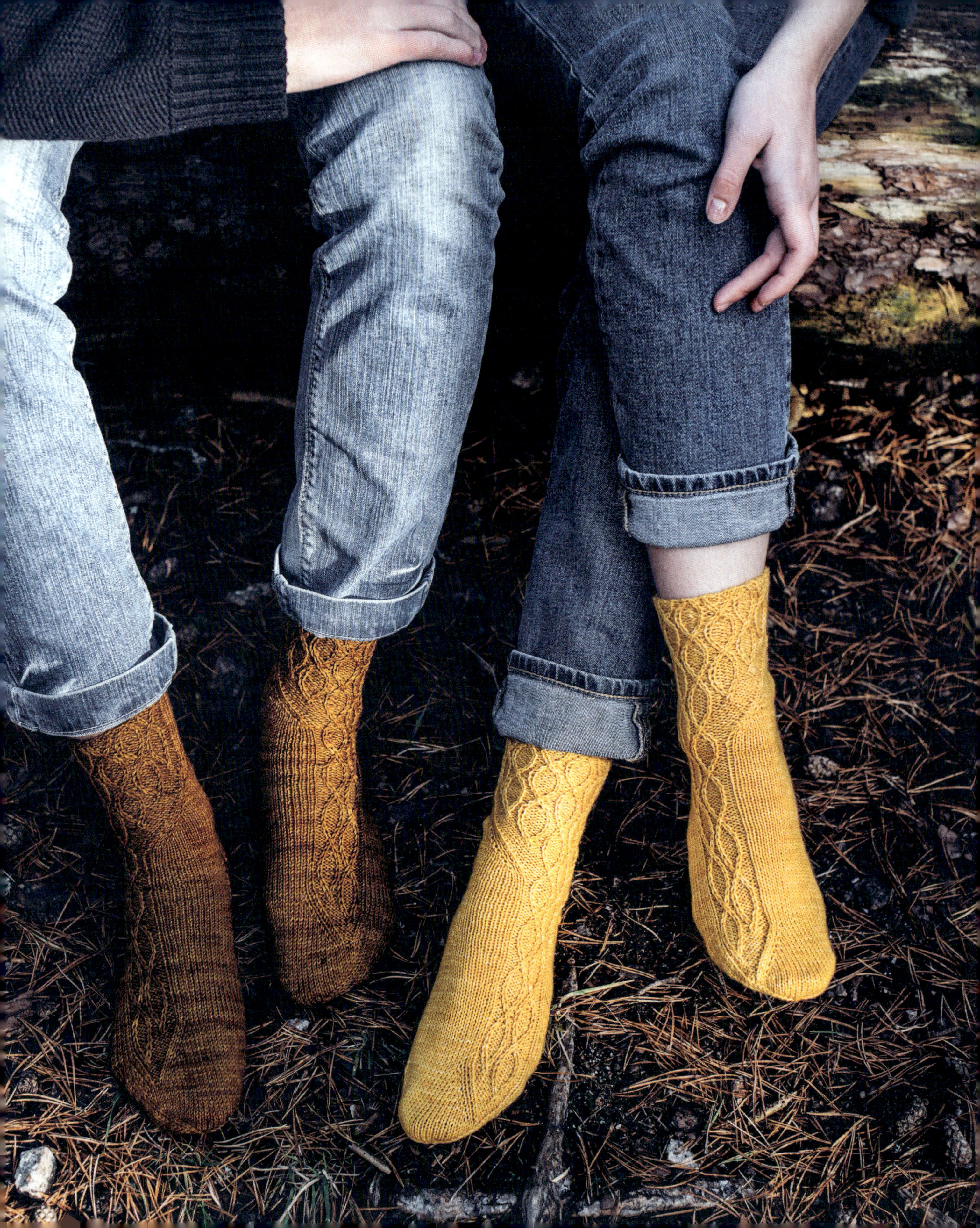

Tequila

Verschlungene Zöpfe und neue, wundervolle, sanfte Wärme. Das Muster mit Hebemaschen ziert den Schaft und setzt sich fließend bis zu den Zehen fort. Dieses Modell ist einem Herrn gewidmet, der mich beim ersten Date bei einem Tequila, also innerhalb von zweieinhalb Sekunden, verzaubert hat. Es war nicht das Liebesgetränk, das meine Welt ins Wanken brachte, sondern der Mann mit seinem sanften Lächeln.

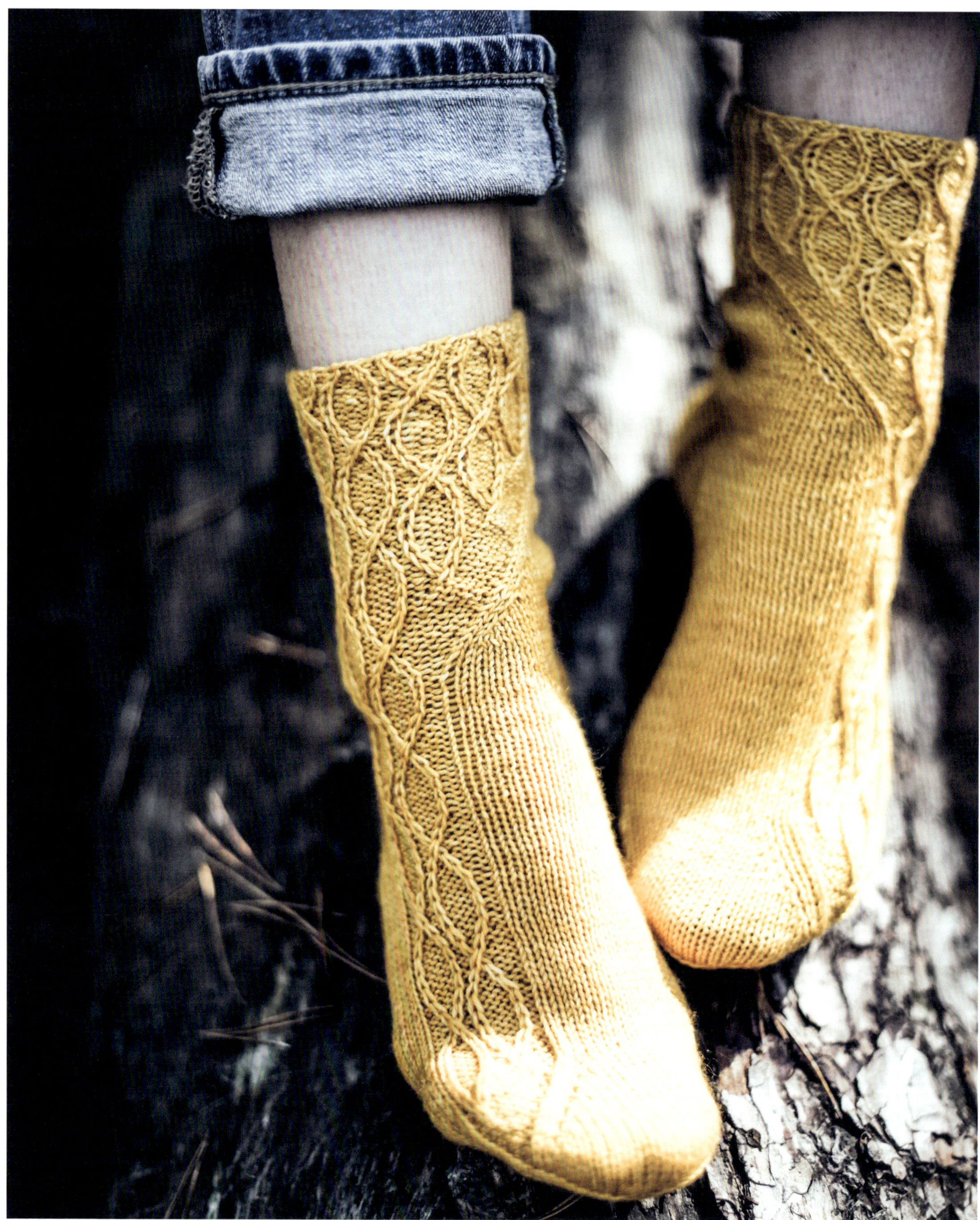

Tequila

Größe: 38/39

Garn: Uschitita Fibre art Merino sock (100 g = 425 m), Farbe Braun

Garnverbrauch: 60 g

Nadelspiel: Nr. 2,5, Hilfsnadel

Maschenprobe: 28 M und 36 Rd = 10 cm x 10 cm

BEVOR SIE BEGINNEN

Die Socken werden gegengleich gestrickt. Verwenden Sie die Strickschriften A1, B1 und C1 für die rechte Socke, und die Strickschriften A2, B2 und C2 für die linke Socke. In den Strickschriften ist jeweils die Nadelverteilung dargestellt. Sie variiert jedoch im Verlauf der Arbeit durch Ab- und Zunahmen. Kontrollieren Sie bitte die richtige Nadelverteilung, bevor die Ferse beginnt.

SCHAFT

65 M anschlagen und auf den Nd verteilen: 17-16-16-16 für die rechte Socke und 16-16-16-17 für die linke Socke. Den Schaft laut Strickschrift A1/A2 stricken (58 Rd).

FERSE

Die Fersenwand verstärkt stricken, dazu die M der 1. Nd auf die 4. Nd stricken (insg. 33 M). Die restlichen M bleiben ungestrickt. Die Arbeit wenden, die 1. M li abheben, ohne sie zu stricken, die übrigen M li stricken. Gleichzeitig 1 M abnehmen, die Fersenwand hat jetzt insg. 32 M.

1. R (Hin-R): Die Arbeit wenden, *1 M abheben, 1 M re, ab * bis R-Ende wiederholen.

2. R (Rück-R): Die Arbeit wenden, 1 M li abheben, ohne sie zu stricken, die übrigen M li stricken.

Diese zwei R wiederholen, bis für die Fersenwand 32 R gestrickt sind und zuletzt eine Rück-R gestrickt wurde.

Die Käppchenabnahmen in der nächsten Hin-R beginnen und weiterhin verstärkt stricken, bis noch 11 M auf der Nd sind. 1 ssk oder Übz stricken und die Arbeit wenden. Auf der anderen Nd sind 9 M. 1 M li abheben, ohne sie zu stricken, und li stricken, bis 11 M übrig sind. 2 M li zus, wenden. 1 M re abheben, ohne sie zu stricken, und verstärkt stricken, bis 10 M übrig sind. 1 ssk oder Übz stricken, wenden. 1 M li abheben, ohne sie zu stricken, und li stricken, bis 10 M übrig sind. 2 M li zus, wenden. So fortfahren, dabei werden die äußeren M in jeder R reduziert, die mittleren M bleiben gleich (12 M).

Wenn die äußeren M aufgebraucht sind, die M der Fersenwand auf 2 Nd verteilen (6-6). 6 M re stricken, sodass der Faden zwischen der 1. und 4. Nd liegt.

FUSSTEIL

Aus dem linken Fersenrand mit der freien Nd 18 M auffassen. Die 6 M der 1. Nd re stricken, danach die 18 aufgefassten M re verschränkt stricken. Mit der 2. und 3. Nd das Muster laut Strickschrift B1/B2 arbeiten, dabei mit Rd 1 beginnen und Rd 1–16 wiederholen. Aus dem rechten Fersenrand 18 M auffassen und re verschränkt stricken, dabei noch die 6 M der 4. Nd auf dieselbe Nd stricken. Die Arbeit hat jetzt 80 M.

Für die Zwickelabnahmen am Ende der 1. Nd 2 M re zus, am Anfang der 4. Nd in jeder 2. Rd 1 ssk oder Übz stricken. Mit der 2. und 3. Nd weiter im Muster laut Strickschrift B1/B2 arbeiten. Mit den Zwickelabnahmen fortfahren, bis 64 M (16-16-16-16) übrig sind. Mit der 1. und 4. Nd re und mit der 2. und 3. Nd weiter im Muster laut Strickschrift B1/B2 stricken.

Wenn nach der Fersenwand 54 Rd und zuletzt Rd 6 der Strickschrift gestrickt wurden, mit Strickschrift C1/C2 fortfahren.

Mit den Spitzenabnahmen in Rd 61 beginnen.

Mit der 1. und 4. Nd eine breite Bandspitze arbeiten:

1. Nd: Re stricken, bis noch 3 M übrig sind, 2 M re zus, 1 M re.

4. Nd: 1 M re, ssk, die restlichen M re stricken.

Die Abnahmen in Rd 61, 63, 65, 67 und 69 stricken.

Mit der 2. und 3. Nd die Spitzenabnahmen laut Strickschrift C1/C2 arbeiten (Rd 61–69).

Zuletzt in jeder Rd für die Bandspitze abnehmen:

1. Nd: Re stricken, bis noch 3 M übrig sind, 2 M re zus, 1 M re.

2. Nd: Ssk, die restlichen M re stricken.

3. Nd: Re stricken, bis noch 2 M übrig sind, 2 M re zus.

4. Nd: 1 M re, ssk, die restlichen M re stricken.

Wenn insg. noch 8 M übrig sind, den Faden abschneiden und durch die M ziehen.

Die Fadenenden vernähen und die Socken leicht dämpfen.

□	rechts
♀	rechts verschränkt
•	links
V	1 M auf die re Nd heben, ohne sie zu stricken
\	2 M einzeln wie zum Rechtsstricken abheben, zurück auf linke Nd legen, von hinten zusammenstricken
/	2 M re zus
	1 M auf Hilfsnd vor die Arb legen, 1 M re, die M von der Hilfsnd re
	1 M auf eine Hilfsnd hinter die Arb legen, 1 M re, die M von der Hilfsnd re
	1 M auf eine Hilfsnd vor die Arb legen, 1 M li, die M von der Hilfsnd re
	1 M auf eine Hilfsnd hinter die Arb legen, 1 M re, die M von der Hilfsnd li
	1 M zunehmen: den Querfaden zwischen 2 M aufnehmen und von hinten re abstricken (die M wird verschränkt und es entsteht kein Loch)
	1 M zunehmen: den Querfaden zwischen 2 M aufnehmen und von vorn re abstricken
	keine M
	Nadelverteilung

STRICKSCHRIFT A1, RECHTE SOCKE

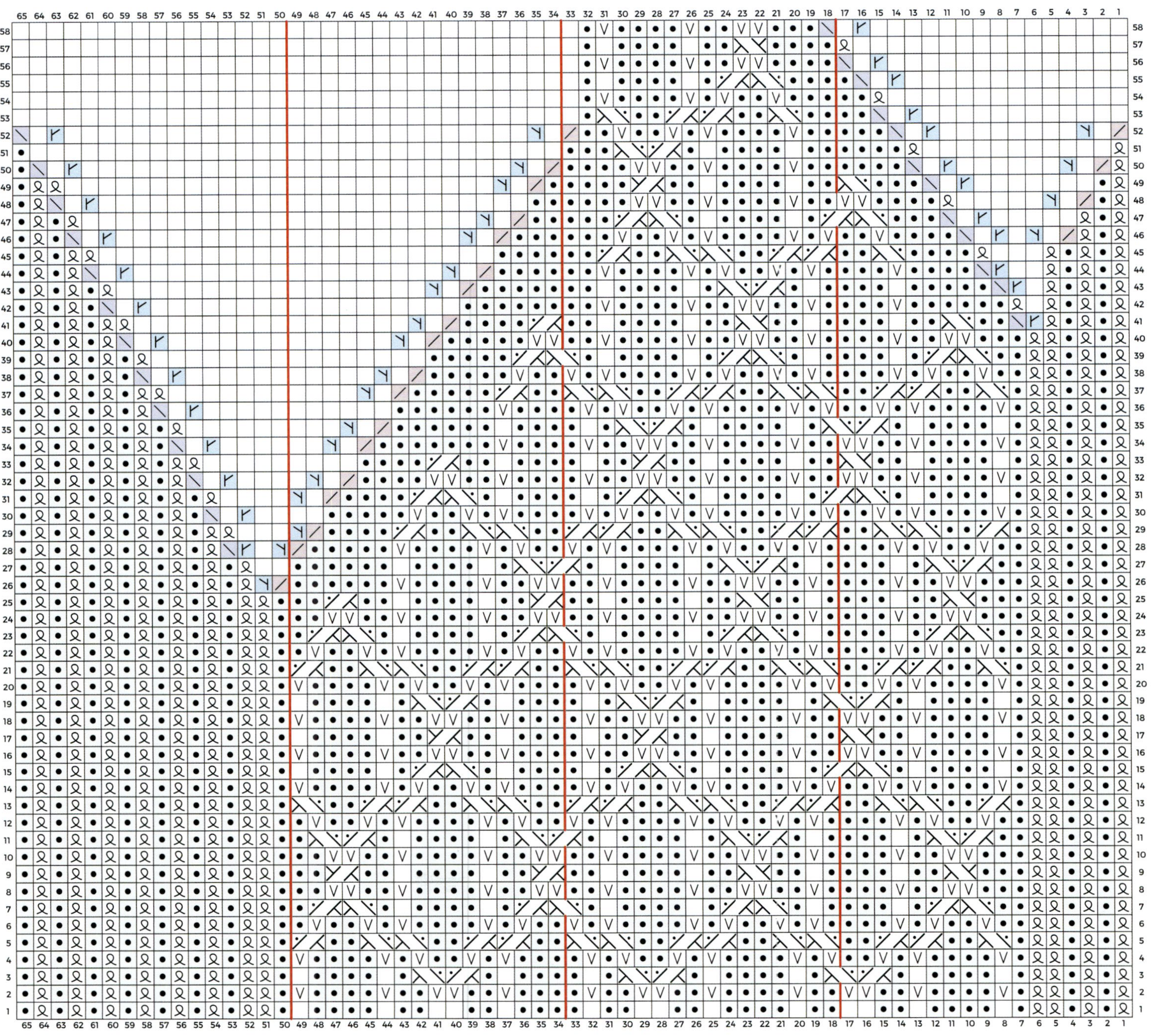

STRICKSCHRIFT A2, LINKE SOCKE

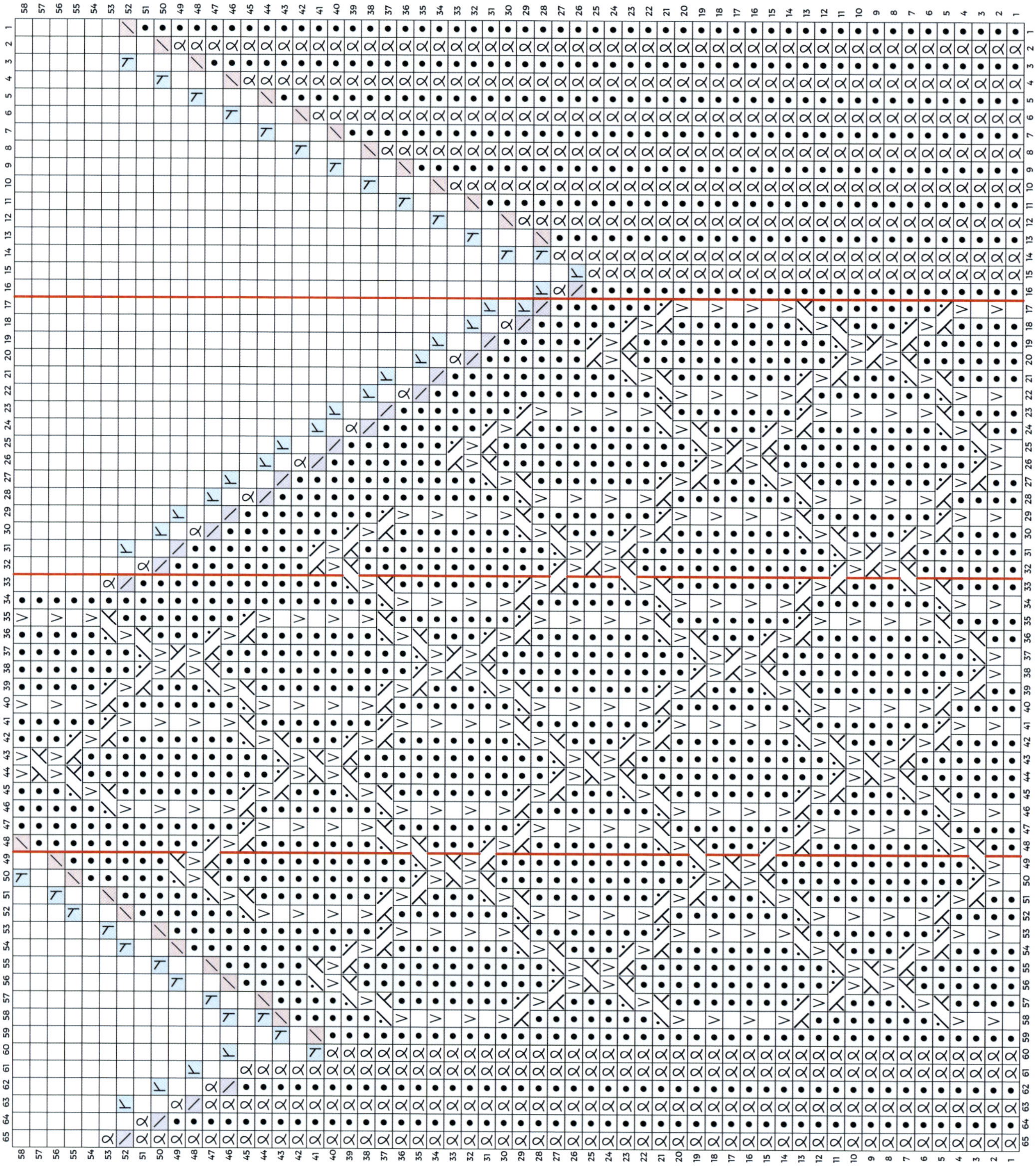

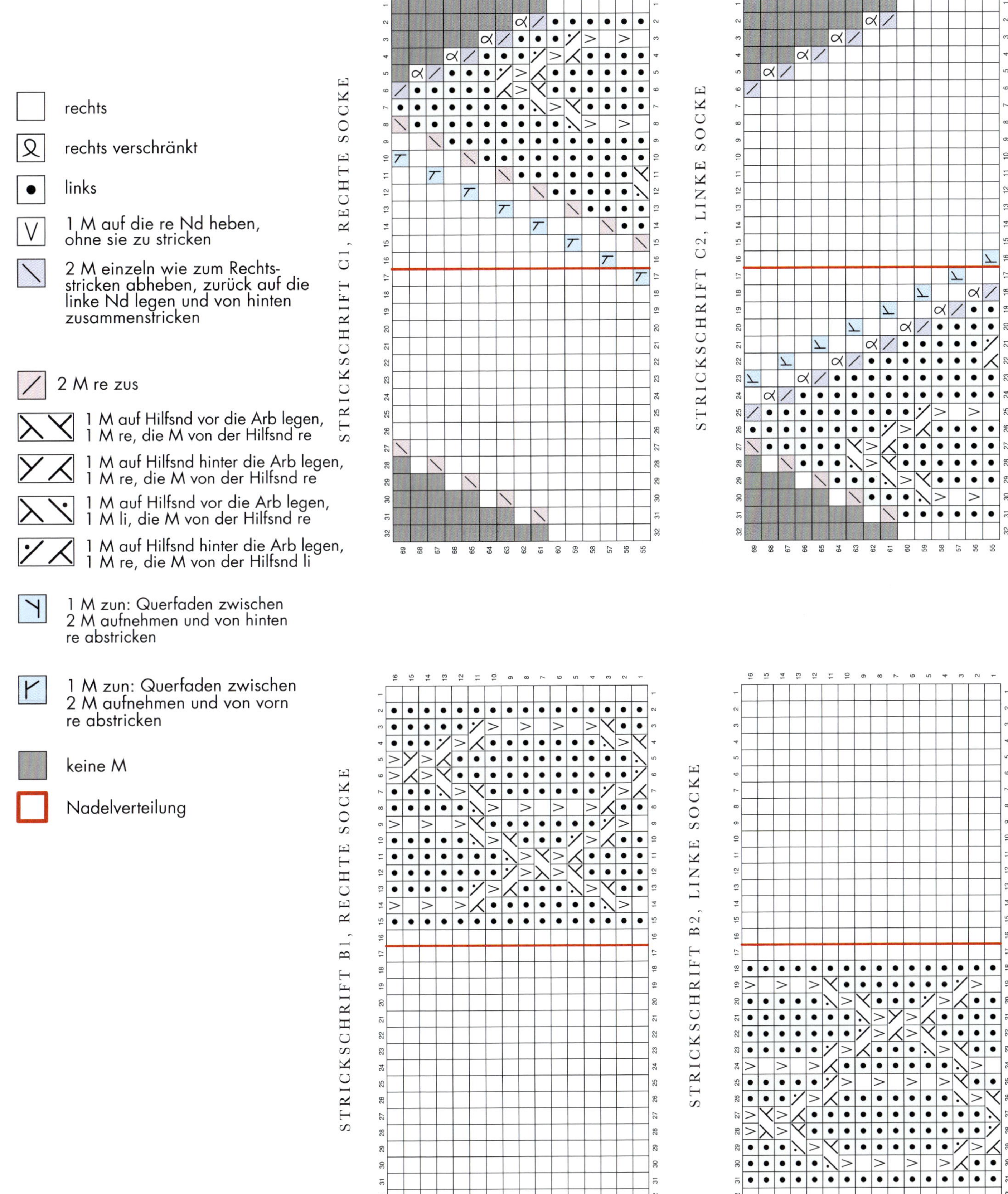

rechts
rechts verschränkt
links
1 M auf die re Nd heben, ohne sie zu stricken
2 M einzeln wie zum Rechtsstricken abheben, zurück auf die linke Nd legen und von hinten zusammenstricken
2 M re zus
1 M auf Hilfsnd vor die Arb legen, 1 M re, die M von der Hilfsnd re
1 M auf Hilfsnd hinter die Arb legen, 1 M re, die M von der Hilfsnd re
1 M auf Hilfsnd vor die Arb legen, 1 M li, die M von der Hilfsnd re
1 M auf Hilfsnd hinter die Arb legen, 1 M re, die M von der Hilfsnd li
1 M zun: Querfaden zwischen 2 M aufnehmen und von hinten re abstricken
1 M zun: Querfaden zwischen 2 M aufnehmen und von vorn re abstricken
keine M
Nadelverteilung
STRICKSCHRIFT C1, RECHTE SOCKE
STRICKSCHRIFT C2, LINKE SOCKE
STRICKSCHRIFT B1, RECHTE SOCKE
STRICKSCHRIFT B2, LINKE SOCKE

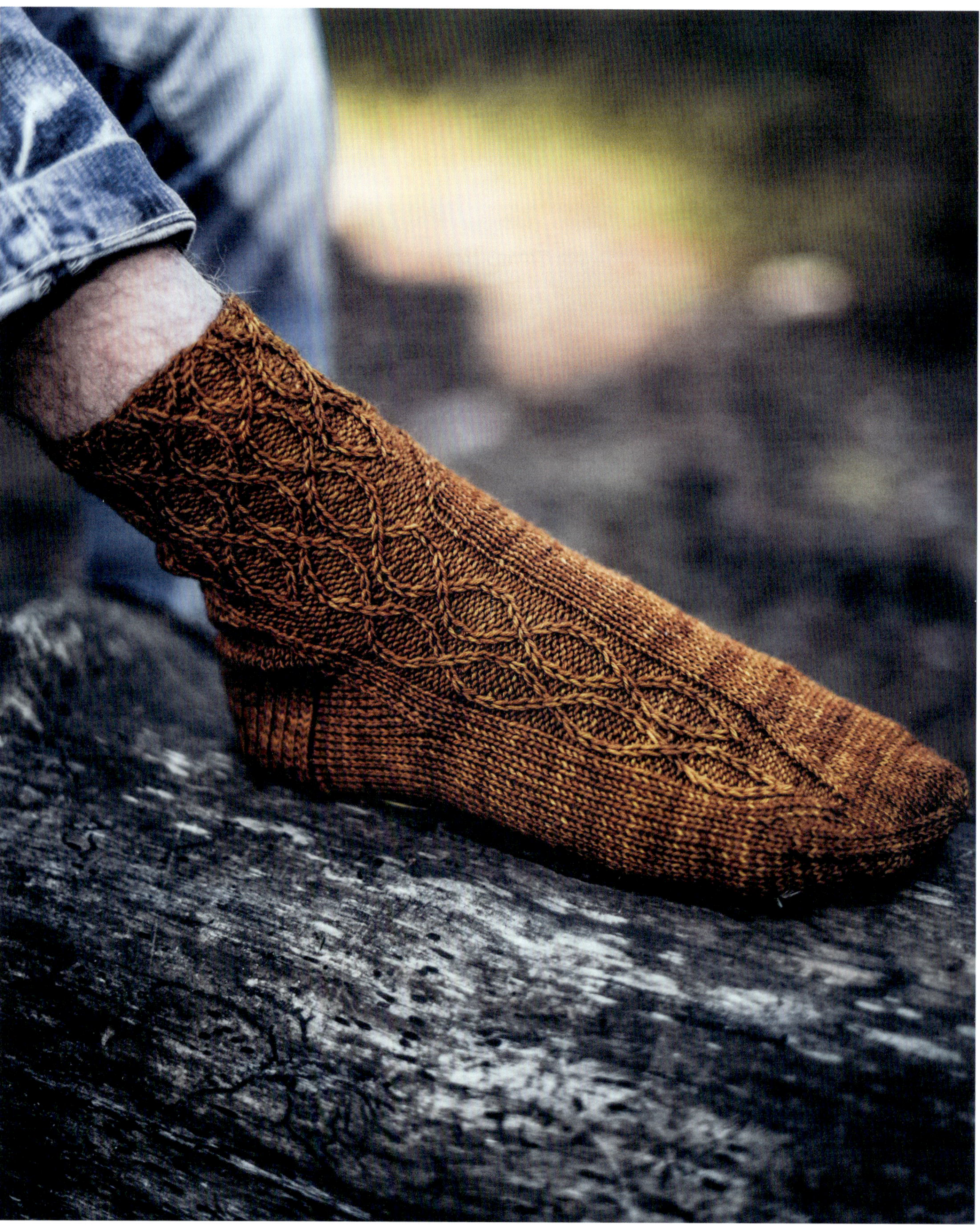

Tequila

Größe: 42/43

Garn: Uschitita Fibre art Merino sock (100 g = 425 m), Farbe Stroopwafel

Garnverbrauch: 70 g

Nadelspiel: Nr. 2,5, Hilfsnadel

Maschenprobe: 28 M und 36 Rd = 10 cm x 10 cm

BEVOR SIE BEGINNEN

Die Socken werden gegengleich gestrickt. Verwenden Sie die Strickschriften A1, B1 und C1 für die rechte Socke, und die Strickschriften A2, B2 und C2 für die linke Socke. In den Strickschriften ist jeweils die Nadelverteilung dargestellt. Sie variiert jedoch im Verlauf der Arbeit durch Ab- und Zunahmen. Kontrollieren Sie bitte die richtige Nadelverteilung, bevor die Ferse beginnt.

SCHAFT

69 M anschlagen und auf den Nd verteilen: 18-17-17-17 für die rechte Socke und 17-17-17-18 für die linke Socke. Den Schaft laut Strickschrift A1/A2 stricken (58 Rd).

FERSE

Die Fersenwand verstärkt stricken, dazu die M der 1. Nd auf die 4. Nd stricken (insg. 35 M). Die restlichen M bleiben ungestrickt. Die Arbeit wenden, die 1. M li abheben, ohne sie zu stricken, die übrigen M li stricken. Gleichzeitig 1 M abnehmen. Die Fersenwand hat jetzt insg. 34 M.

1. R (Hin-R): Die Arbeit wenden, *1 M abheben, 1 M re, ab * bis R-Ende wiederholen.
2. R (Rück-R): Die Arbeit wenden, 1 M li abheben, ohne sie zu stricken, die übrigen M li stricken.

Diese zwei R wiederholen, bis für die Fersenwand 34 R gestrickt sind und zuletzt eine Rück-R gestrickt wurde.

Die Käppchenabnahmen in der nächsten Hin-R beginnen und weiterhin verstärkt stricken, bis noch 11 M auf der Nd sind. 1 ssk oder Übz stricken und die Arbeit wenden. Auf der anderen Nd sind 9 M. 1 M li abheben, ohne sie zu stricken, und li stricken, bis 11 M übrig sind. 2 M li zus, wenden. 1 M re abheben, ohne sie zu stricken, und verstärkt stricken, bis 10 M übrig sind. 1 ssk oder Übz stricken, wenden. 1 M li abheben, ohne sie zu stricken, und li stricken, bis 10 M übrig sind. 2 M li zus, wenden. So fortfahren, dabei werden die äußeren M in jeder R reduziert, die mittleren M bleiben gleich (14 M). Wenn die äußeren M aufgebraucht sind, die M der Fersenwand auf 2 Nd verteilen (7-7). 7 M re stricken, sodass der Faden zwischen der 1. und 4. Nd liegt.

FUSSTEIL

Aus dem linken Fersenrand mit der freien Nd 19 M auffassen. Die 7 M der 1. Nd re stricken, danach die 19 aufgefassten M re verschränkt stricken. Mit der 2. und 3. Nd das Muster laut Strickschrift B1/B2 arbeiten, dabei mit Rd 1 beginnen und Rd 1–16 wiederholen. Aus dem rechten Fersenrand 19 M auffassen und re verschränkt stricken, dabei noch die 7 M der 4. Nd auf dieselbe Nd stricken. Die Arbeit hat jetzt 86 M.

Für die Zwickelabnahmen am Ende der 1. Nd 2 M re zus, am Anfang der 4. Nd in jeder 2. Rd 1 ssk oder Übz stricken. Mit der 2. und 3. Nd weiter im Muster laut Strickschrift B1/B2 arbeiten. Mit den

Zwickelabnahmen fortfahren, bis 68 M (17-17-17-17) übrig sind. Mit der 1. und 4. Nd re und mit der 2. und 3. Nd weiter im Muster laut Strickschrift B1/B2 stricken.

Wenn nach der Fersenwand 54 Rd und zuletzt Rd 6 der Strickschrift gestrickt wurden, mit Strickschrift C1/C2 fortfahren.

Mit den Spitzenabnahmen in Rd 66 beginnen.

Mit der 1. und 4. Nd eine breite Bandspitze arbeiten:

1. Nd: Re stricken, bis noch 3 M übrig sind, 2 M re zus, 1 M re.

4. Nd: 1 M re, ssk, die restlichen M re stricken.

Die Abnahmen in Rd 66, 68 und 70 stricken.

Mit der 2. und 3. Nd die Spitzenabnahmen laut Strickschrift C1/C2 arbeiten (Rd 66–71).

Zuletzt für die Bandspitze abnehmen:

1. Nd: Re stricken, bis noch 3 M übrig sind, 2 M re zus, 1 M re.

2. Nd: ssk, die restlichen M re stricken.

3. Nd: Re stricken, bis noch 2 M übrig sind, 2 M re zus.

4. Nd: 1 M re, ssk, die restlichen M re stricken.

Die Abnahmen zunächst in jeder 2. Rd stricken. Wenn noch 44 M (11-11-11-11) übrig sind, in jeder Rd abnehmen.

Wenn insg. noch 8 M übrig sind, den Faden abschneiden und durch die M ziehen.

Die Fadenenden vernähen und die Socken leicht dämpfen.

rechts

rechts verschränkt

links

1 M auf die re Nd heben, ohne sie zu stricken

2 M einzeln wie zum Rechtsstricken abheben, zurück auf die linke Nd legen, von hinten zusammenstricken

2 M re zus

1 M auf Hilfsnd vor die Arb legen, 1 M re, die M von der Hilfsnd re

1 M auf Hilfsnd hinter die Arb legen, 1 M re, die M von der Hilfsnd re

1 M auf Hilfsnd vor die Arb legen, 1 M li, die M von der Hilfsnd re

1 M auf Hilfsnd hinter die Arb legen, 1 M re, die M von der Hilfsnd li

1 M zunehmen: den Querfaden zwischen 2 M aufnehmen und von hinten re abstricken

1 M zunehmen: den Querfaden zwischen 2 M aufnehmen und von vorn re abstricken

keine M

Nadelverteilung

STRICKSCHRIFT A1, RECHTE SOCKE

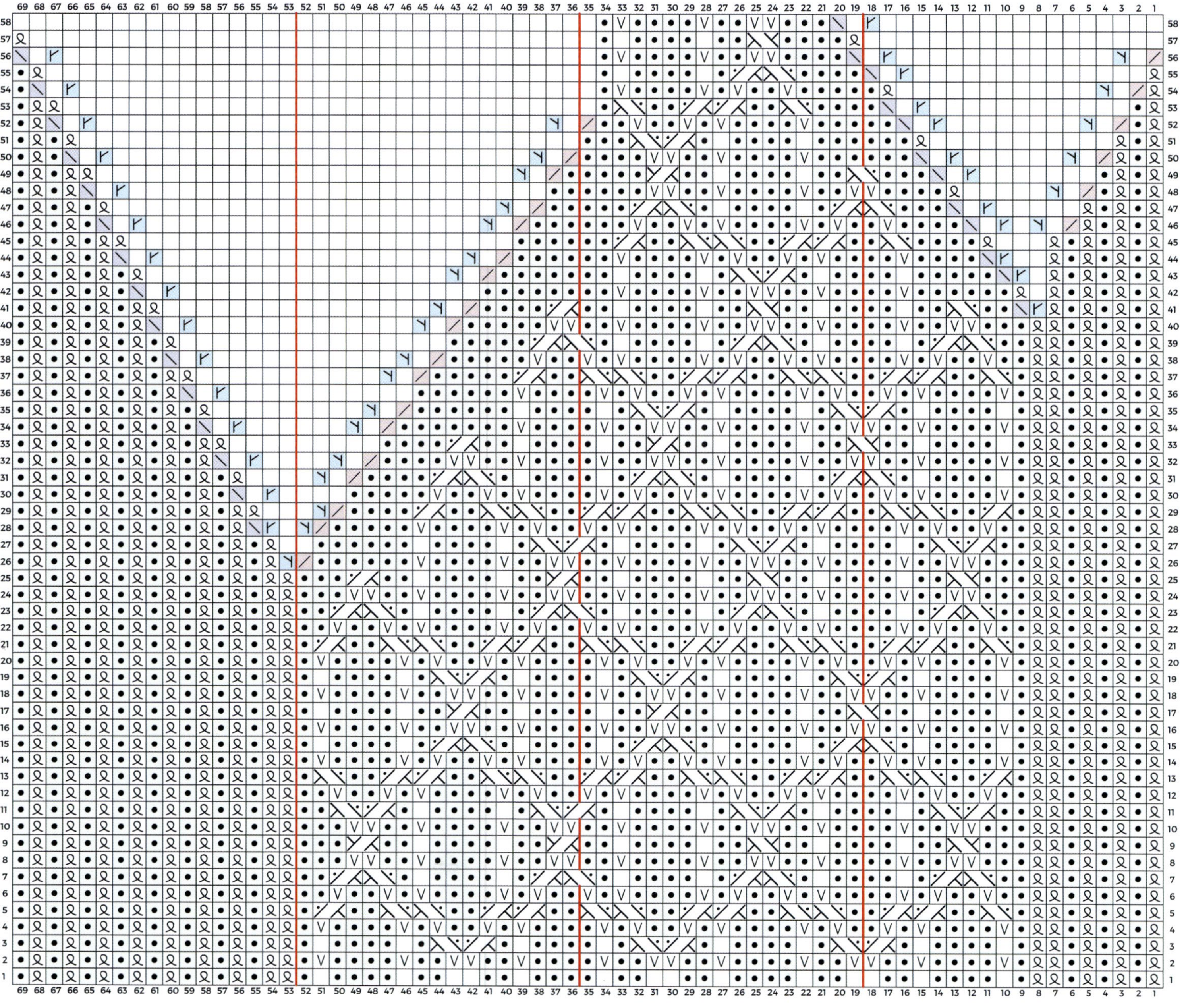

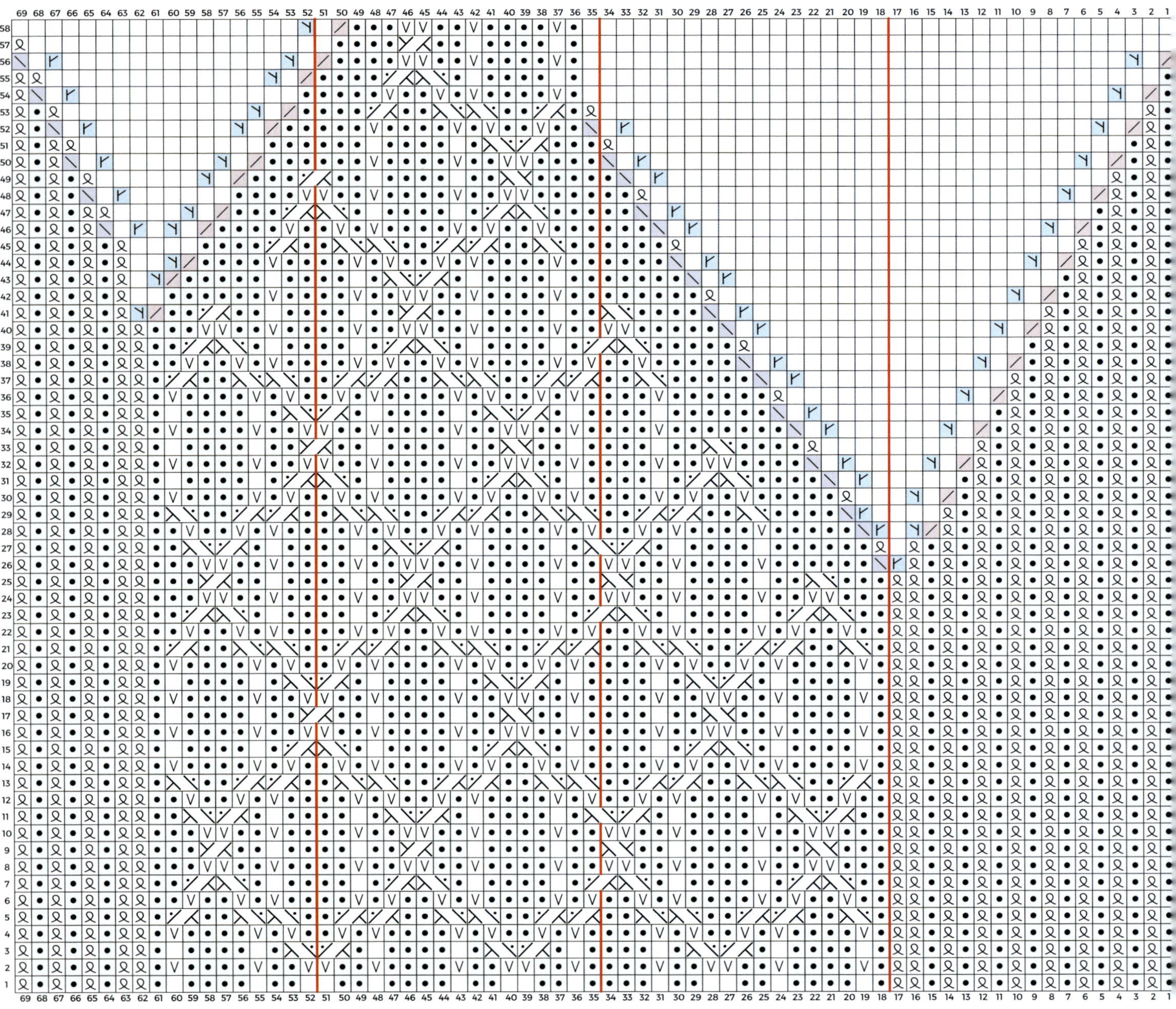

rechts

rechts verschränkt

links

1 M auf die re Nd heben, ohne sie zu stricken

2 M einzeln wie zum Rechtsstricken abheben, zurück auf die linke Nd legen und von hinten zusammenstricken

2 M re zus

1 M auf Hilfsnd vor die Arbeit legen, 1 M re, die M von der Hilfsnd re

1 M auf Hilfsnd hinter die Arb legen, 1 M re, die M von der Hilfsnd re

1 M auf Hilfsnd vor die Arb legen, 1 M li, die M von der Hilfsnd re

1 M auf Hilfsnd hinter die Arb legen, 1 M re, die M von der Hilfsnd li

1 M zunehmen: Querfaden zwischen 2 M aufnehmen und von hinten re abstricken

1 M zunehmen: Querfaden zwischen 2 M aufnehmen und von vorn re abstricken

keine M

Nadelverteilung

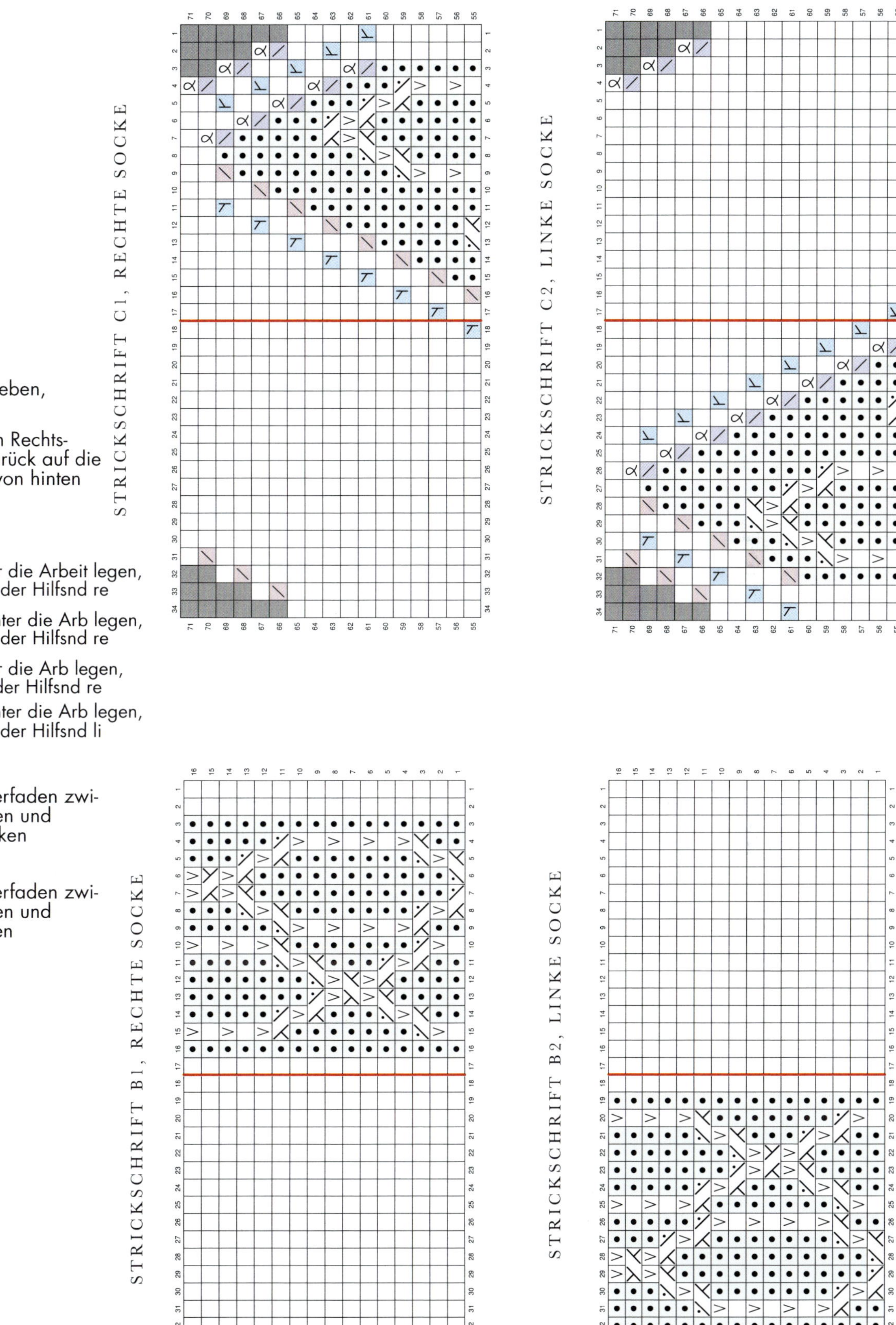

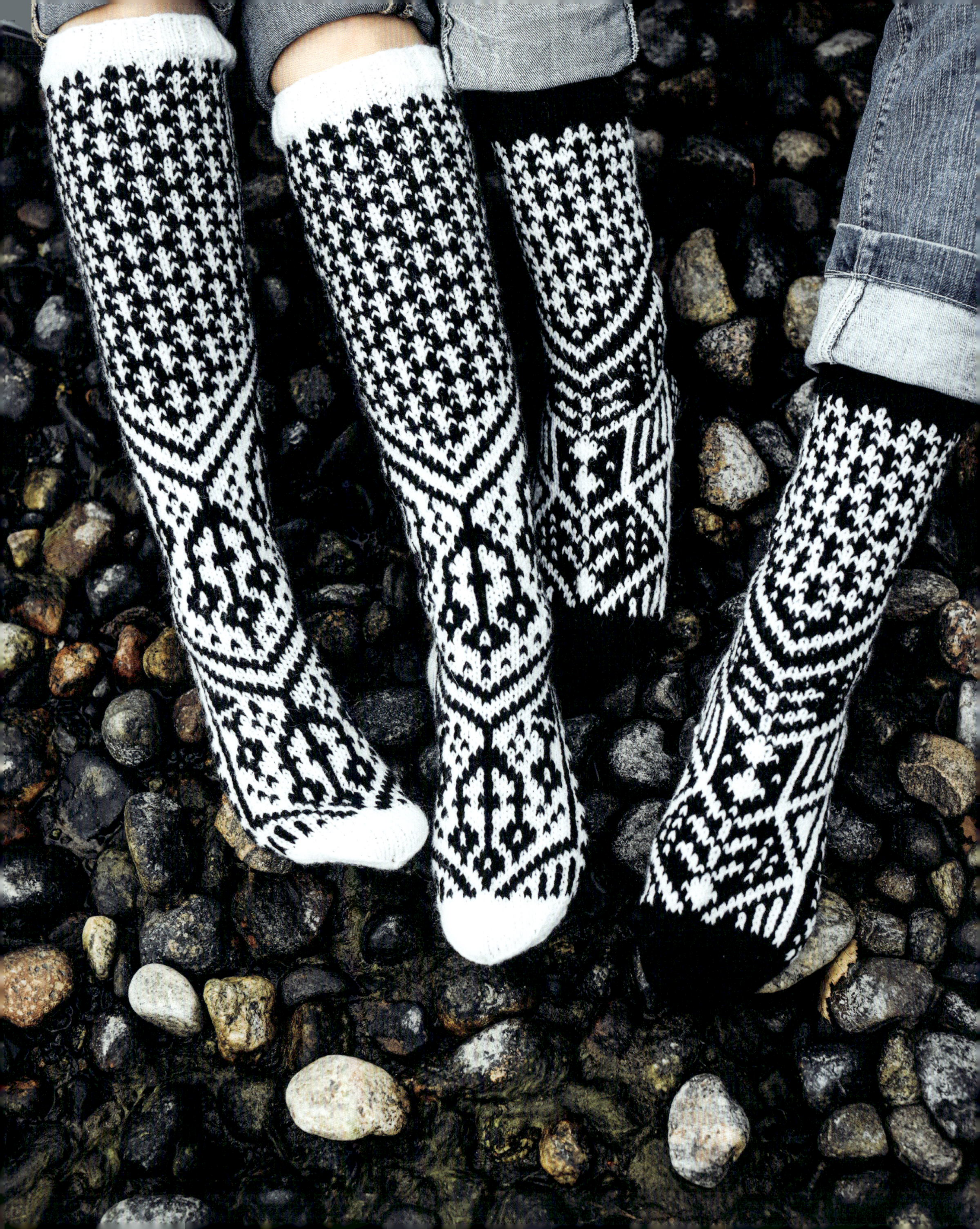

Mysterium

Rätsel, Überraschungen und Neues lernen. Ein gemeinsames Puzzle zusammensetzen, während diese Socken die Zehen wärmen. Das wunderschöne Einstrickmuster besteht aus Hunderten von Maschen, kleinen Puzzlestückchen, von denen jedes seinen richtigen Platz findet. Die langen und kurzen Socken bilden ein gemeinsames grafisches Ganzes.

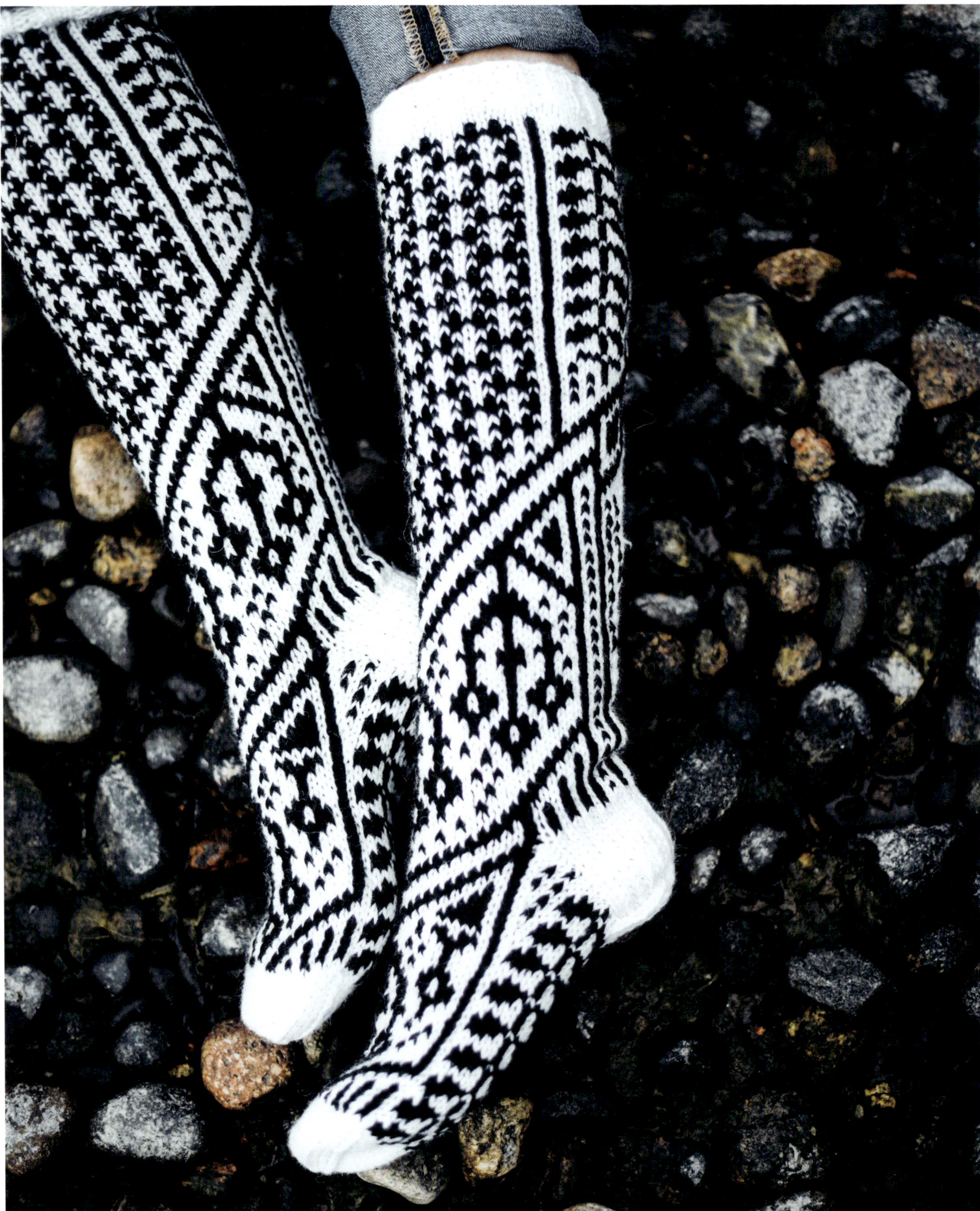

Mysterium

Größe: 39

Garn: Novita 7 veljestä (150 g = 300 m), Grundfarbe 011 Weiß, Musterfarbe 099 Ruß

Garnverbrauch: Grundfarbe 130–150 g, Musterfarbe 80–90 g

Nadelspiel: Nr. 3,5

Maschenprobe: 20 M und 26 Rd = 10 cm x 10 cm

BEVOR SIE BEGINNEN

Die Strickschriften werden von unten nach oben und von rechts nach links gelesen. Die Anleitung ist für zwei Schäfte unterschiedlicher Größe (mittel und breit): Laut Strickschrift A1 gearbeitete Socken passen für einen Wadenumfang von ca. 35–39 cm, laut Strickschrift A2 gearbeitete Socken für einen Wadenumfang von ca. 40–45 cm. Die Ferse und der Fußteil werden für beide Größen nach derselben Anleitung gearbeitet.

SCHAFT (mittel)

65 M in der Grundfarbe anschlagen und auf den Nd verteilen: 16-17-16-16. Das Bündchenmuster laut Strickschrift A1, Rd 1–8 arbeiten. Die 9. Rd rechts stricken.

Das Einstrickmuster laut Strickschrift A1 ab der 10. Rd beginnen und den Schaft laut der Strickschrift arbeiten, dabei in den unten genannten Rd im Anfangsbereich der 1. Nd und im Endbereich der 4. Nd an geeigneter Stelle abnehmen.

Abnahmen:

48. Rd: 2 M abnehmen (es sind 63 M übrig).
60. Rd: 2 M abnehmen (61 M).
Bitte beachten! In der 66. Rd die M neu auf den Nd verteilen: 18-13-12-18.
67. Rd: 2 M abnehmen (59 M).
73. Rd: 2 M abnehmen (57 M).
78. Rd: 2 M abnehmen (55 M).
83. Rd: 2 M abnehmen (53 M).

Wenn alle 102 Rd für den Schaft gestrickt sind, die M auf den Nd kontrollieren: 13-13-12-13.

SCHAFT (breit)

70 M in der Grundfarbe anschlagen und auf den Nd verteilen: 18-18-17-17. Das Bündchenmuster laut Strickschrift A2, Rd 1–8 arbeiten. Die 9. Rd rechts stricken, dabei 3 M zunehmen und die M wie folgt auf den Nd verteilen: 19-18-17-19.

Das Einstrickmuster laut Strickschrift A2 ab der 10. Rd beginnen und den Schaft laut der Strickschrift arbeiten, dabei in den unten genannten Rd im Anfangsbereich der 1. Nd und im Endbereich der 4. Nd an geeigneter Stelle abnehmen.

Abnahmen:

38. Rd: 2 M abnehmen (es sind 71 M übrig).
44. Rd: 2 M abnehmen (69 M).
49. Rd: 2 M abnehmen (67 M).
54. Rd: 2 M abnehmen (65 M).
59. Rd: 2 M abnehmen (63 M).
64. Rd: 2 M abnehmen (61 M).
Bitte beachten! In der 66. Rd die M neu auf den Nd verteilen: 18-13-12-18.
69. Rd: 2 M abnehmen (59 M).
74. Rd: 2 M abnehmen (57 M).
79. Rd: 2 M abnehmen (55 M).
83. Rd: 2 M abnehmen (53 M).
88. Rd: 2 M abnehmen (51 M).

Wenn alle 102 Rd für den Schaft gestrickt sind, die M auf den Nd kontrollieren: 13-13-12-13.

FERSE

Mit der verstärkten Fersenwand in der Grundfarbe beginnen, dazu die M der 1. Nd re auf die 4. Nd stricken (insg. 26 M). Die restlichen M bleiben ungestrickt. Die Arbeit wenden, die 1. M li abheben, ohne sie zu stricken, die übrigen M li stricken. Gleichzeitig 2 M abnehmen, damit die Fersenwand 24 M hat.

1. R (Hin-R): Die Arbeit wenden, *1 abheben, ohne sie zu stricken, 1 M re, ab * bis R-Ende wiederholen.

2. R (Rück-R): Die Arbeit wenden, 1 M li abheben, ohne sie zu stricken, die übrigen M li stricken.

Diese zwei R wiederholen, bis für die verstärkte Fersenwand 24 R gestrickt sind und zuletzt eine Rück-R gestrickt wurde.

Für die Käppchenabnahmen in der nächsten Hin-R beginnen und weiterhin verstärkt stricken, bis noch 9 M auf der Nd sind. 1 Übz stricken und die Arbeit wenden. Auf der anderen Nd sind 7 M. 1 M li abheben, ohne sie zu stricken, und li stricken, bis 9 M übrig sind. 2 M li zus, wenden. 1 M re abheben, ohne sie zu stricken, und verstärkt stricken, bis 8 M übrig sind. 1 Übz stricken, wenden. 1 M li abheben, ohne sie zu stricken, und li stricken, bis 8 M übrig sind. 2 M li zus, wenden. So fortfahren, dabei werden die äußeren M in jeder R reduziert, die mittleren M bleiben gleich (8 M).

Wenn die äußeren M aufgebraucht sind, die M der Fersenwand auf 2 Nd verteilen (4-4). 4 M rechts stricken, sodass der Faden zwischen der 1. und der 4. Nd liegt.

FUSSTEIL

Aus dem Fersenrand mit der 1. Nd 14 M auffassen, mit der 4. Nd aus dem anderen Fersenrand ebenfalls 14 M auffassen. Die Arbeit hat jetzt 61 M. Mit dem Einstrickmuster laut Strickschrift B mit der 1. Rd beginnen. Die aus dem Fersenrand aufgefassten M re verschränkt stricken.

Für die Zwickelabnahmen in den in der Strickschrift B angegebenen Rd (2, 4, 6, 8, 10 und 12) am Ende der 1. Nd 2 M re zus, am Anfang der 4. Nd 1 ssk oder Übz stricken. Die grau markierten Karos stellen keine Maschen dar. Nach den Zwickelabnahmen sind 49 M übrig (12-13-12-12). Mit dem Einstrickmuster laut Strickschrift fortfahren.

Wenn 37 Rd laut Strickschrift B gestrickt sind, noch eine Rd in der Grundfarbe arbeiten und am Ende der 4. Nd 1 M abnehmen. Die M auf den Nd verteilen: 12-12-12-12.

Eine breite Bandspitze in der Grundfarbe arbeiten:

1. und 3. Nd: Re stricken, bis noch 3 M übrig sind, 2 M re zus, 1 M re.

2. und 4. Nd: 1 M re, 1 ssk, die restlichen M re stricken.

Die Abnahmen zunächst in jeder 2. Rd stricken. Wenn noch 8 M pro Nd (insg. 32 M) übrig sind, in jeder Rd abnehmen.

Wenn insg. noch 8 M übrig sind, den Faden abschneiden und durch die M ziehen.

Die Fadenenden vernähen und die Socken leicht dämpfen.

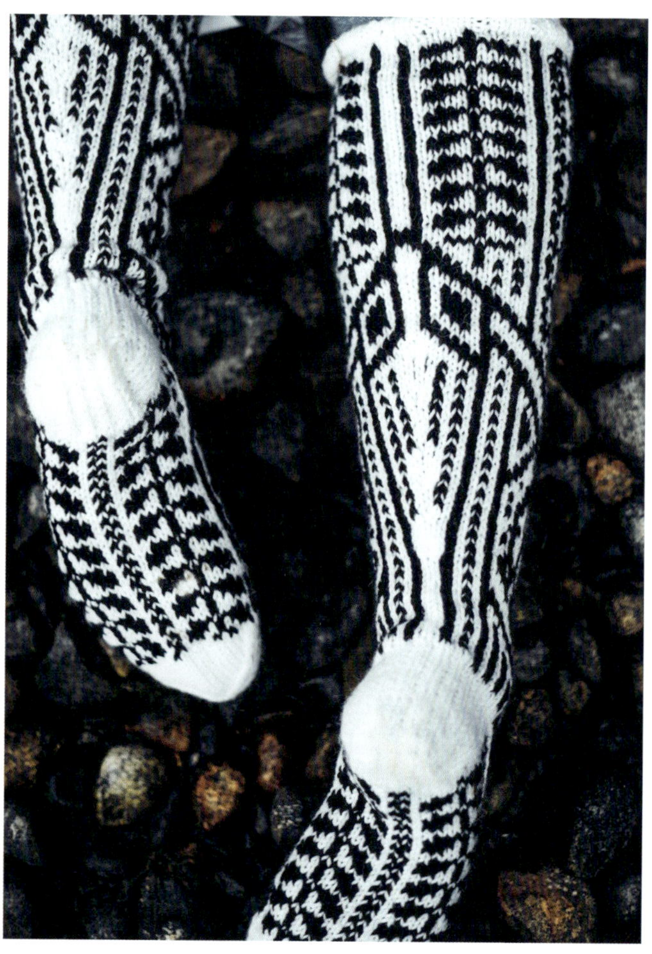

- rechts (Schwarz)
- rechts (Weiß)
- links (Weiß)
- ssk: 2 M einzeln wie zum Rechtsstricken abheben, zurück auf die linke Nd legen, von hinten zusammenstricken
- 2 M re zus
- keine M
- Nadelverteilung

STRICKSCHRIFT B

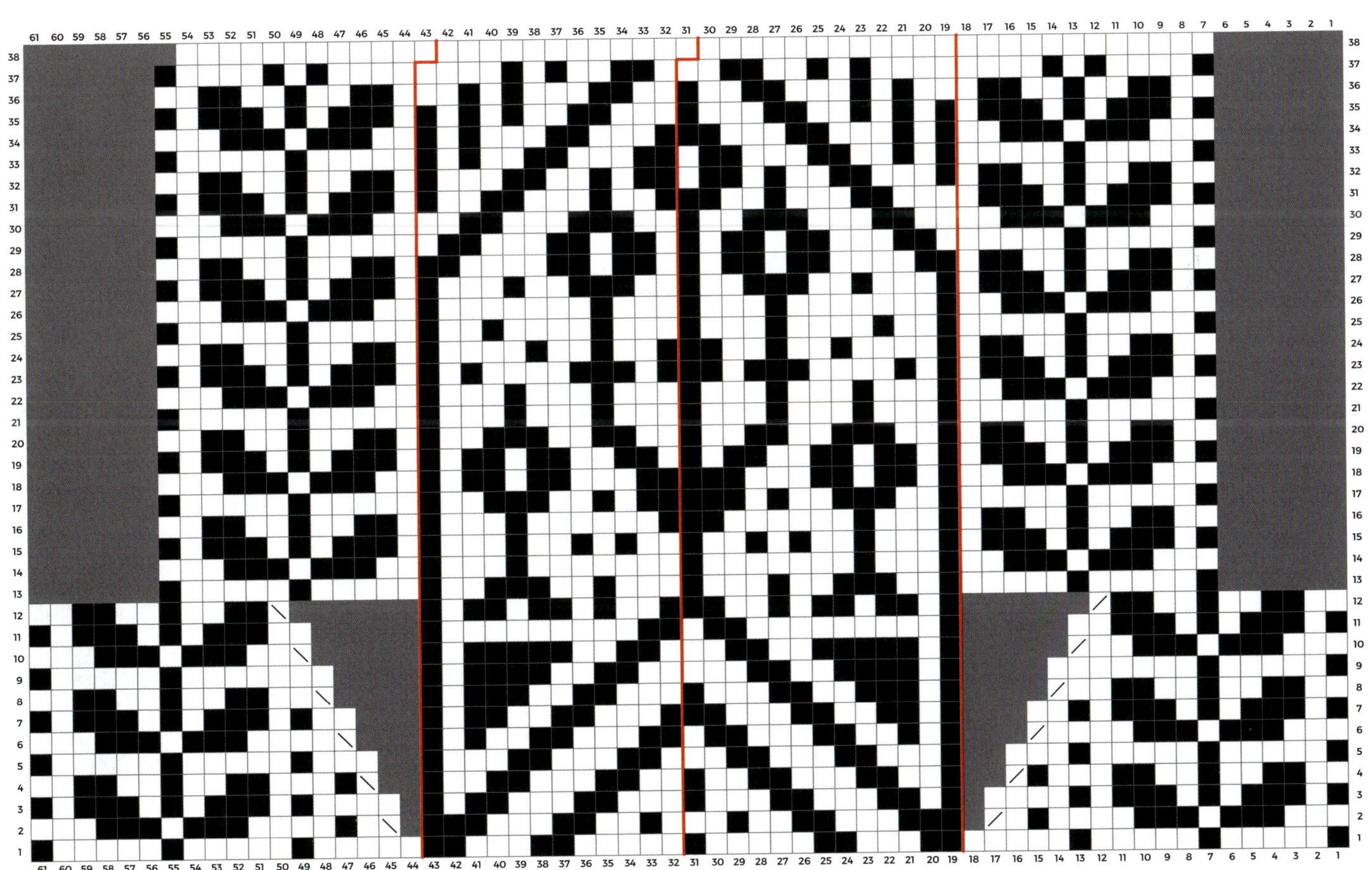

STRICKSCHRIFT A1

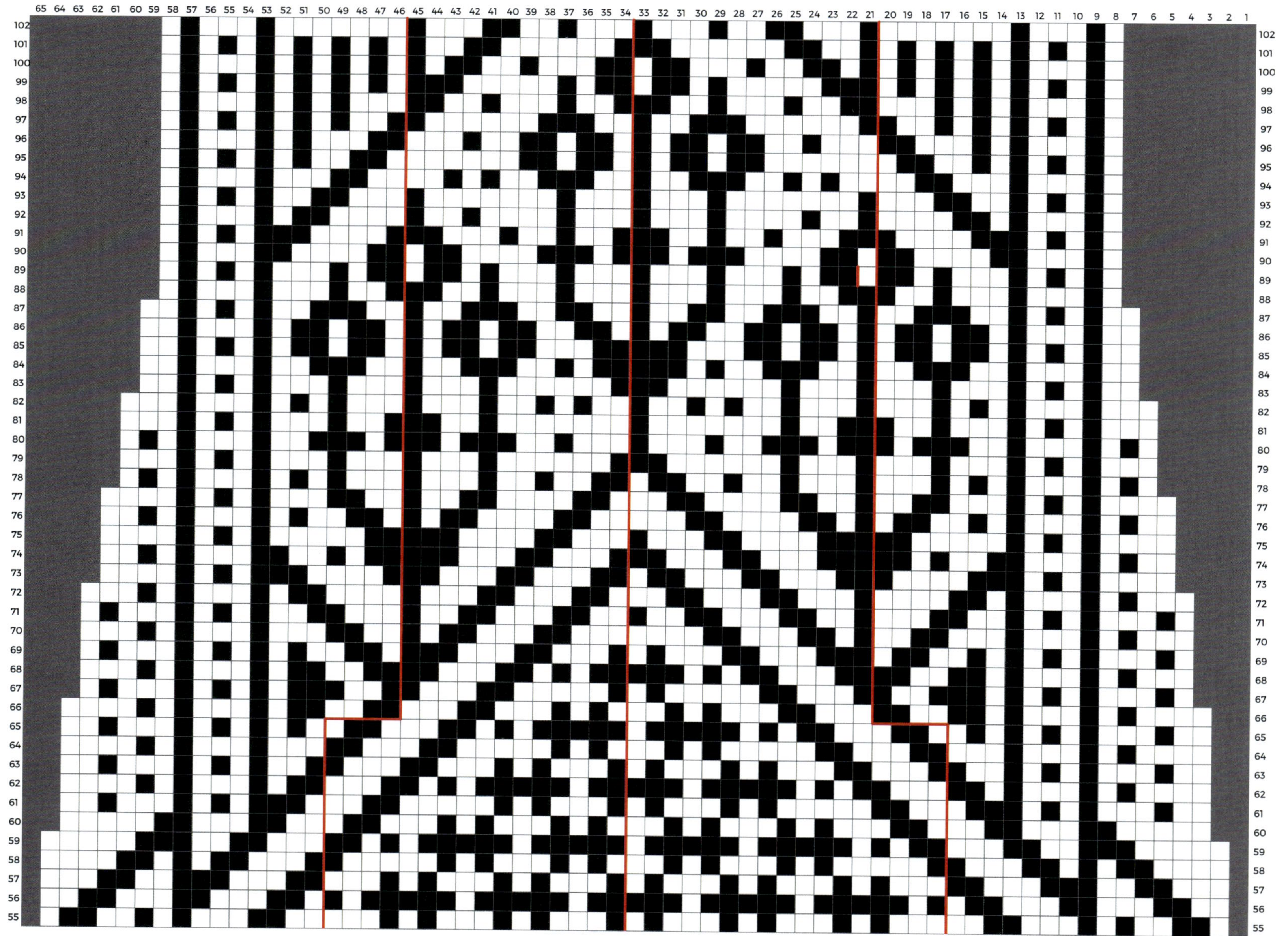

STRICKSCHRIFT A2, BREITER SCHAFT

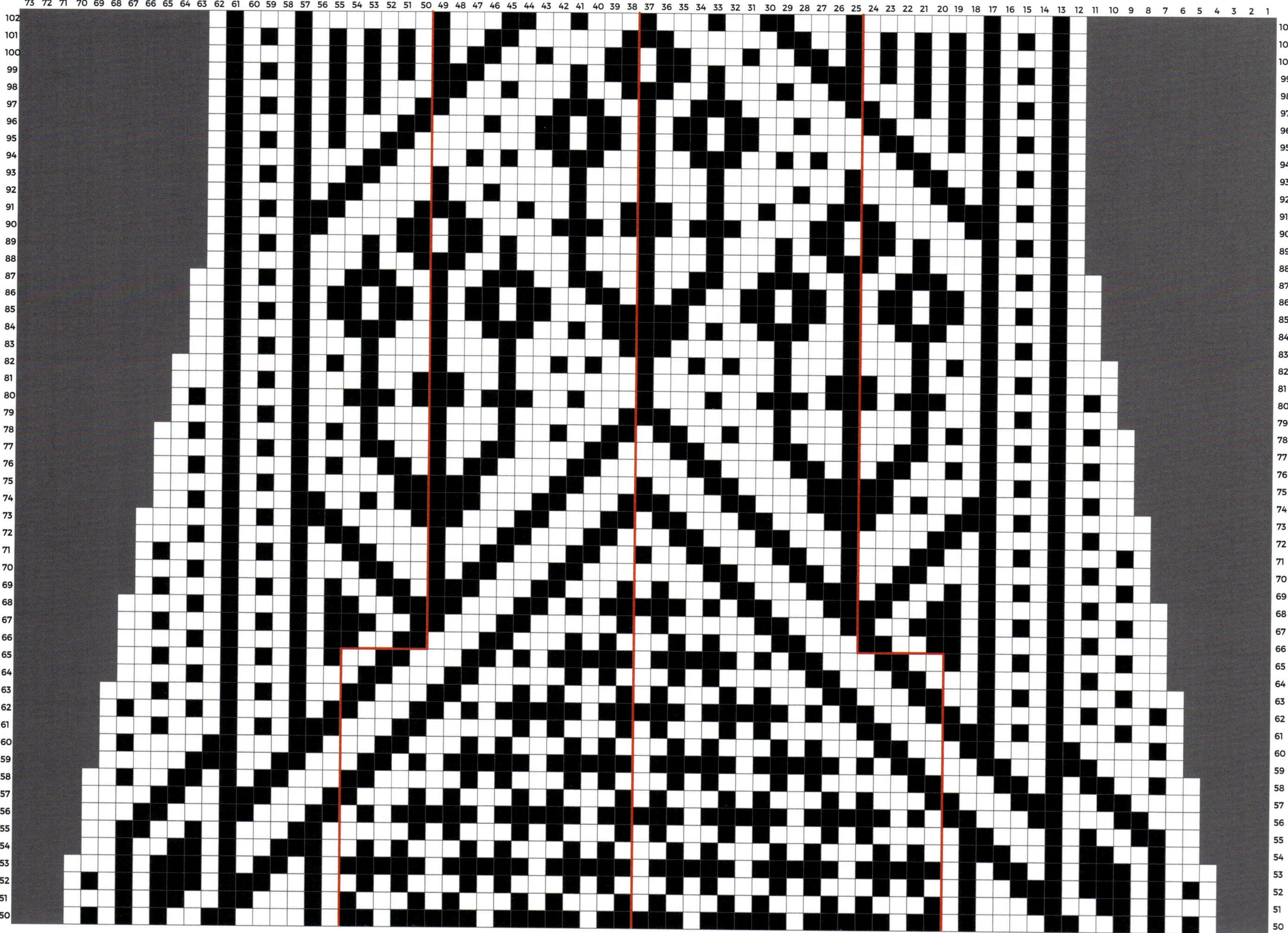

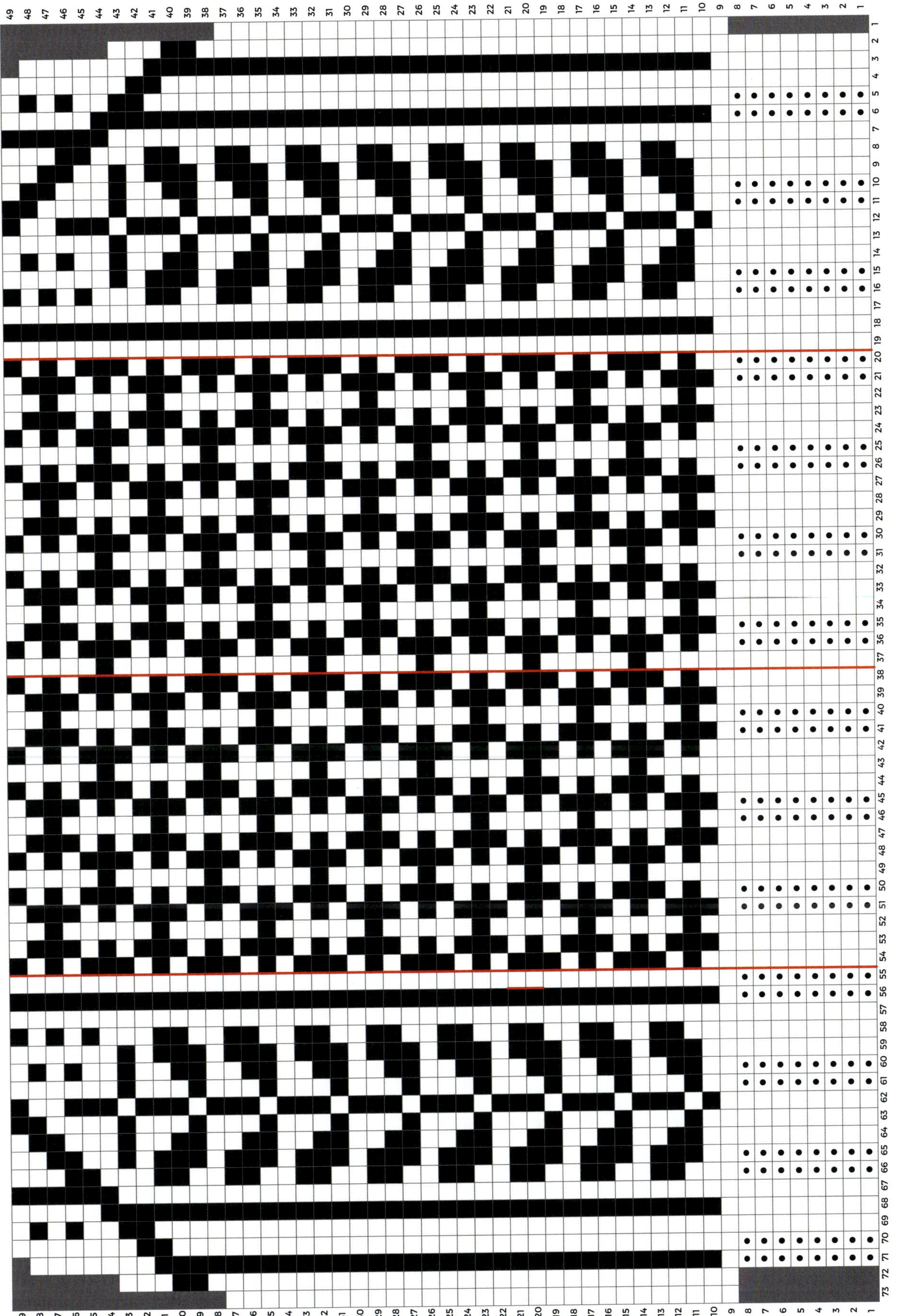

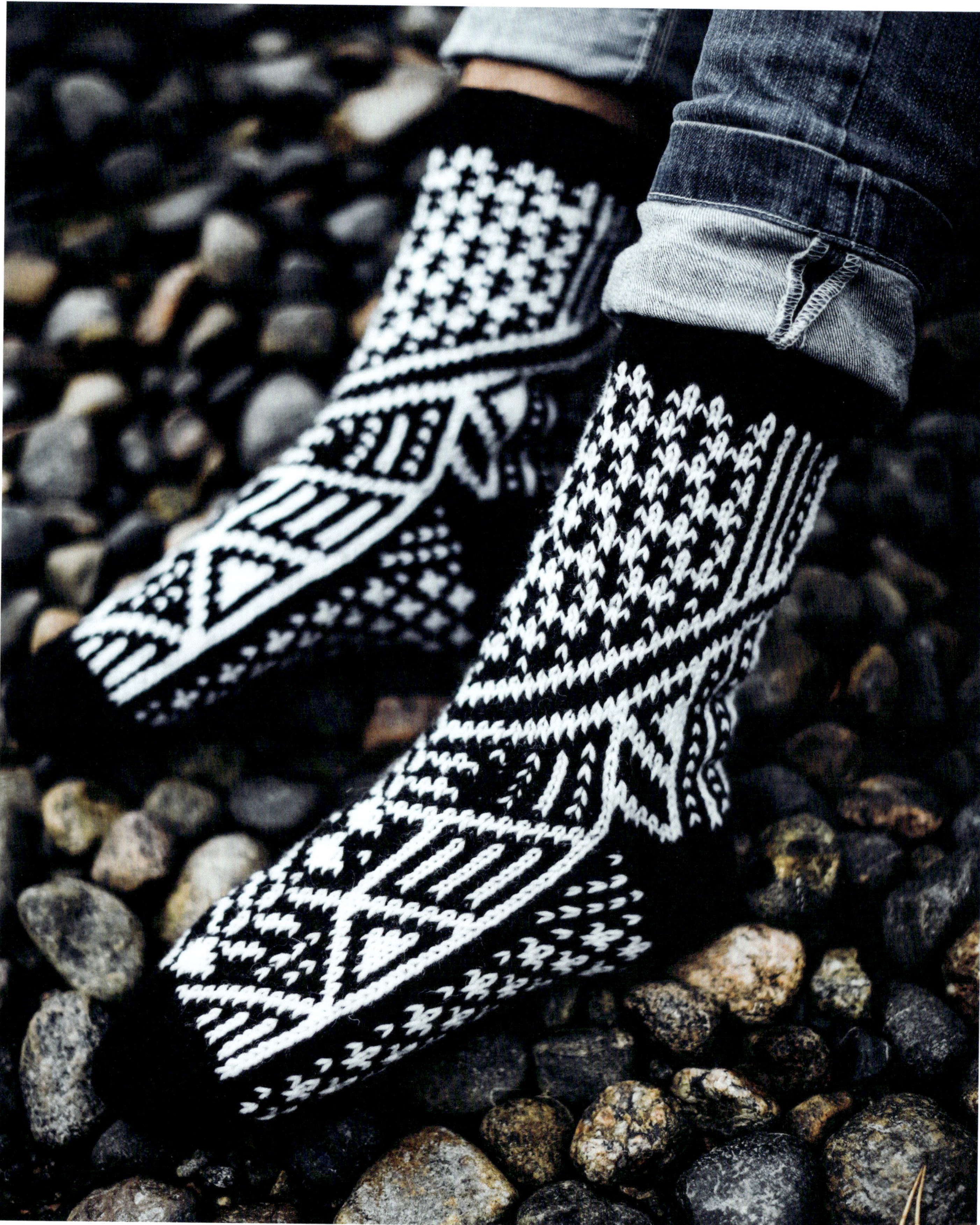

Mysterium

Größe: 42

Garn: Novita 7 veljestä (150 g = 300 m), Grundfarbe 099 Ruß, Musterfarbe 011 Weiß

Garnverbrauch: Grundfarbe 110 g, Musterfarbe 60 g

Nadelspiel: Nr. 3,5

Maschenprobe: 20 M und 26 Rd = 10 cm x 10 cm

BEVOR SIE BEGINNEN

Die Strickschriften werden von unten nach oben und von rechts nach links gelesen.

SCHAFT

55 M in der Grundfarbe anschlagen und auf den Nd verteilen: 14-14-13-14. Das Bündchenmuster laut Strickschrift A, Rd 1–8 arbeiten. Die 9. Rd rechts stricken und das Einstrickmuster laut Strickschrift A ab der 10. Rd beginnen. Für den Schaft alle 52 Rd arbeiten.

FERSE

Mit der verstärkten Fersenwand in der Grundfarbe beginnen, dazu die M der 1. Nd re auf die 4. Nd stricken (insg. 28 M). Die restlichen M bleiben ungestrickt. Die Arbeit wenden, die 1. M li abheben, ohne sie zu stricken, die übrigen M li stricken. Gleichzeitig 2 M abnehmen, damit die Fersenwand 26 M hat.

1. R (Hin-R): Die Arbeit wenden, *1 M abheben, ohne sie zu stricken, 1 M re, ab * bis R-Ende wiederholen.

2. R (Rück-R): Die Arbeit wenden, 1 M li abheben, ohne sie zu stricken, die übrigen M li stricken.

Diese zwei R wiederholen, bis für die verstärkte Fersenwand 26 R gestrickt sind und zuletzt eine Rück-R gestrickt wurde.

Für die Käppchenabnahmen in der nächsten Hin-R beginnen und weiterhin verstärkt stricken, bis noch 9 M auf der Nd sind. 1 Übz stricken und die Arbeit wenden. Auf der anderen Nd sind 7 M. 1 M li abheben, ohne sie zu stricken, und li stricken, bis 9 M übrig sind. 2 M li zus, wenden. 1 M re abheben, ohne sie zu stricken, und verstärkt stricken, bis 8 M übrig sind. 1 Übz stricken, wenden. 1 M li abheben, ohne sie zu stricken, und li stricken, bis 8 M übrig sind. 2 M li zus, wenden. So fortfahren, dabei werden die äußeren M in jeder R reduziert, die mittleren M bleiben gleich (10 M).

Wenn die äußeren M aufgebraucht sind, die M der Fersenwand auf 2 Nd verteilen (5-5). 5 M rechts stricken, sodass der Faden zwischen der 1. und der 4. Nd liegt.

FUSSTEIL

Aus dem Fersenrand mit der 1. Nd 15 M auffassen, mit der 4. Nd aus dem anderen Fersenrand ebenfalls 15 M auffassen. Die Arbeit hat jetzt 67 M. Mit dem Einstrickmuster laut Strickschrift B mit der 1. Rd beginnen. Die aus dem Fersenrand aufgefassten M re verschränkt stricken.

Für die Zwickelabnahmen in den in der Strickschrift B angegebenen Rd (2, 4, 6, 8, 10 und 12) am Ende der 1. Nd 2 M re zus, am Anfang der 4. Nd 1 ssk oder Übz stricken. Die grau markierten Karos stellen keine Maschen dar. Nach den Zwickelabnahmen sind 55 M übrig (14-14-13-14).

Mit dem Einstrickmuster laut Strickschrift fortfahren.

Wenn 42 Rd laut Strickschrift B gestrickt sind, eine breite Bandspitze in der Grundfarbe arbeiten:
1. und 3. Nd: Re stricken, bis noch 3 M übrig sind, 2 M re zus, 1 M re.
2. und 4. Nd: 1 M re, 1 ssk, die restlichen M re stricken.
Die Abnahmen zunächst in jeder 2. Rd stricken. Wenn insg. noch 35 M (9-9-8-9) übrig sind, in jeder Rd abnehmen. In der letzten Rd mit der 3. Nd nicht mehr abnehmen.

Wenn insg. noch 8 M übrig sind, den Faden abschneiden und durch die M ziehen.

Die Fadenenden vernähen und die Socken leicht dämpfen.

- rechts (Schwarz)
- rechts (Weiß)
- links (Schwarz)
- ssk: 2 M einzeln wie zum Rechtsstricken abheben, zurück auf die linke Nd legen, von hinten zusammenstricken
- 2 M re zus
- keine M
- Nadelverteilung

STRICKSCHRIFT B

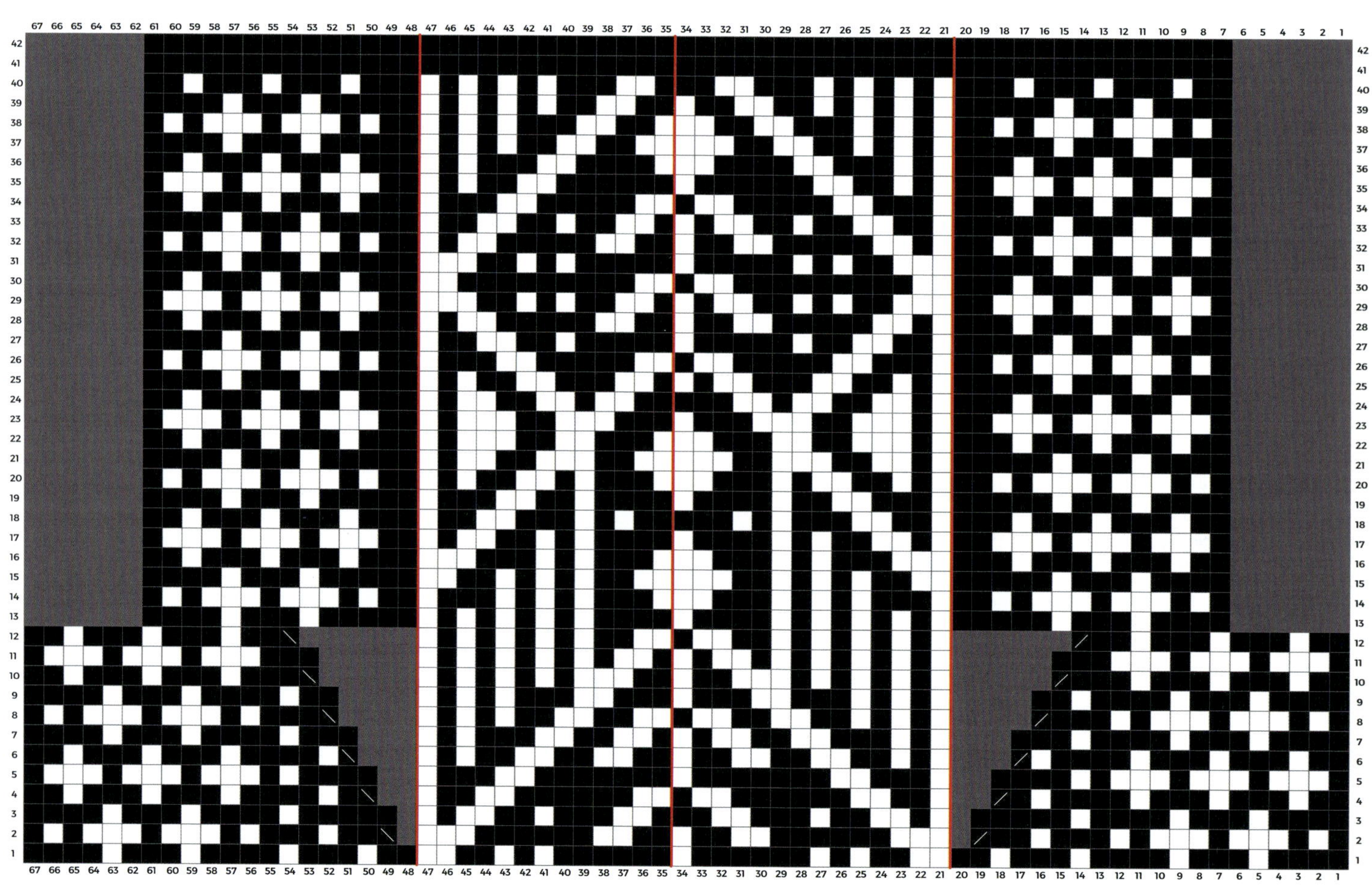

STRICKSCHRIFT A

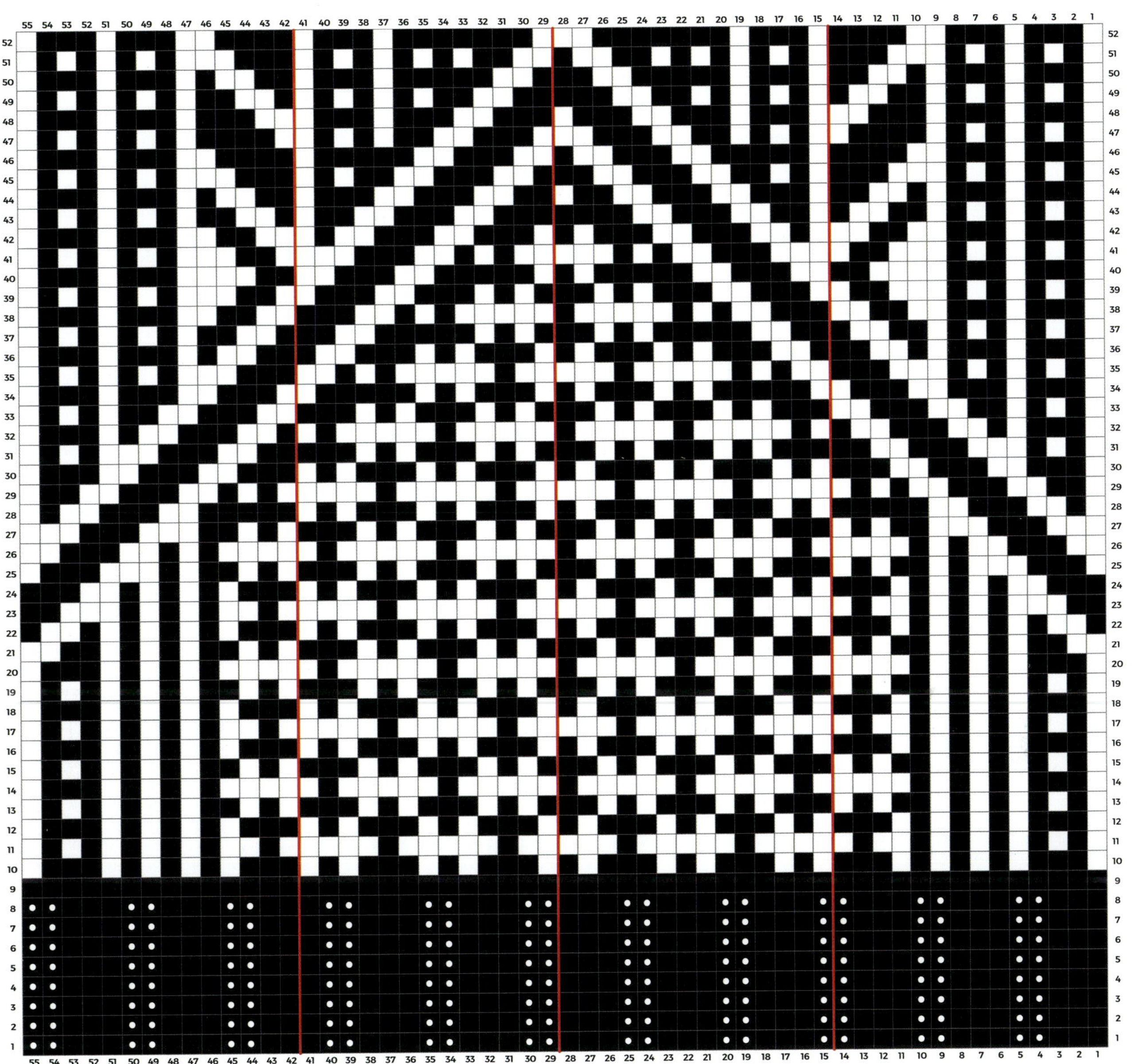

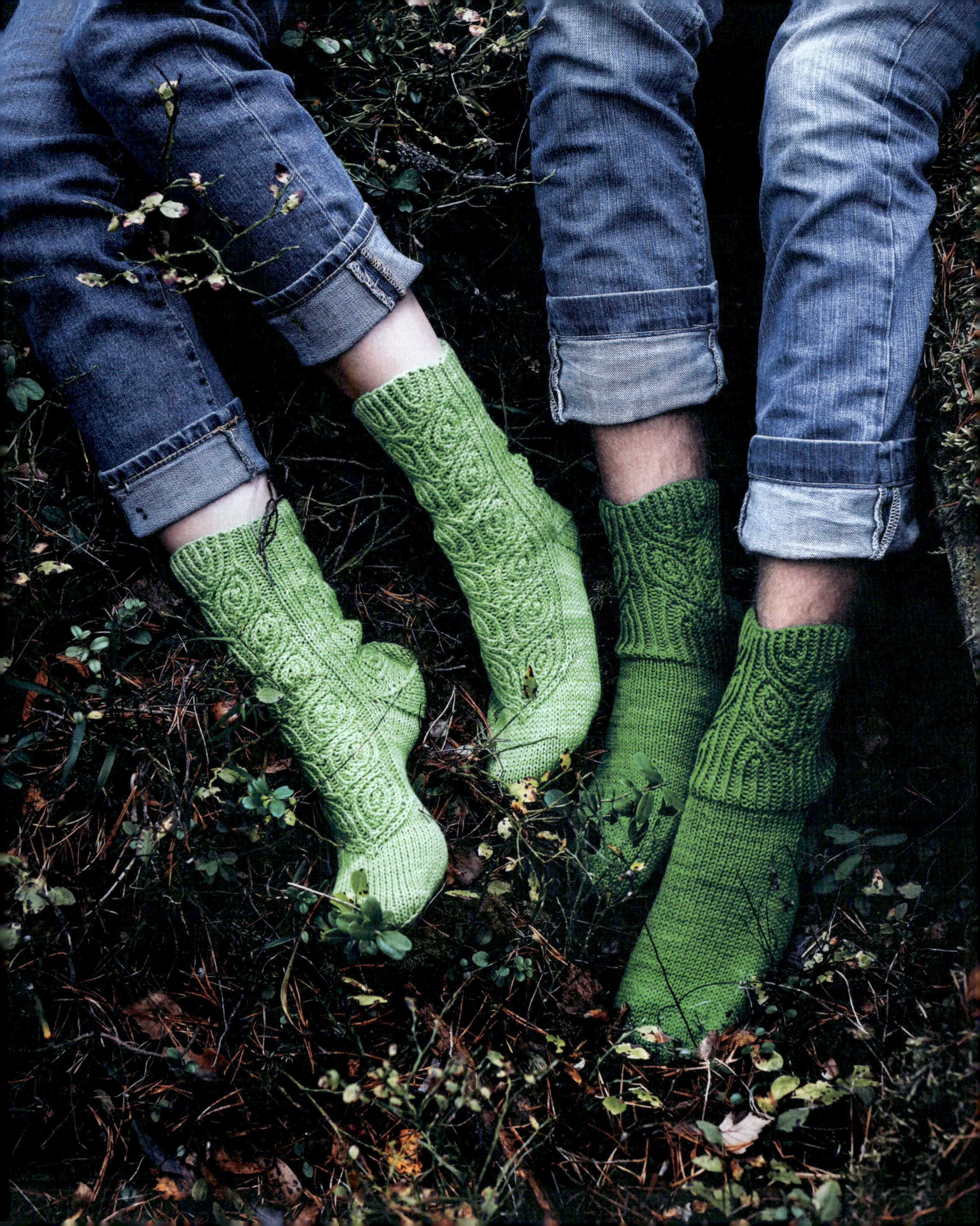

Meister-zeichnung

Socken wie eine Meisterzeichnung. Zarte, liebliche Bögen im Spitzenmuster sind wie von Hand gezeichnet und kunstvoll gestrickt. Üppige, satte Grüntöne, Authentizität und Offenheit inspirierten dieses Modell. Der Mut, Neues auszuprobieren und sich darauf einzulassen, ein Kribbeln im Bauch und das Gefühl, »da liegt was in der Luft« – etwas Aufregendes. Dieses Muster zu stricken mag eine Herausforderung sein, aber mit ein wenig Konzentration strickt es sich fast wie von selbst.

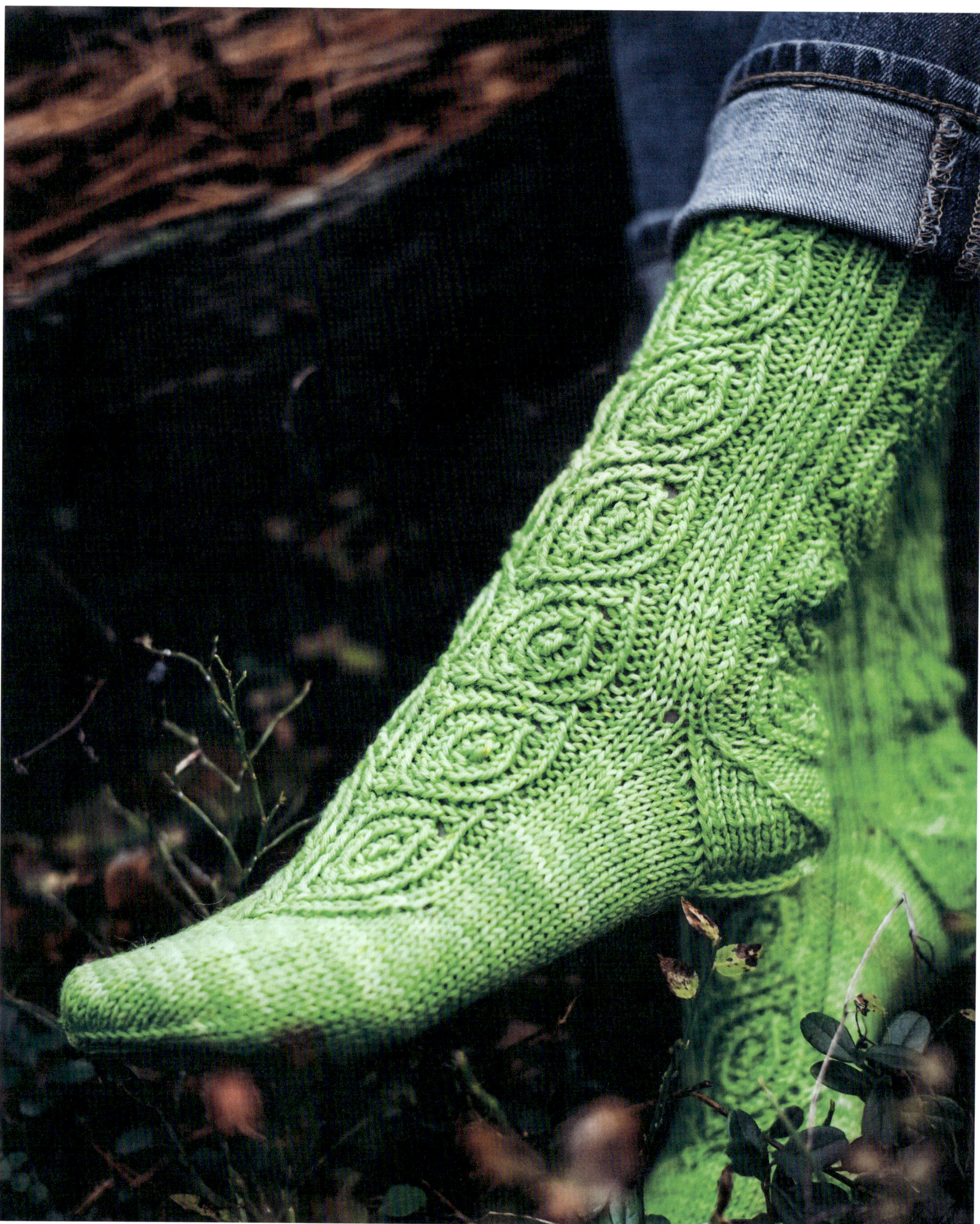

Meisterzeichnung

Größe: 37 (39)

Garn: Louhittaren luola Väinämöinen sport (100 g = n. 260 m), Farbe Apfel

Garnverbrauch: 90 (105) g

Nadelspiel: Nr. 3, Hilfsnadel

Maschenprobe: 23 M und 28 Rd = 10 cm x 10 cm

BEVOR SIE BEGINNEN

Der Schaft und die Ferse werden für beide Größen nach derselben Anleitung gearbeitet. Danach sind die Abweichungen für Größe 39 blau markiert. Für den Fußteil in Größe 37 verwenden Sie die Strickschrift C1 und in Größe 39 die Strickschrift C2.

Beim Schaft bilden die Nd 1 und 2 den vorderen Sockenteil und die Nd 3 und 4 den hinteren Sockenteil. Nach der Ferse ändert sich die Nadelverteilung, sodass die Fußsohle mit den Nd 1 und 4 und der vordere Sockenteil mit den Nd 2 und 3 gestrickt wird.

Die Strickschrift weist graue Karos auf, die keine Maschen darstellen; diese Stellen können Sie überspringen und ignorieren. Aus diesem Grund hat die Arbeit auch eine unterschiedliche Anzahl von Maschen in verschiedenen Runden (50–66 M).

Die Nadelverteilung variiert im Verlauf der Arbeit, da einige der Abnahmen und Zunahmen auf den Übergang zwischen zwei Nadeln treffen. Kontrollieren Sie bitte die Gesamtzahl der Maschen und die richtige Nadelverteilung, bevor die Ferse beginnt.

SCHAFT

66 M anschlagen. Die M auf den Nd verteilen (16-15-18-17) und den Schaft laut Strickschrift A am rechten unteren Rand mit der 1. Rd beginnen. Alle 51 Rd der Strickschrift stricken. In der letzten Rd die Nadelverteilung kontrollieren: 15-14-15-14.

FERSE

Die M der 3. und der 4. Nd auf eine Nd stricken (insg. 29 M). Mit diesen M wird die Ferse gestrickt. Die Arbeit wenden und wie folgt arbeiten: 1 M li abheben, ohne sie zu stricken, 1 M li, 2 M re, *1 M li verschr, 1 M re, ab * wiederholen, bis noch 3 M übrig sind, 1 M re, 2 M li.

Die Ferse laut Strickschrift B stricken (R 1–20). Auf der rechten Seite der Arbeit immer die 1. M re abheben, ohne sie zu stricken, und auf der linken Seite der Arbeit immer die 1. M li abheben, ohne sie zu stricken.

Falls die Ferse zu kurz ausfällt, können Sie die letzte R wiederholen, bis insg. 22 oder 24 R gestrickt sind.

Die Käppchenabnahmen auf der rechten Seite der Arbeit beginnen und glatt re stricken, bis noch 9 M auf der Nd sind. 1 ssk oder Übz stricken, wenden. Auf der anderen Nd sind 7 M. 1 M li abheben, ohne sie zu stricken, linke M stricken, bis 9 M übrig sind. 2 M li zus, wenden. 1 M re abheben, ohne sie zu stricken, und glatt re stricken, bis noch 8 M auf der Nd sind. 1 ssk oder Übz stricken, wenden. 1 M li abheben, ohne sie zu stricken, li M stricken, bis 8 M übrig sind. 2 M li zus, wenden. So fortfahren, dabei werden die äußeren M in jeder R reduziert, die mittleren M bleiben gleich (11 M).

Wenn die äußeren M aufgebraucht sind, die M der Fersenwand auf 2 Nd verteilen (6-5). 4 M re, 2 M re zus, sodass der Faden zwischen der 1. und der 4. Nd liegt

FUSSTEIL

Aus dem Fersenrand mit der 1. Nd 12 M auffassen und mit der 4. Nd aus dem anderen Fersenrand ebenfalls 12 M auffassen. Falls eine längere Ferse gestrickt wurde, bei einer Ferse mit 22 R jeweils 13 M und bei einer Ferse mit 24 R jeweils 14 M auffassen.

Mit der 1. und 4. Nd weiterhin re stricken und die aus dem Fersenrand aufgefassten M re verschränkt stricken. Mit der 2. und 3. Nd das Muster laut Strickschrift C1 (C2) arbeiten, mit der 1. R beginnen. Zwickelabnahmen: Am Ende der 1. Nd 2 M re zus, am Anfang der 4. Nd in jeder 3. Rd 1 ssk oder Übz stricken. Wenn auf der 1. und 4. Nd jeweils noch 13 M übrig sind, nicht mehr abnehmen und mit der 1. und 4. Nd rechte M, mit der 2. und 3. Nd im Muster laut Strickschrift C1 (C2) stricken.

Wenn alle 38 Rd der Strickschrift C1/C2 gestrickt sind, die M auf den Nd verteilen: 13-14-13-13 (14-14-13-14) und glatt re weiterstricken.

Wenn ab dem Fersenrand 44 (48) Rd gestrickt wurden, eine breite Bandspitze arbeiten:

1. und 3. Nd: Re stricken, bis noch 3 M übrig sind, 2 M re zus, 1 M re.

2. und 4. Nd: 1 M re, 1 ssk oder Übz, die restlichen M re stricken.

Die Abnahmen zunächst in jeder 2. Rd stricken. Wenn noch 33 (31) M übrig sind, Nadelverteilung 8-9-8-8 (8-8-7-8), in jeder Rd abnehmen. Für die Größe 39 mit der 3. Nd in der letzten Rd nicht mehr abnehmen. Wenn 9 (8) M übrig sind, den Faden abschneiden und durch die M ziehen.

Fadenenden vernähen, Socken leicht dämpfen.

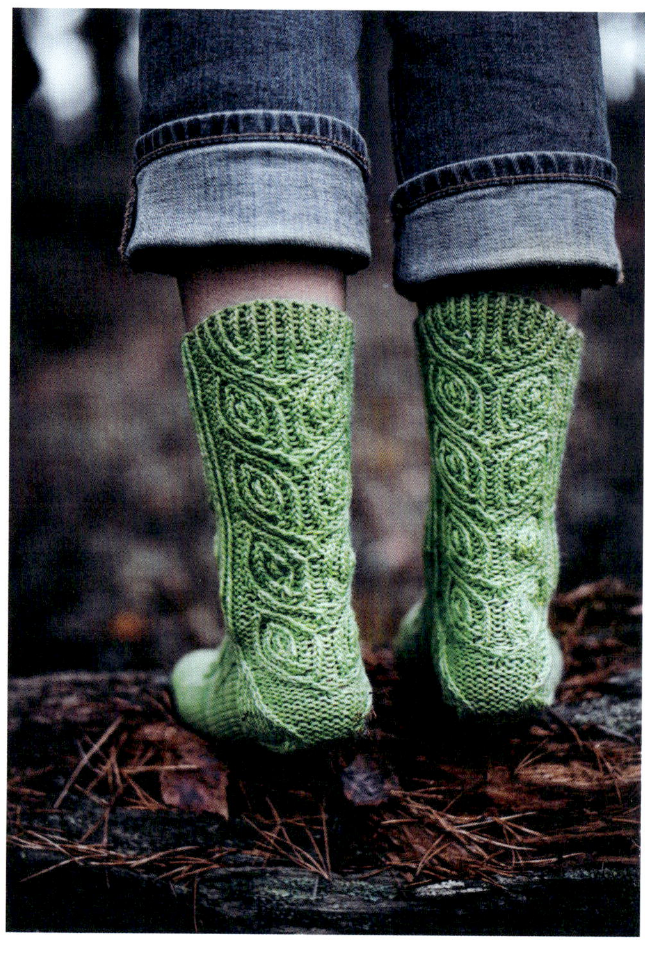

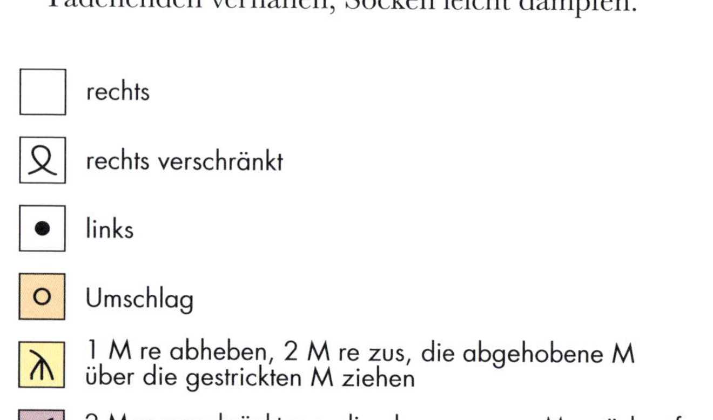

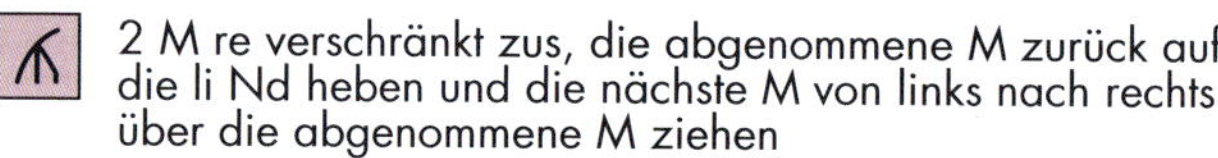

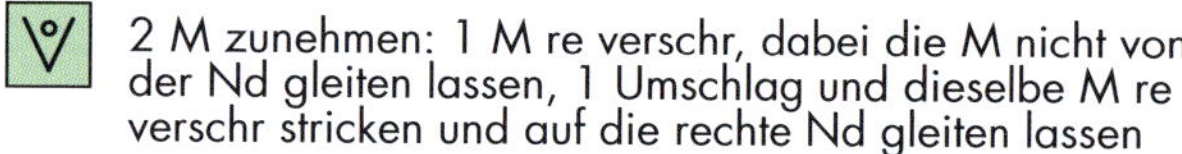

2 M zunehmen: 1 M li verschr, dabei die M nicht von der Nd gleiten lassen, 1 Umschlag und dieselbe M li verschr stricken und auf die rechte Nd gleiten lassen

3 M li zus

ssk: 2 M einzeln wie zum Rechtsstricken abheben, zurück auf die linke Nd legen und von hinten zusammenstricken

2 M re zus

1 M li zunehmen (den Querfaden zwischen 2 M aufnehmen und li verschr abstricken, damit kein Loch entsteht)

1 M zunehmen: den Querfaden zwischen 2 M aufnehmen und re abstricken

1 M zunehmen: den Querfaden zwischen 2 M aufnehmen und re verschr abstricken, damit kein Loch entsteht

keine M

Nadelverteilung

STRICKSCHRIFT A

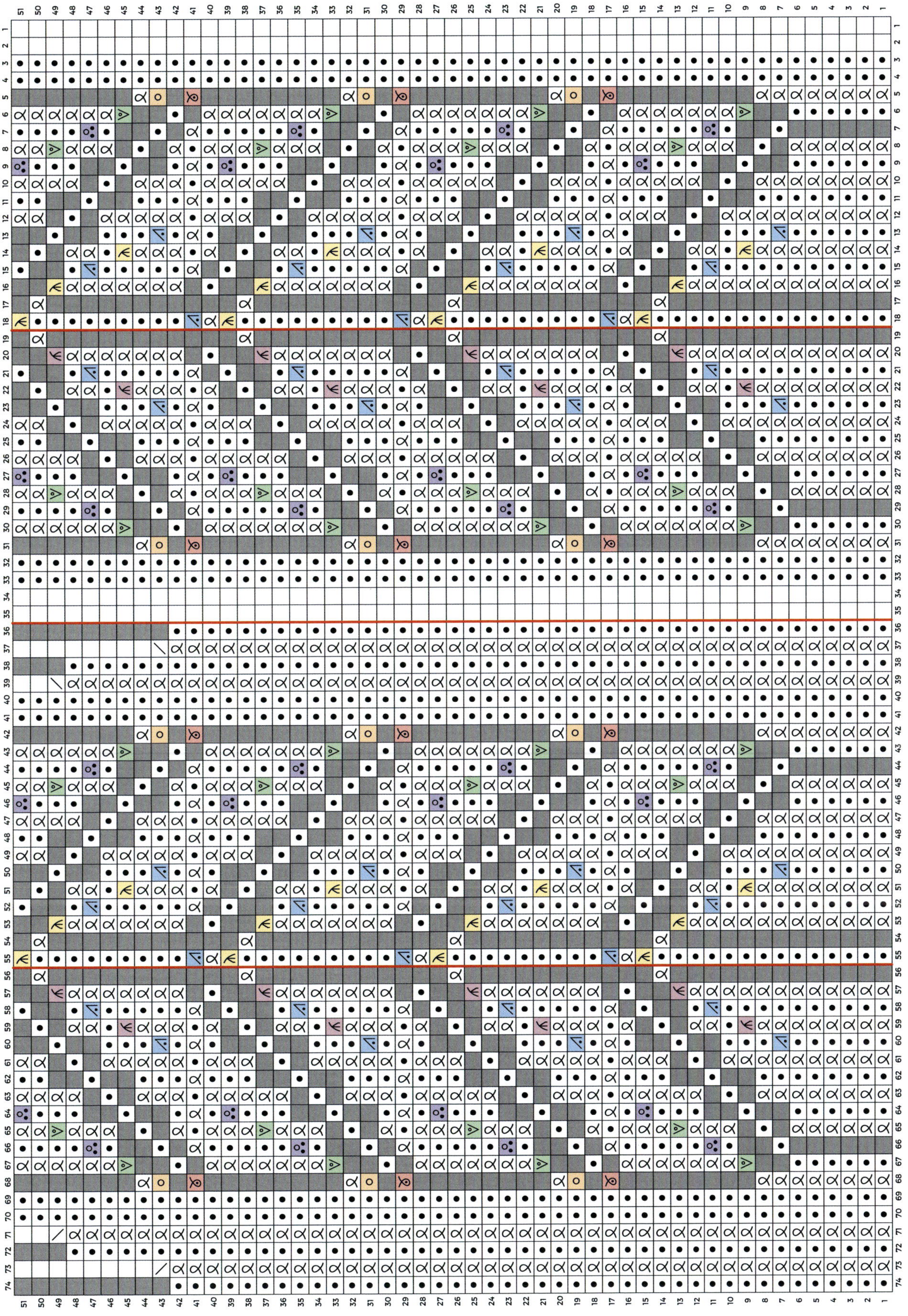

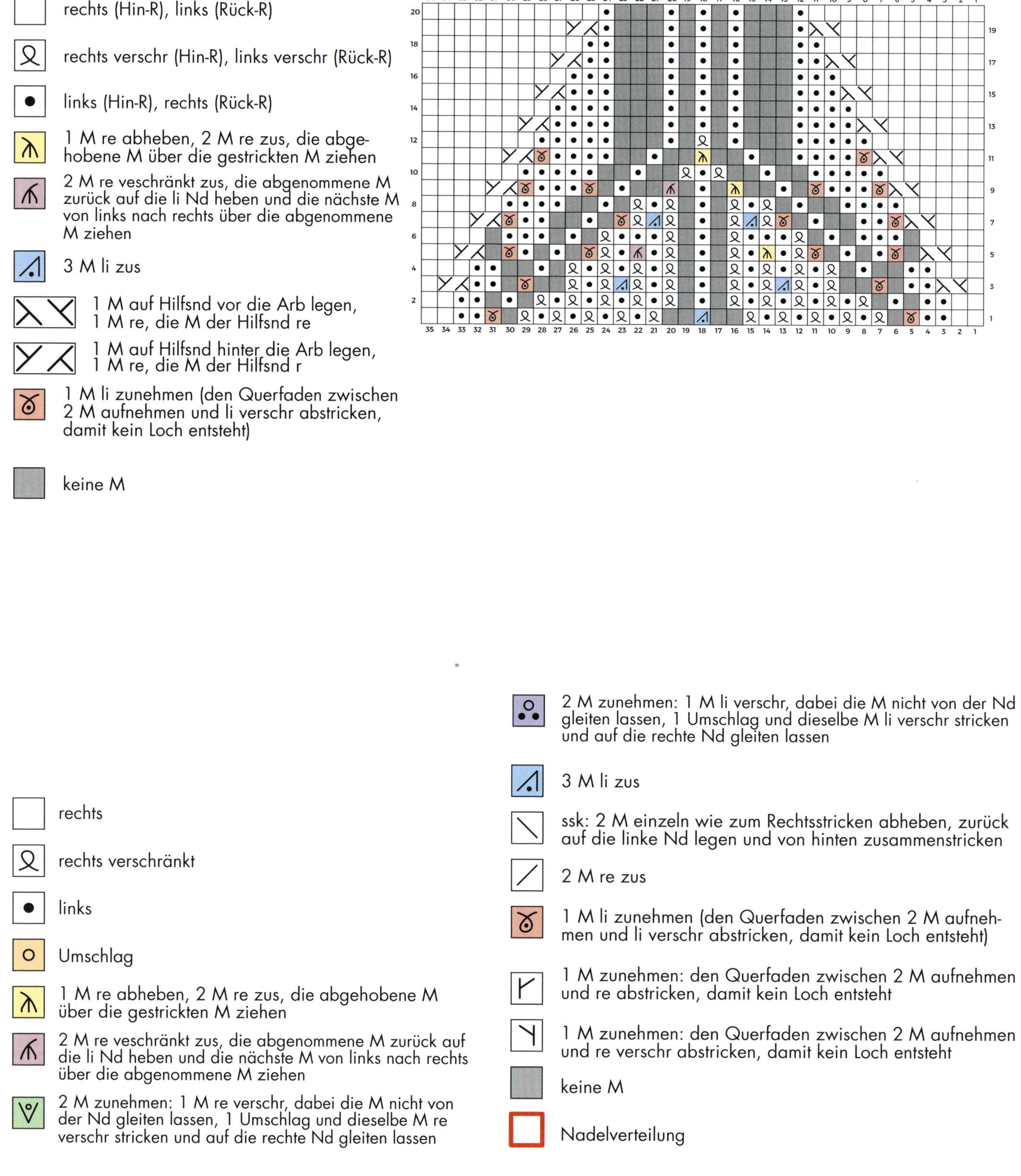
STRICKSCHRIFT B, FERSE
rechts (Hin-R), links (Rück-R)
rechts verschr (Hin-R), links verschr (Rück-R)
links (Hin-R), rechts (Rück-R)
1 M re abheben, 2 M re zus, die abgehobene M über die gestrickten M ziehen
2 M re veschränkt zus, die abgenommene M zurück auf die li Nd heben und die nächste M von links nach rechts über die abgenommene M ziehen
3 M li zus
1 M auf Hilfsnd vor die Arb legen, 1 M re, die M der Hilfsnd re
1 M auf Hilfsnd hinter die Arb legen, 1 M re, die M der Hilfsnd r
1 M li zunehmen (den Querfaden zwischen 2 M aufnehmen und li verschr abstricken, damit kein Loch entsteht)
keine M
rechts
rechts verschränkt
links
Umschlag
1 M re abheben, 2 M re zus, die abgehobene M über die gestrickten M ziehen
2 M re veschränkt zus, die abgenommene M zurück auf die li Nd heben und die nächste M von links nach rechts über die abgenommene M ziehen
2 M zunehmen: 1 M re verschr, dabei die M nicht von der Nd gleiten lassen, 1 Umschlag und dieselbe M re verschr stricken und auf die rechte Nd gleiten lassen
2 M zunehmen: 1 M li verschr, dabei die M nicht von der Nd gleiten lassen, 1 Umschlag und dieselbe M li verschr stricken und auf die rechte Nd gleiten lassen
3 M li zus
ssk: 2 M einzeln wie zum Rechtsstricken abheben, zurück auf die linke Nd legen und von hinten zusammenstricken
2 M re zus
1 M li zunehmen (den Querfaden zwischen 2 M aufnehmen und li verschr abstricken, damit kein Loch entsteht)
1 M zunehmen: den Querfaden zwischen 2 M aufnehmen und re abstricken, damit kein Loch entsteht
1 M zunehmen: den Querfaden zwischen 2 M aufnehmen und re verschr abstricken, damit kein Loch entsteht
keine M
Nadelverteilung

STRICKSCHRIFT C1, FUSSTEIL GR. 37

STRICKSCHRIFT C2, FUSSTEIL GR. 39

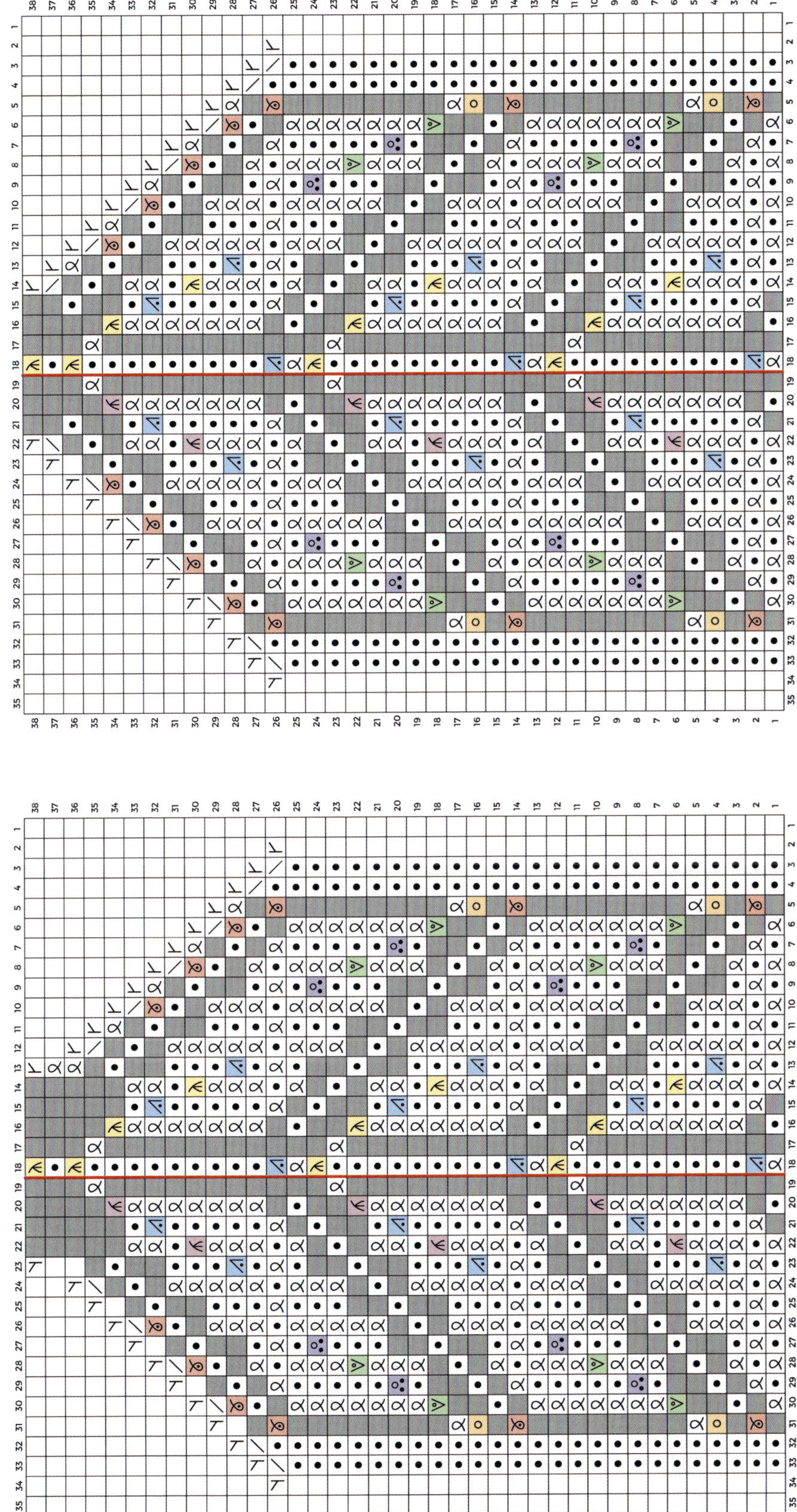

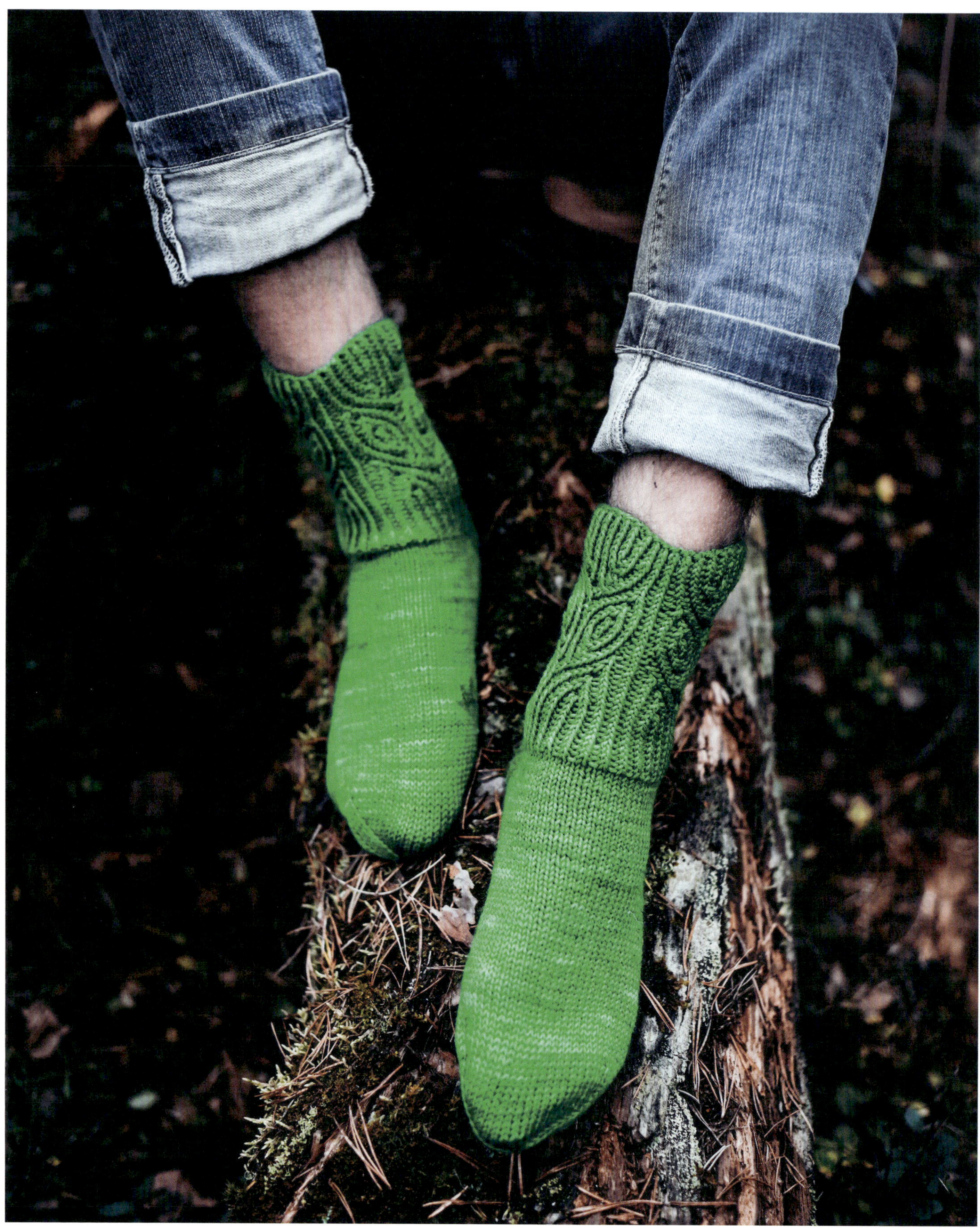

Meisterzeichnung

Größe: 42 (45)

Garn: Louhittaren luola Väinämöinen sport (100 g = ca. 260 m), Farbe Gras

Garnverbrauch: 100 (110) g

Nadelspiel: Nr. 3

Maschenprobe: 23 M und 28 Rd = 10 cm x 10 cm

BEVOR SIE BEGINNEN

Der Schaft und die Ferse werden für beide Größen nach derselben Anleitung gearbeitet. Danach sind die Abweichungen für Größe 45 blau markiert.

Die Strickschrift weist graue Karos auf, die keine Maschen darstellen. Diese Stellen können Sie überspringen und ignorieren. Aus diesem Grund hat die Arbeit auch eine unterschiedliche Anzahl von Maschen in verschiedenen Runden (52–68 M).

Die Nadelverteilung variiert im Verlauf der Arbeit, da einige der Abnahmen und Zunahmen auf den Übergang zwischen zwei Nadeln treffen. Kontrollieren Sie bitte die Gesamtzahl der Maschen und die richtige Nadelverteilung, bevor die Ferse beginnt.

SCHAFT

68 M anschlagen. Die M auf den Nd verteilen (22-12-14-20) und den Schaft laut Strickschrift A am rechten unteren Rand mit der 1. Rd beginnen. Alle 29 Rd der Strickschrift stricken. Die Arbeit hat jetzt 62 M. Die M auf den Nadeln verteilen 16-15-16-15 und den restl. Schaft im Bündchenmuster *1 M li, 1 M re verschr stricken, ab * wiederholen. Wenn für den Schaft insg. 39 Rd gestrickt wurden, vor der Ferse noch 1 Rd re stricken.

FERSE

Mit der verstärkten Fersenwand beginnen, dazu die M der 1. Nd re auf die 4. Nd stricken (insg. 31 M). Die restlichen M bleiben ungestrickt. Die Arbeit wenden, die 1. M li abheben, ohne sie zu stricken, die übrigen M li stricken. Gleichzeitig 1 M abnehmen, damit die Fersenwand 30 M hat.

1. R (Hin-R): Die Arbeit wenden, *1 M abheben, ohne sie zu stricken, 1 M re, ab * bis R-Ende wiederholen.

2. R (Rück-R): Die Arbeit wenden, 1 M li abheben, ohne sie zu stricken, die übrigen M li stricken.

Diese zwei R wiederholen, bis für die verstärkte Fersenwand 30 R gestrickt sind und zuletzt eine Rück-R gestrickt wurde.

Für die Käppchenabnahmen in der nächsten Hin-R beginnen und weiterhin verstärkt stricken, bis noch 11 M auf der Nd sind. 1 ssk oder Übz stricken und die Arbeit wenden. Auf der anderen Nd sind 9 M. 1 M li abheben, ohne sie zu stricken, und li stricken, bis 11 M übrig sind. 2 M li zus, wenden. 1 M re abheben, ohne sie zu stricken, und verstärkt stricken, bis 10 M übrig sind. 1 ssk oder Übz stricken, wenden. 1 M li abheben, ohne sie zu stricken, und li stricken, bis 10 M übrig sind. 2 M li zus, wenden. So fortfahren, dabei werden die äußeren M in jeder R reduziert, die mittleren M bleiben gleich (10 M).

Sind die äußeren M aufgebraucht, die M der Fersenwand auf 2 Nd verteilen (5-5). 5 M rechts stricken, sodass der Faden zwischen der 1. und der 4. Nd liegt.

FUSSTEIL

Aus dem Fersenrand mit der 1. Nd 17 M auffassen und mit der 4. Nd aus dem anderen Fersenrand ebenfalls 17 M auffassen. Die Arbeit hat jetzt 75 M.

Mit allen Nadeln fortfahren und rechts stricken, die aus dem Fersenrand aufgefassten M re verschränkt stricken.

Zwickelabnahmen: Am Ende der 1. Nd 2 M re zus, am Anfang der 4. Nd in jeder 2. Rd 1 ssk oder Übz stricken. Wenn noch 61 (63) M übrig sind, Nadelverteilung 15-15-16-15 (16-15-16-16), nicht mehr abnehmen und die restl. Socke rechts stricken.

Wenn ab dem Fersenrand 52 (57) Rd gestrickt wurden, eine breite Bandspitze arbeiten:

1. und 3. Nd: Re stricken, bis noch 3 M übrig sind, 2 M re zus, 1 M re.

2. und 4. Nd: 1 M re, 1 ssk oder Übz, die restlichen M re stricken.

Die Abnahmen zunächst in jeder 2. Rd stricken. Wenn noch 37 (35) M übrig sind, Nadelverteilung 9-9-10-9 (9-8-9-9), in jeder Rd abnehmen. Für die Größe 45 mit der 2. Nd in der letzten Rd nicht mehr abnehmen. Wenn 9 (8) M übrig sind, den Faden abschneiden und durch die M ziehen.

Die Fadenenden vernähen und die Socken leicht dämpfen.

- rechts verschränkt
- links
- Umschlag
- 1 M re abheben, 2 M re zus, die abgehobene M über die gestrickten M ziehen
- 2 M re veschränkt zus, die abgenommene M zurück auf die li Nd heben und die nächste M von links nach rechts über die abgenommene M ziehen
- 2 M zunehmen: 1 M re verschr, dabei die M nicht von der Nd gleiten lassen, 1 Umschlag und dieselbe M re verschr stricken und auf die rechte Nd gleiten lassen
- 2 M zunehmen: 1 M li verschr, dabei die M nicht von der Nd gleiten lassen, 1 Umschlag und dieselbe M li verschr stricken und auf die rechte Nd gleiten lassen
- 3 M li zus
- 1 M li zunehmen (den Querfaden zwischen 2 M aufnehmen und li verschr abstricken, damit kein Loch entsteht)
- 2 M li zus
- keine M
- Nadelverteilung

STRICKSCHRIFT A

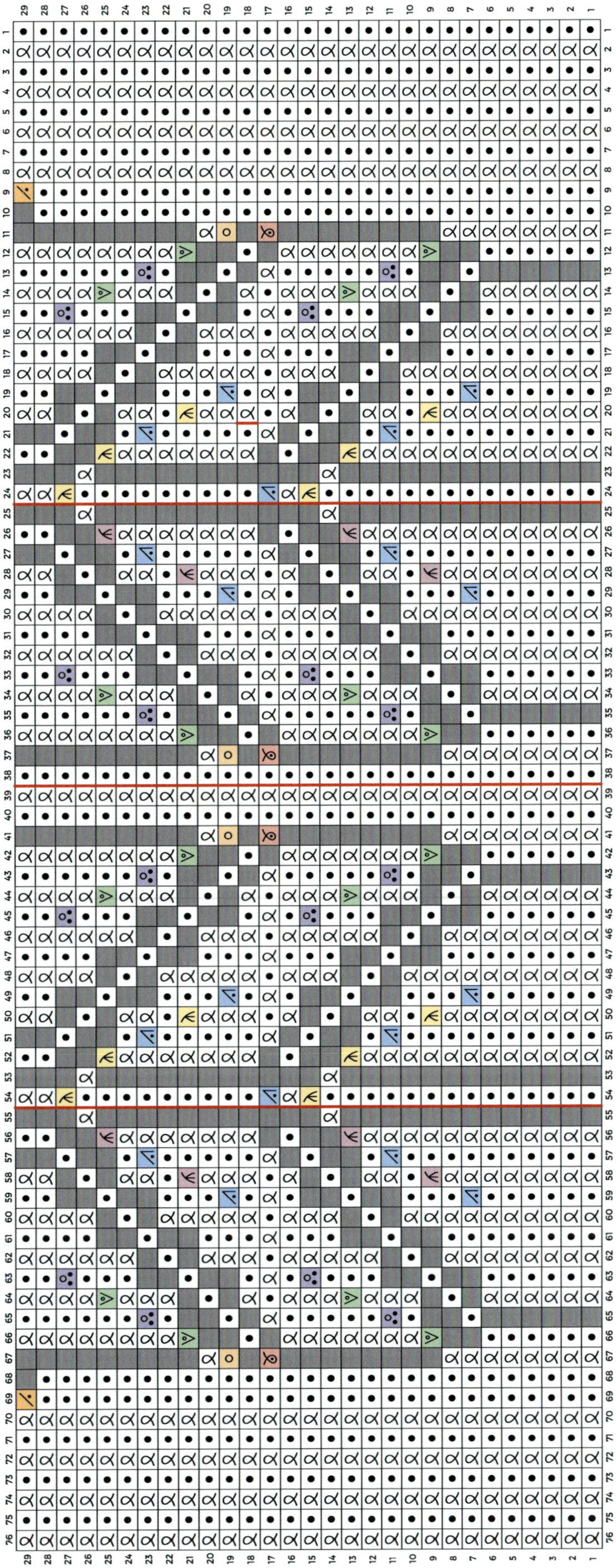

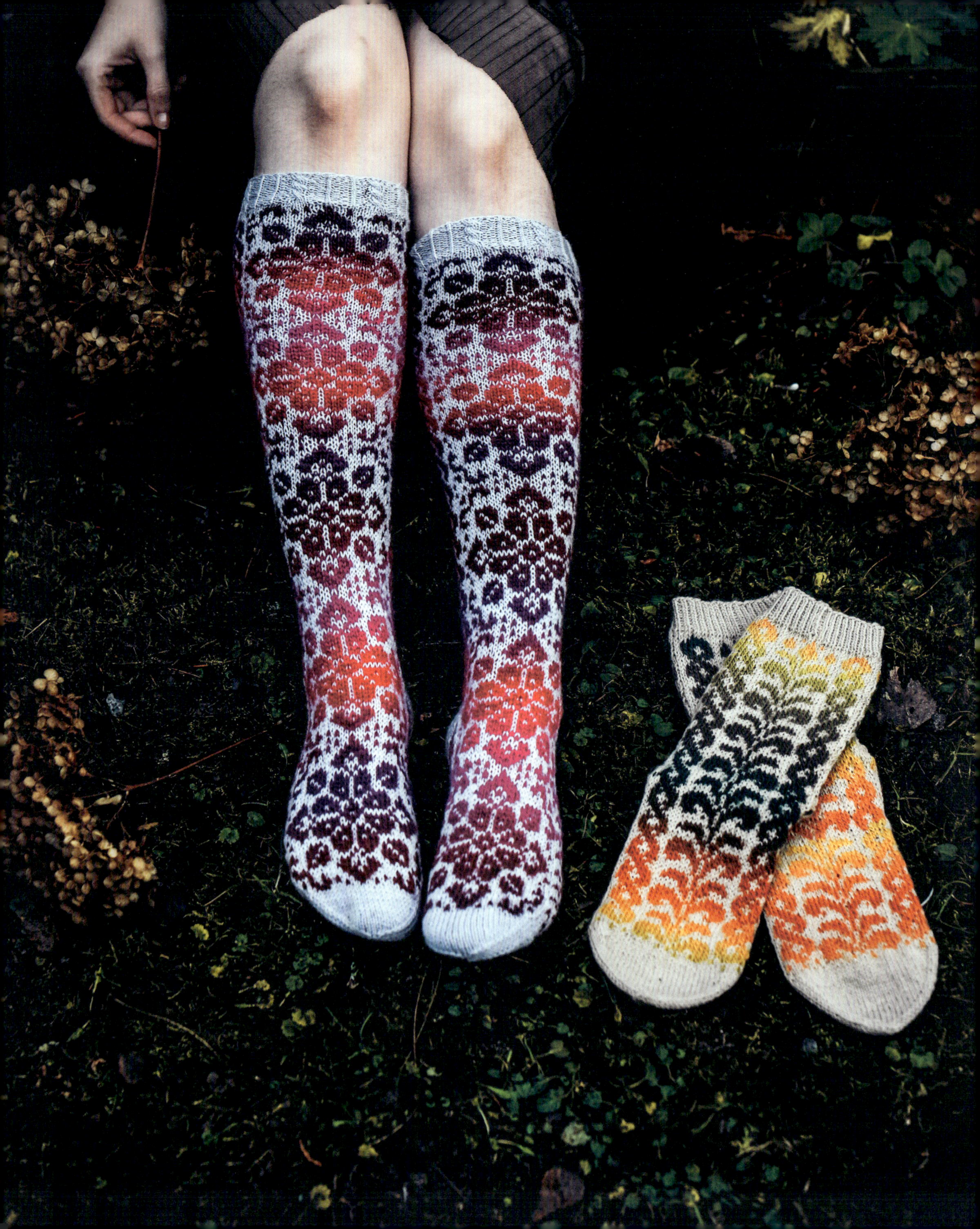

Eins sein

Im Schoß der Natur, in der Abenddämmerung, lässt es sich leicht mit einem Lächeln auf den Lippen leise atmen. Einfach nebeneinander sitzen, Hand in Hand, eins sein. Die von dieser Stimmung inspirierten Socken zeigen Blumen und Ranken: Das im Farbverlauf gefärbte Mustergarn verleiht den langen Socken Lebendigkeit, den kürzeren eine herrliche Harmonie. Da beide Socken mit dünnem Garn gestrickt werden, sind sie auch gut in Schuhen tragbar.

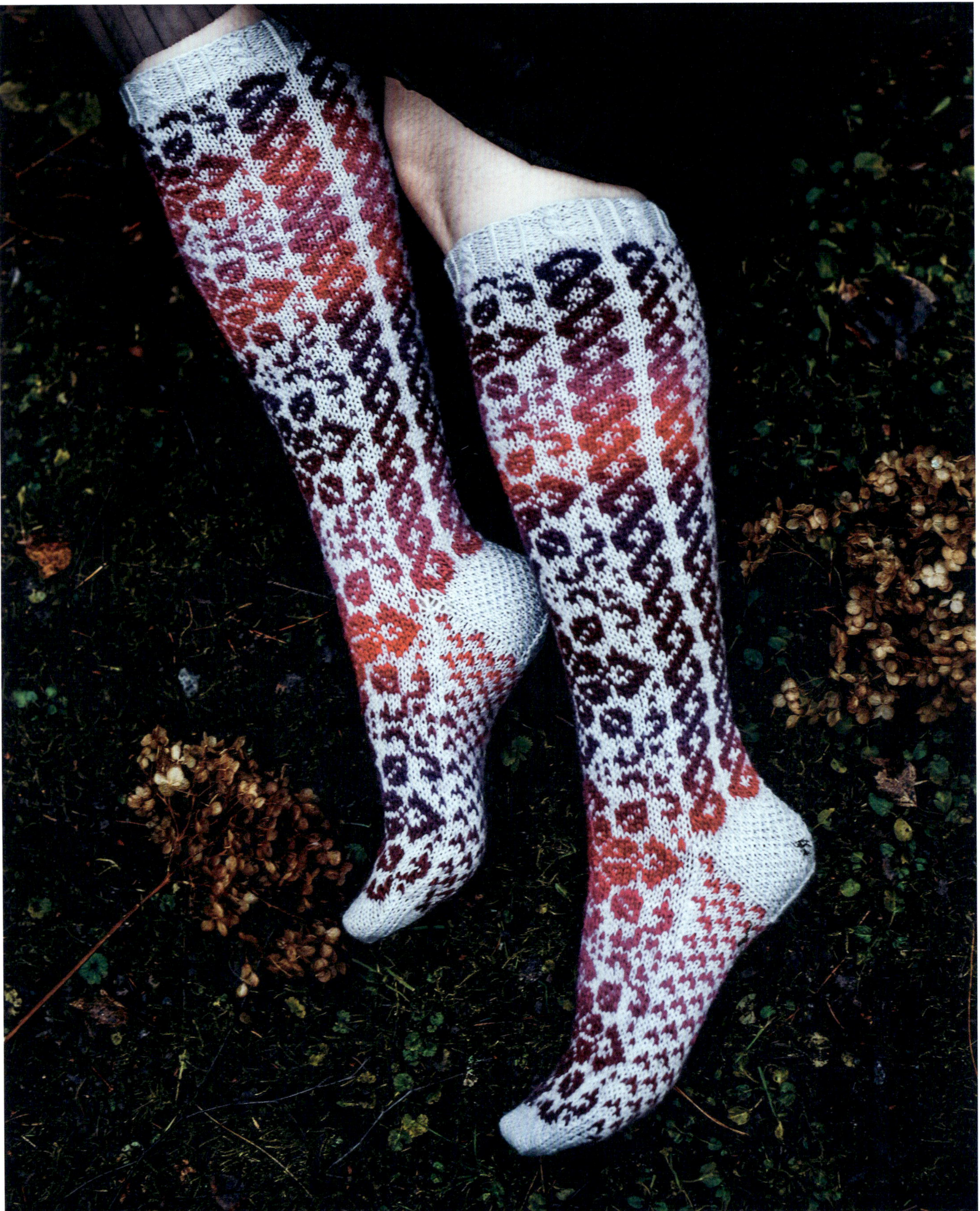

Eins sein

Größe: 39

Garn: Grundfarbe Opal 4-fach (100 g = 425 m), Farbe 9937 Silber, Musterfarbe Viking Nordlys (100 g = 350 m) Farbe 957

Garnverbrauch: Grundfarbe 100 g, Musterfarbe 50 g

Nadelspiel: Nr. 2,5, Hilfsnadel

Maschenprobe: 31 M und 33 Rd = 10 cm x 10 cm

BEVOR SIE BEGINNEN

Die Strickschriften werden von unten nach oben und von rechts nach links gelesen.

SCHAFT

84 M in der Grundfarbe anschlagen und auf den Nd verteilen: 21-22-21-20. Das Bündchenmuster laut Strickschrift A, Rd 1–14 arbeiten. Danach das Einstrickmuster ab der 15. Rd der Strickschrift beginnen, dabei 3 M zunehmen und die M auf den Nadeln verteilen: 21-23-22-21 (die Arbeit hat jetzt 87 M). Den Schaft laut der Strickschrift arbeiten, dabei in den unten genannten Rd im Anfangsbereich der 1. Nd und im Endbereich der 4. Nd an geeigneter Stelle abnehmen.
Abnahmen:
35. Rd: 2 M abnehmen (85 M).
49. Rd: 2 M abnehmen (83 M).
58. Rd: 2 M abnehmen (81 M).
67. Rd: 2 M abnehmen (79 M).
73. Rd: 2 M abnehmen (77 M).
Bitte beachten! In der 79. Rd die M neu auf den Nd verteilen: 22-17-16-22.
81. Rd: 2 M abnehmen (75 M).
87. Rd: 2 M abnehmen (73 M).
92. Rd: 2 M abnehmen (71 M).
96. Rd: 2 M abnehmen (69 M).
100. Rd: 2 M abnehmen (67 M).

Wenn alle 124 Rd für den Schaft gestrickt sind, die M auf den Nd verteilen: 17-17-16-17.

FERSE

Mit der versetzt verstärkten Fersenwand beginnen, dazu die M der 1. Nd auf die 4. Nd stricken (insg. 34 M). Die restlichen M bleiben ungestrickt. Die Arbeit wenden, die 1. M li abheben, ohne sie zu stricken, die übrigen M li stricken. Gleichzeitig 2 M abnehmen, damit die Ferse 32 M hat.
1. R (Hin-R): Die Arbeit wenden, *1 M abheben, 1 M re, ab * bis R-Ende wiederholen.
2. R (Rück-R): Die Arbeit wenden, 1 M li abheben, ohne sie zu stricken, die übrigen M li stricken.
3. R (Hin-R): Die Arbeit wenden, 1 M abheben, 1 M re, *1 M re, 1 M abheben, ab * wiederholen, bis noch 2 M übrig sind, 2 M re.
4. R (Rück-R): Die Arbeit wenden, 1 M li abheben, ohne sie zu stricken, die übrigen M li stricken.

Diese vier R wiederholen, bis für die Fersenwand 32 R gestrickt sind und zuletzt die 4. R gestrickt wurde.

Für die Käppchenabnahmen weiter verstärkt stricken. Auf der rechten Seite der Arbeit beginnen, bis noch 11 M auf der Nd sind. 1 ssk oder Übz stricken und die Arbeit wenden. Auf der anderen Nd sind 9 M. 1 M li abheben, ohne sie zu stricken, li M stricken, bis 11 M übrig sind.

2 M li zus, wenden. 1 M abheben, ohne sie zu stricken, und verstärkt stricken, bis noch 10 M auf der Nd sind. 1 ssk oder Übz stricken, wenden. 1 M li abheben, ohne sie zu stricken, und li stricken, bis noch 10 M übrig sind. 2 M li zus, wenden.

So fortfahren, dabei werden die äußeren M in jeder R reduziert, die mittleren M bleiben gleich (12 M).
Wenn die äußeren M aufgebraucht sind, die M der Fersenwand auf 2 Nd verteilen (6-6). 6 M re stricken, sodass der Faden zwischen der 1. und 4. Nd liegt.

FUSSTEIL

Aus dem Fersenrand mit der 1. Nd 18 M und mit der 4. Nd aus dem anderen Rand ebenfalls 18 M auffassen. Die Arbeit hat jetzt 81 M. Das Einstrickmuster laut Strickschrift B mit der 1. Rd beginnen, die aus dem Fersenrand aufgefassten M re verschränkt stricken.

Für die Zwickelabnahmen am Ende der 1. Nd 2 M re zus, am Anfang der 4. Nd in den in Strickschrift B angegebenen Rd 1 ssk oder Übz stricken (Rd 2, 4, 6, 8, 10, 12, 14 und 16). Die grau markierten Karos stellen keine Maschen dar. Am Ende der Zwickelabnahmen sind 65 M übrig (16-17-16-16).

Wenn alle 46 Rd der Strickschrift gestrickt sind, die Spitzenabnahmen laut Strickschrift C arbeiten. Wenn nach den Spitzenabnahmen noch 9 M übrig sind, den Faden abschneiden und durch die restlichen M ziehen.

Die Fadenenden vernähen und die Socken leicht dämpfen.

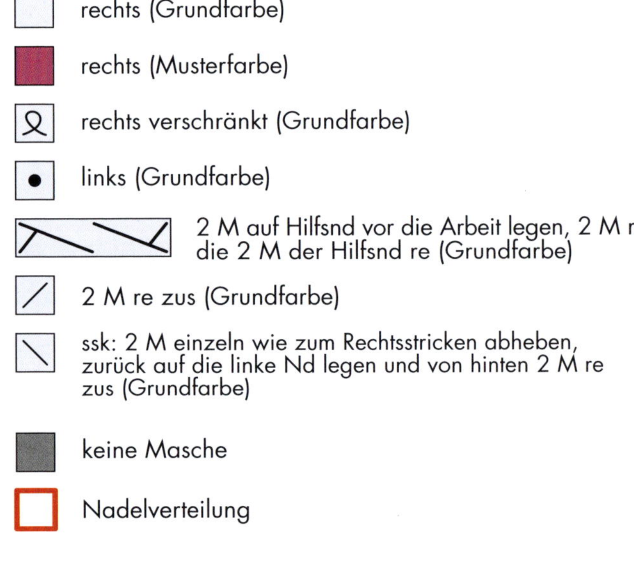

STRICKSCHRIFT C

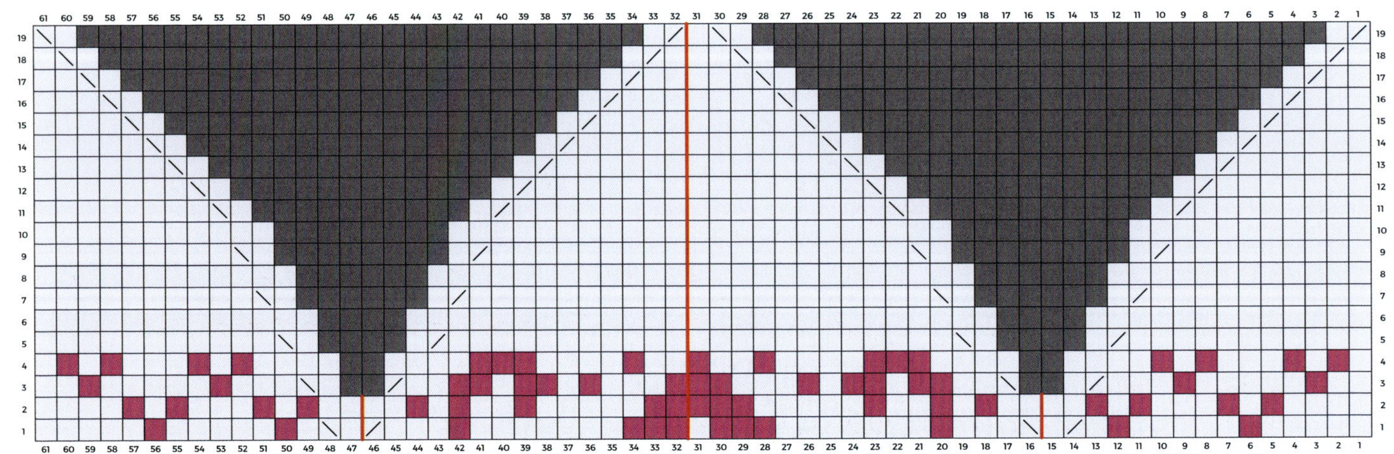

STRICKSCHRIFT B

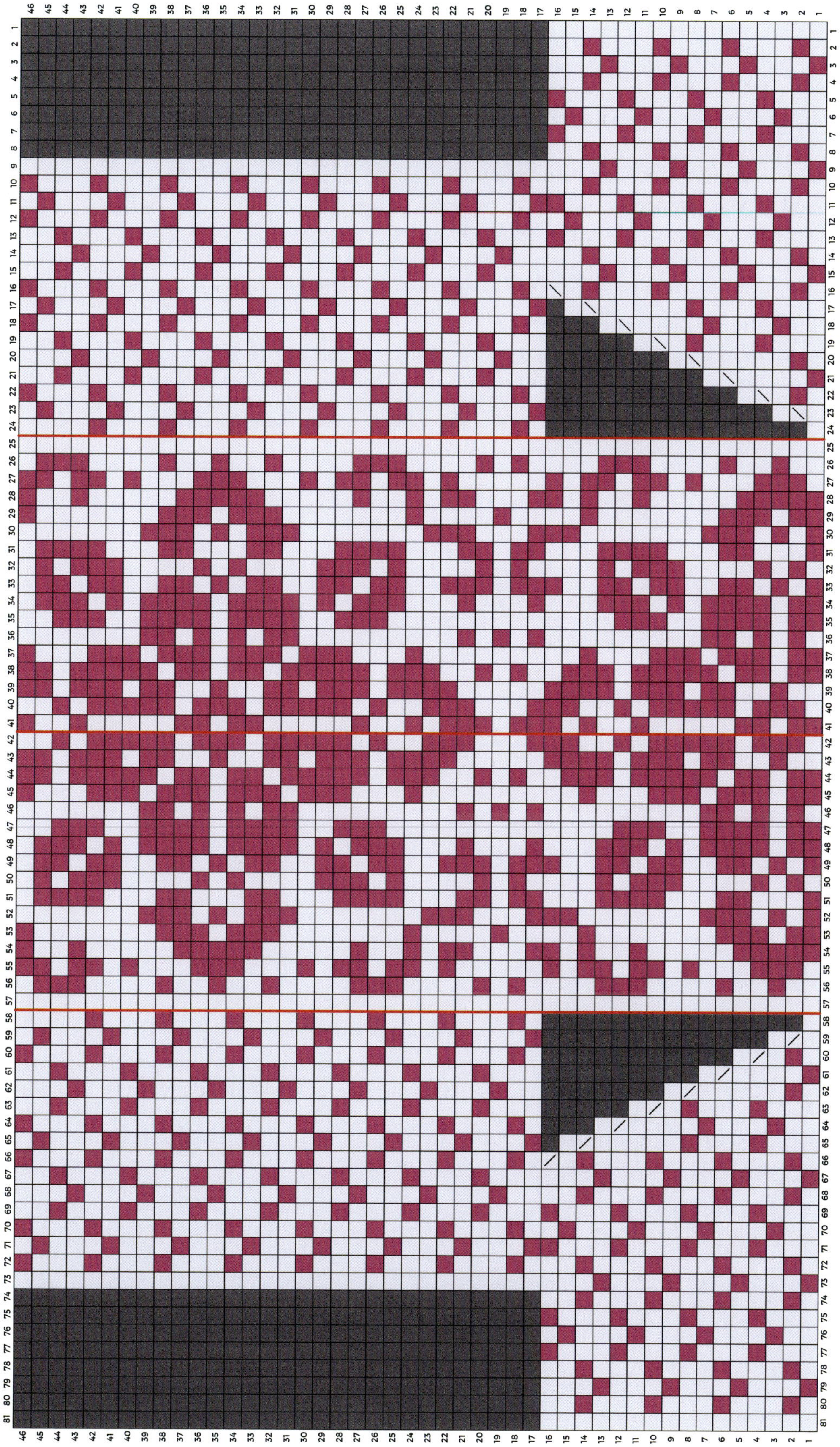

STRICKSCHRIFT A

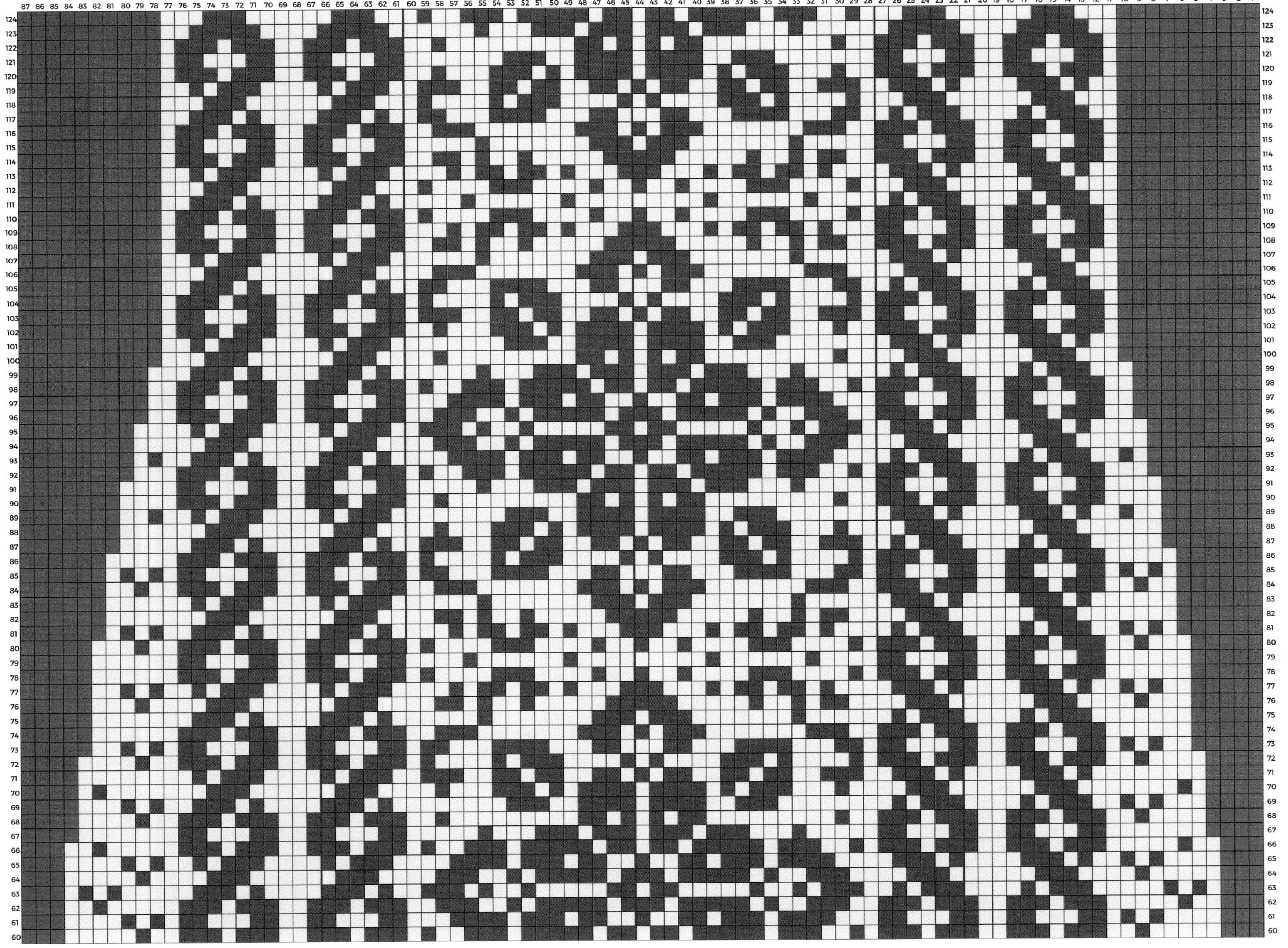

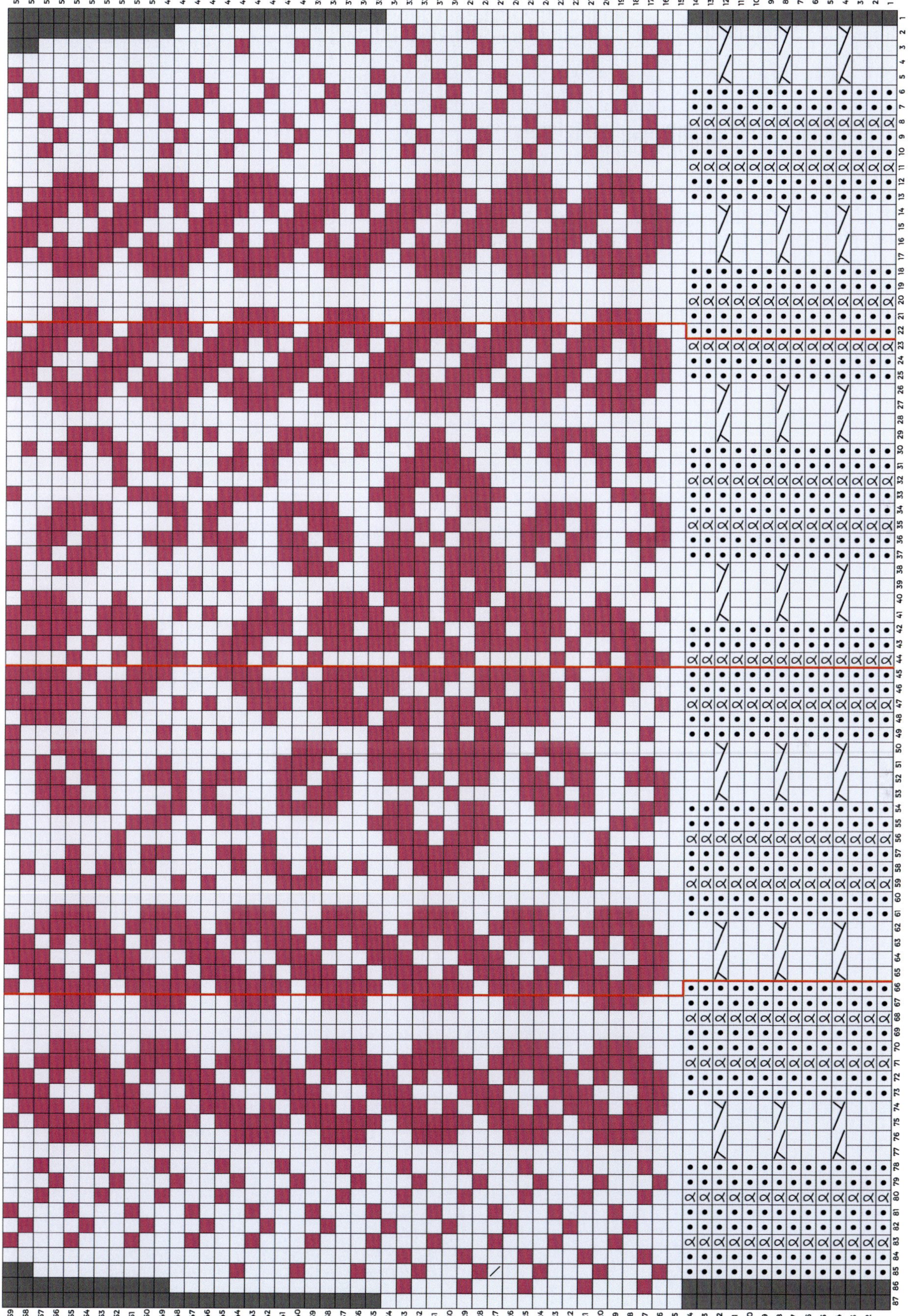

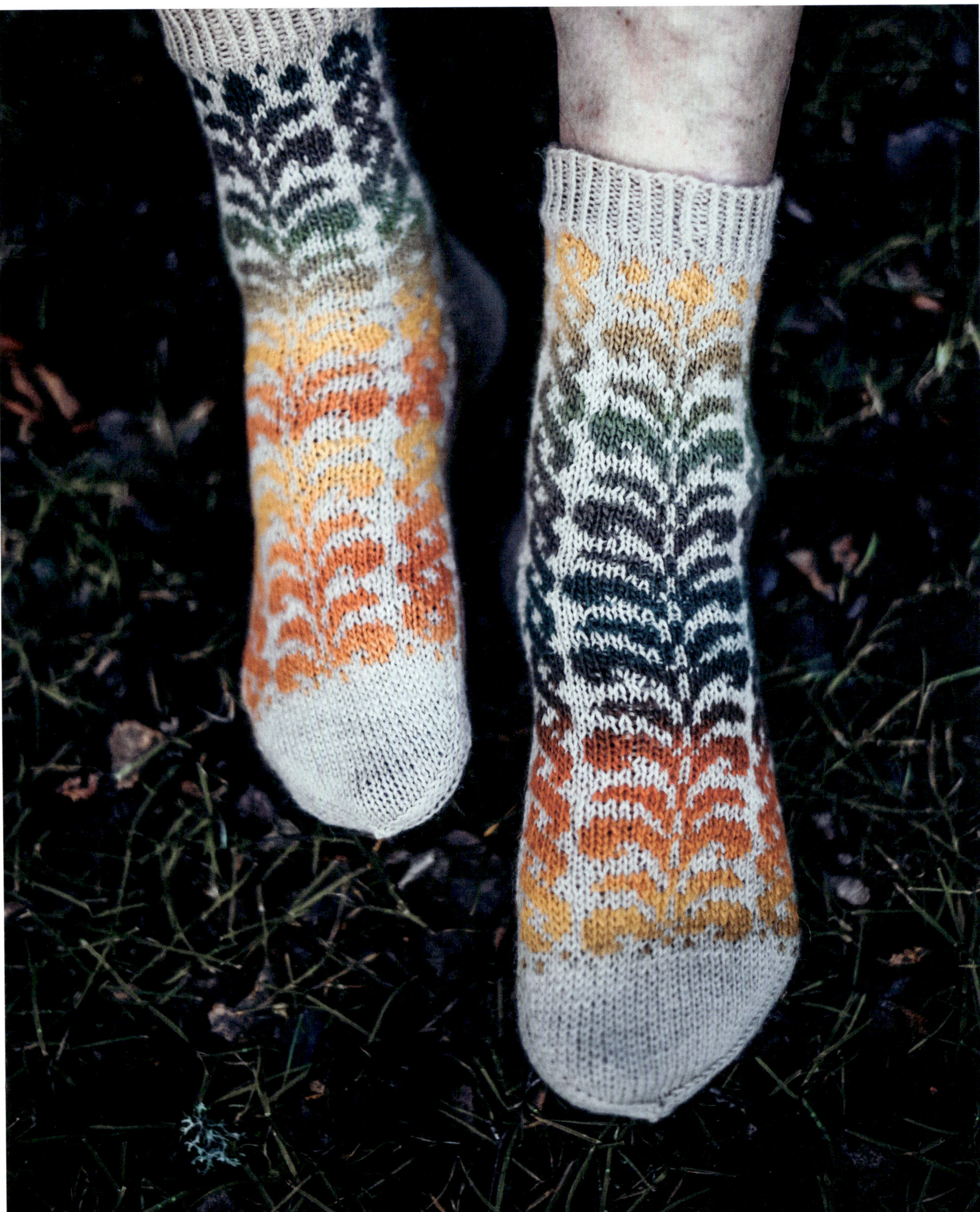

Eins sein

Größe: 42/43

Garn: Grundfarbe Opal 4-fach (100 g = 425 m), Farbe 5189 Camel, Musterfarbe Viking Nordlys (100 g = 350 m), Farbe 934

Garnverbrauch: Grundfarbe 65 g, Musterfarbe 35 g

Nadelspiel: Nr. 2,5

Maschenprobe: 31 M und 33 Rd = 10 cm x 10 cm

BEVOR SIE BEGINNEN

Die Strickschriften werden von unten nach oben und von rechts nach links gelesen.

SCHAFT

70 M in der Grundfarbe anschlagen und auf den Nd verteilen: 18-18-17-17. Das Bündchenmuster laut Strickschrift A, Rd 1-11 arbeiten. Danach das Einstrickmuster ab der 12. Rd der Strickschrift beginnen, dabei am Ende der 4. Nd 1 M zunehmen. Die Arbeit hat jetzt 71 M (18-18-17-18). Den Schaft laut der Strickschrift arbeiten (55 Rd).

FERSE

Mit der verstärkten Fersenwand in der Grundfarbe beginnen, dazu die M der 1. Nd auf die 4. Nd str (insg. 36 M). Die restlichen M bleiben ungestrickt. Die Arbeit wenden. Die 1. M li abheben, ohne sie zu stricken, die übrigen M li stricken, dabei 2 M abnehmen. Die Fersenwand hat jetzt 34 M.

1. R (Hin-R): Die Arbeit wenden, *1 M abheben, ohne sie zu stricken, 1 M re, ab * bis R-Ende wiederholen.

2. R (Rück-R): Die Arbeit wenden, 1 M li abheben, ohne sie zu stricken, die übrigen M li stricken.

Diese zwei R wiederholen, bis für die Fersenwand 34 R gestrickt sind und zuletzt eine Rück-R gestrickt wurde.

Für die Käppchenabnahmen weiter verstärkt stricken. Auf der rechten Seite der Arbeit beginnen, bis noch 11 M auf der Nd sind. 1 ssk oder Übz stricken und die Arbeit wenden. Auf der anderen Nd sind 9 M. 1 M li abheben, ohne sie zu stricken, li M stricken, bis 11 M übrig sind. 2 M li zus, wenden. 1 M abheben, ohne sie zu stricken, und verstärkt stricken, bis noch 10 M auf der Nd sind. 1 ssk oder Übz stricken, wenden. 1 M li abheben, ohne sie zu stricken, und li stricken, bis 10 M übrig sind. 2 M li zus, wenden. So fortfahren, dabei werden die äußeren M in jeder R reduziert, die mittleren M bleiben gleich (14 M). Sind die äußeren M aufgebraucht, die M der Fersenwand auf 2 Nd verteilen (7-7). 7 M re str, sodass der Faden zwischen der 1. und 4. Nd liegt.

FUSSTEIL

Aus dem Fersenrand mit der 1. Nd 19 M auffassen, mit der 4. Nd aus dem anderen Fersenrand ebenfalls 19 M auffassen. Die Arbeit hat jetzt 87 M. Mit dem Einstrickmuster laut Strickschrift B mit der 1. Rd beginnen. Die aus dem Fersenrand aufgefassten M re verschränkt stricken.

Für die Zwickelabnahmen in den in der Strickschrift B angegebenen Rd (2, 3, 5, 6, 8, 9, 11, 12 und 14) am Ende der 1. Nd 2 M re zus und am Anfang der 4. Nd 1 ssk oder Übz stricken. Die grau markierten Karos stellen keine Maschen dar. Nach den Zwickelabnahmen sind 69 M übrig (17-18-17-17).

Mit dem Einstrickmuster laut Strickschrift fortfahren (52 Rd). In der letzten Rd am Ende der 4. Nd 1 M abnehmen und die M auf den Nd verteilen: 17-17-17-17. Eine breite Bandspitze in der Grundfarbe arbeiten:

1. und 3. Nd: Re stricken, bis noch 3 M übrig sind, 2 M re zus, 1 M re.

2. und 4. Nd: 1 M re, 1 ssk, die restlichen M re str.

Die Abnahmen zunächst in jeder 2. Rd stricken. Wenn auf jeder Nd noch 11 M übrig sind, in jeder Rd abnehmen. Wenn insg. noch 8 M übrig sind, den Faden abschneiden und durch die M ziehen. Fadenenden vernähen und die Socken leicht dämpfen.

rechts (Grundfarbe)

rechts (Musterfarbe)

rechts verschränkt (Grundfarbe)

links (Grundfarbe)

2 M re zus (Grundfarbe)

ssk: 2 M einzeln wie zum Rechtsstricken abheben, zurück auf die linke Nd legen und von hinten 2 M re zus (Grundfarbe)

keine Masche

Nadelverteilung

STRICKSCHRIFT B

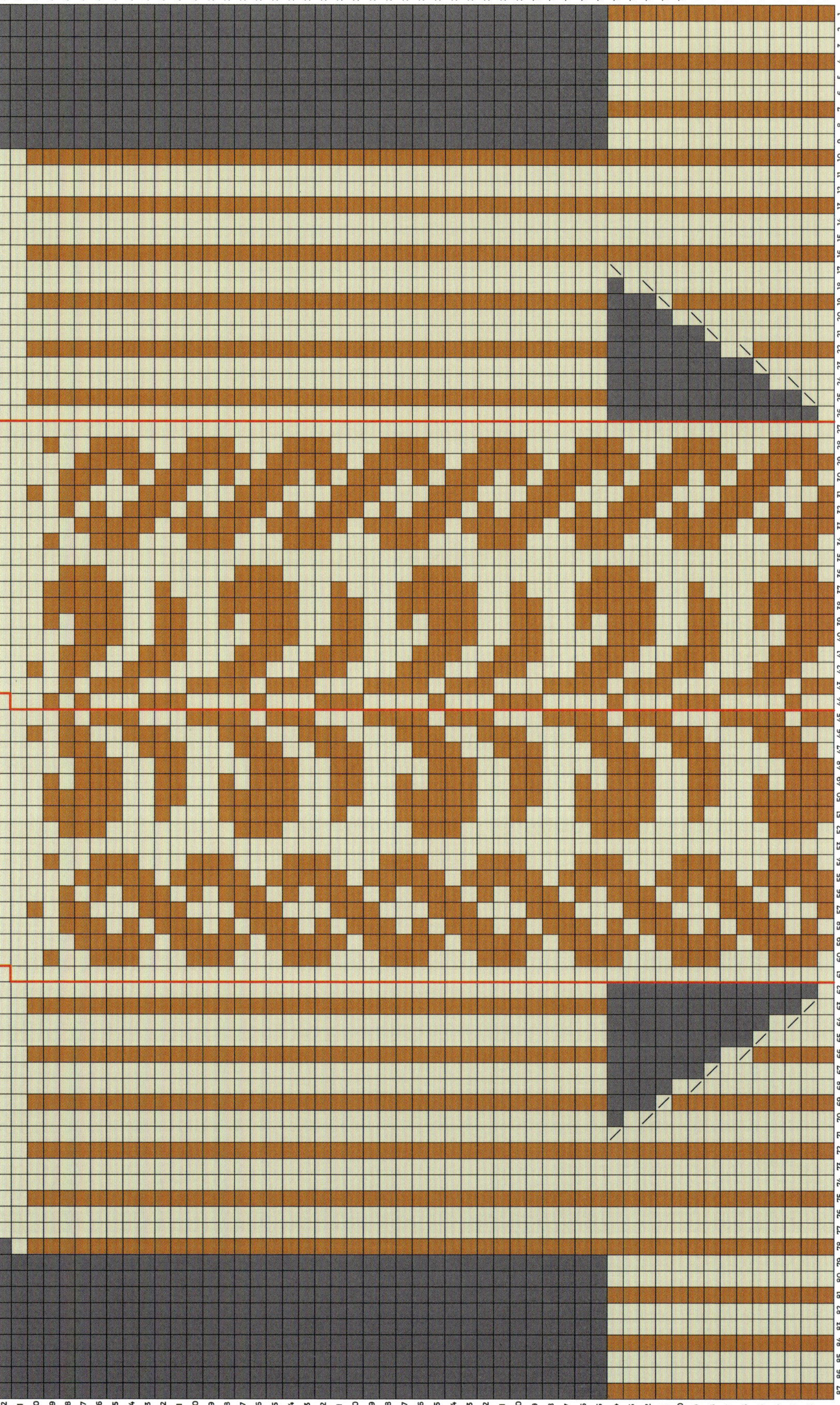

STRICKSCHRIFT A

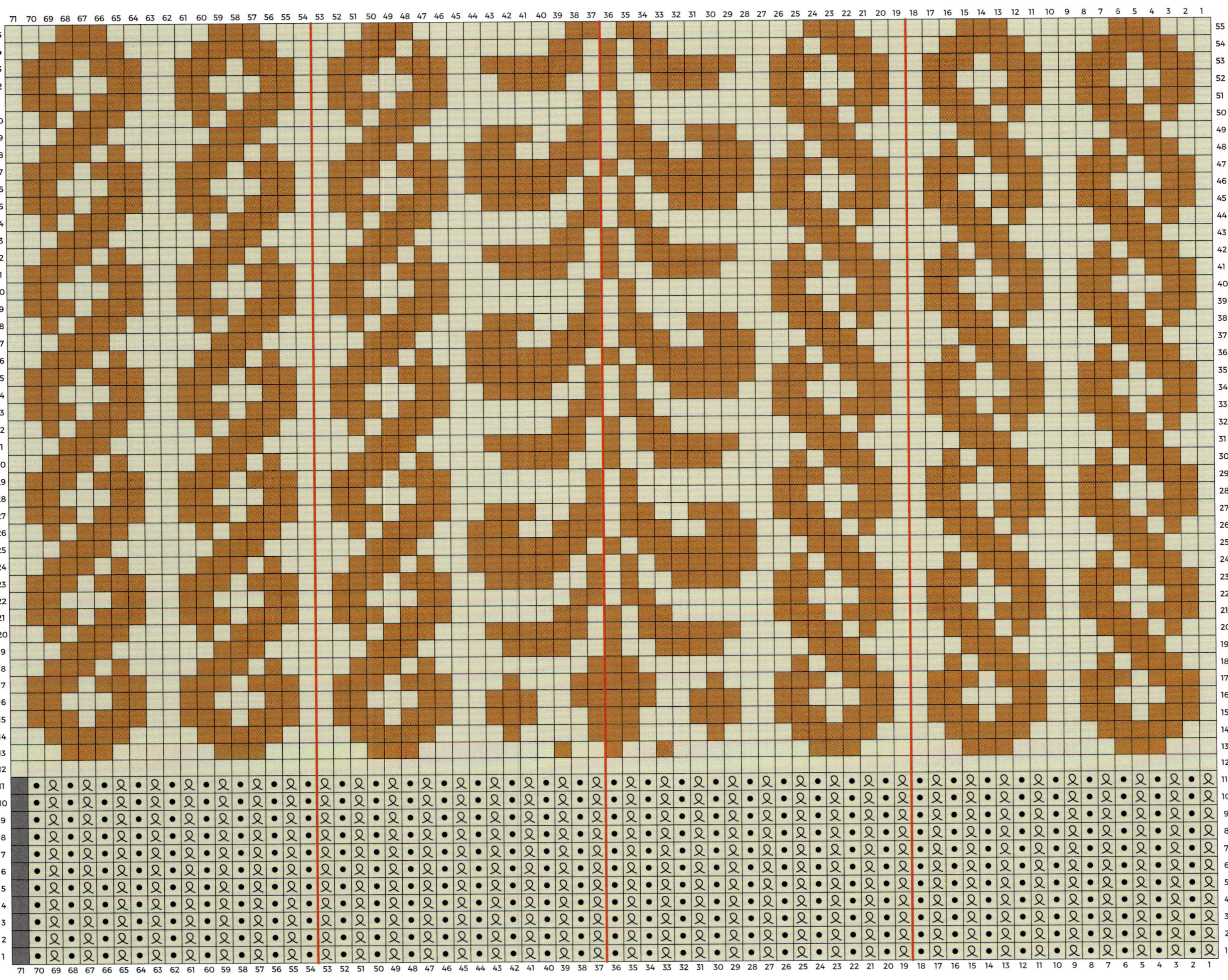

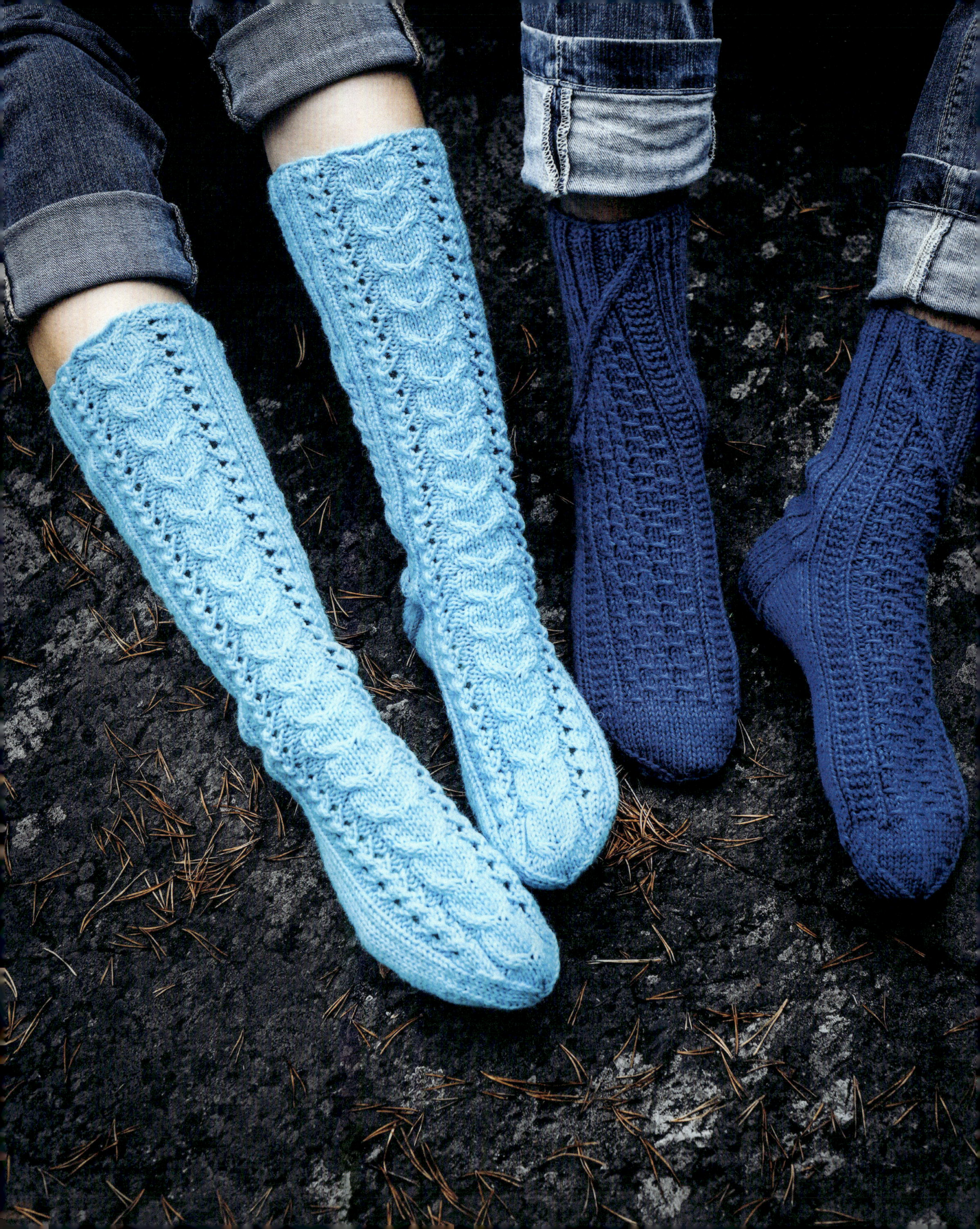

Nocturne

Das Glück der Sommernacht gehört mir, die Schönheit und Sensibilität der Natur vor meinen Augen. Momente am Feldrand, im säuselnden Wind, auf den sommerlichen Felsen die Wärme der Sonne genießend. In diesen Socken spiegeln sich das Blau des Himmels, die Wirbel der Wolken und der brausende Fluss. Zopf-, Spitzen- und Strukturmuster werden eins mit der wunderbaren Natur unseres Landes.

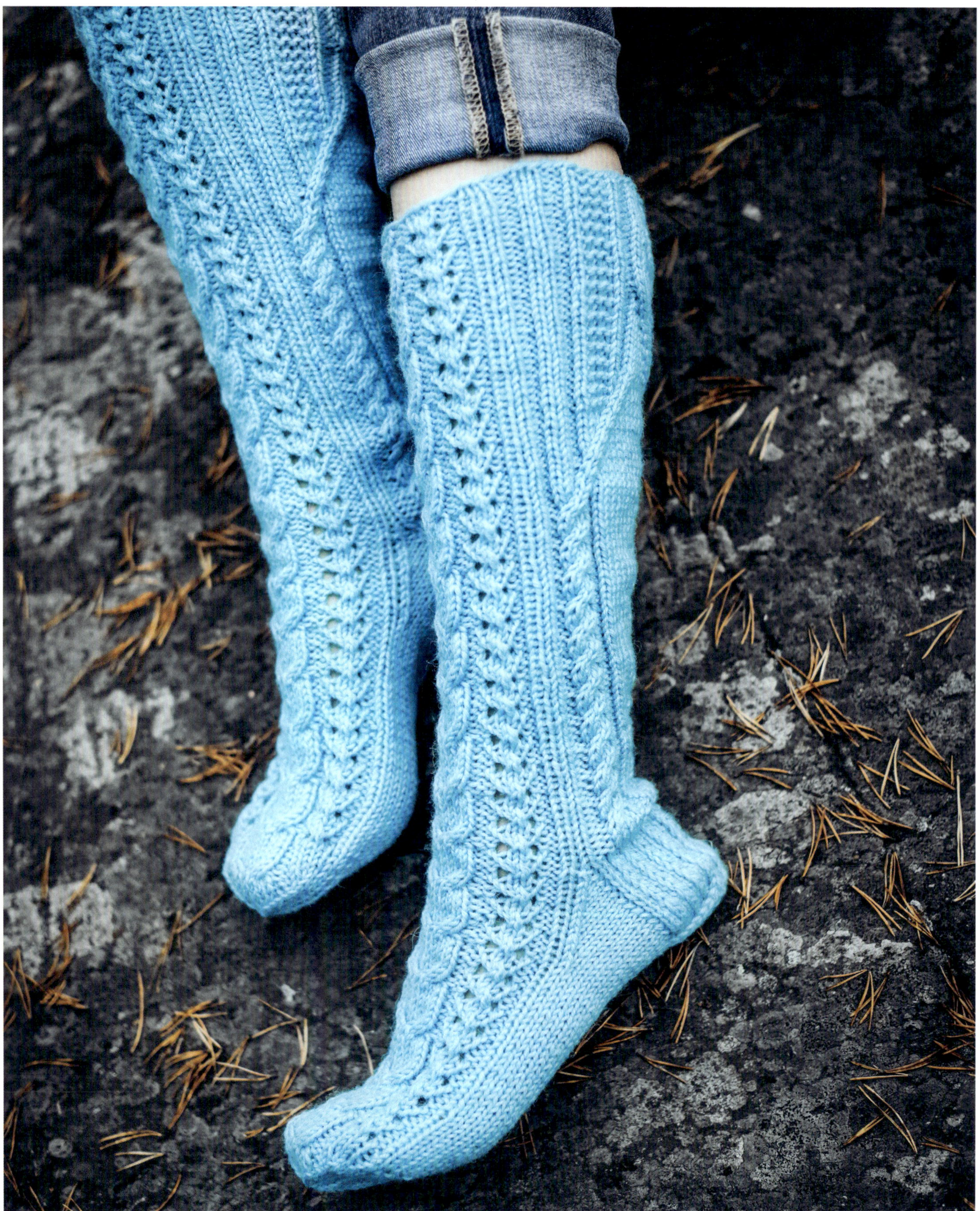

Nocturne

Größe: 38/39

Garn: Kaupunkilanka Kivijalka (100 g = 200 m), Farbe 52 Türkis

Garnverbrauch: 170 g

Nadelspiel: Nr. 3,5, Zopfnadel

Maschenprobe: 21 M und 26 Rd = 10 cm x 10 cm

SCHAFT

68 M anschlagen und auf den Nd verteilen: 22-12-12-22. Alle 95 Rd laut Strickschrift A arbeiten. Mit den in der Strickschrift gezeichneten Wadenabnahmen wird die Maschenanzahl auf 48 reduziert. Vor dem Stricken der Ferse die Maschen auf den Nd verteilen: 12-12-12-12.

FERSE

Mit der verstärkten Fersenwand beginnen, dazu die M der 1. Nd rechts auf die 4. Nd stricken (insg. 24 M). Die restlichen M bleiben ungestrickt. Die Arbeit wenden, die 1. M li abheben, ohne sie zu stricken, die übrigen M li stricken.

1. R (Hin-R): Die Arbeit wenden, *1 M abheben, ohne sie zu stricken, 1 M re, ab * bis R-Ende wiederholen.

2. R (Rück-R): Die Arbeit wenden, 1 M li abheben, ohne sie zu stricken, die übrigen M li stricken.

Diese zwei R wiederholen, bis für die Fersenwand 24 R gestrickt sind und zuletzt eine Rück-R gestrickt wurde.

Für die Käppchenabnahmen weiterhin verstärkt stricken. Auf der rechten Seite der Arbeit beginnen, bis noch 9 M auf der Nd sind. 1 Übz stricken und die Arbeit wenden. Auf der anderen Nd sind 7 M. 1 M li abheben, ohne sie zu stricken, und li stricken, bis 9 M übrig sind. 2 M li zus, wenden. 1 M re abheben, ohne sie zu stricken, und verstärkt stricken, bis 8 M übrig sind. 1 Übz stricken, wenden. 1 M li abheben, ohne sie zu stricken, und li stricken, bis 8 M übrig sind. 2 M li zus, wenden. So fortfahren, dabei werden die äußeren M in jeder R reduziert, die mittleren M bleiben gleich (8 M).

Wenn die äußeren M aufgebraucht sind, die M der Fersenwand auf 2 Nd verteilen (4-4). 4 M re str, sodass der Faden zwischen der 1. und 4. Nd liegt.

FUSSTEIL

Aus dem Fersenrand mit der 1. Nd 14 M und aus dem anderen Fersenrand mit der 4. Nd ebenfalls 14 M auffassen. Die Arbeit hat jetzt 60 M. Mit der 1. und 4. Nd weiterhin re stricken, dabei die aufgefassten M rechts verschränkt stricken. Mit der 2. und 3. Nd das Muster laut Strickschrift B arbeiten, mit Rd 1 beginnen und die Rd 1–8 wiederholen.

Mit den Zwickelabnahmen beginnen: Am Ende der 1. Nd 2 M re zus, am Anfang der 4. Nd in jeder 2. Rd 1 ssk oder Übz stricken. Wenn noch 48 M (12-12-12-12) übrig sind, nicht mehr abnehmen und mit der 1. und 4. Nd weiterhin rechts, mit der 2. und 3. Nd im Muster laut Strickschrift stricken.

Wenn nach der Fersenwand 46 Rd gestrickt sind und zuletzt Rd 6 der Strickschrift gestrickt wurde, mit den Spitzenabnahmen beginnen.

Mit der 1. und 4 Nd eine breite Bandspitze arbeiten:
1. Nd: Re stricken, bis 3 M übrig sind; 2 M re zus, 1 M re.
4. Nd: 1 M re, ssk, übrige M re stricken.

Die Abnahmen in jeder 2. Rd arbeiten, bis 8 M pro Nd übrig sind. Danach in jeder Rd abnehmen.
2. und 3. Nd: Die Spitzenabnahmen laut Strickschrift C (Rd 1–13) arbeiten.

Es bleiben 8 M übrig. Den Faden abschneiden und durch die M ziehen.

Die Fadenenden vernähen und die Socken leicht dämpfen.

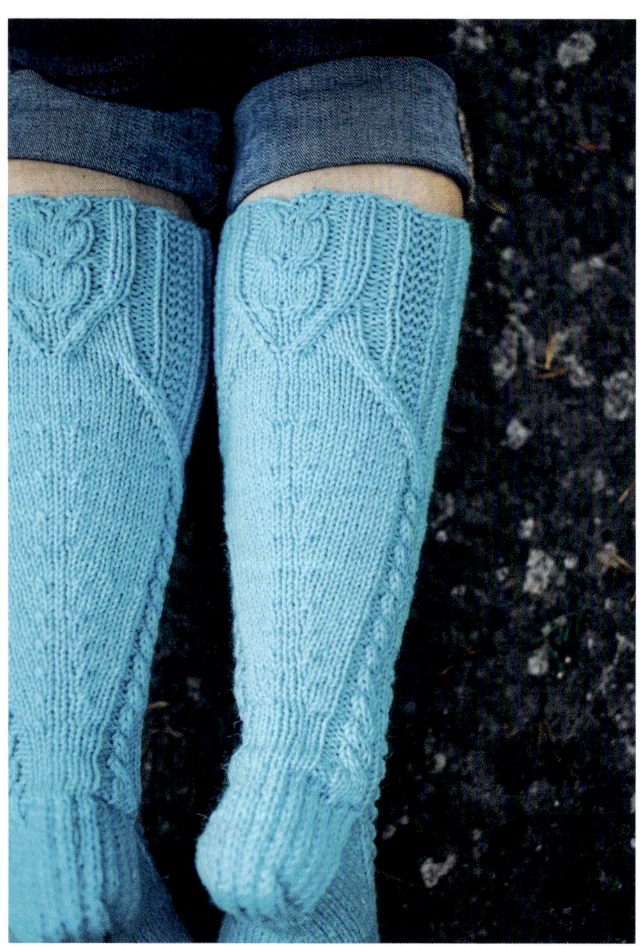

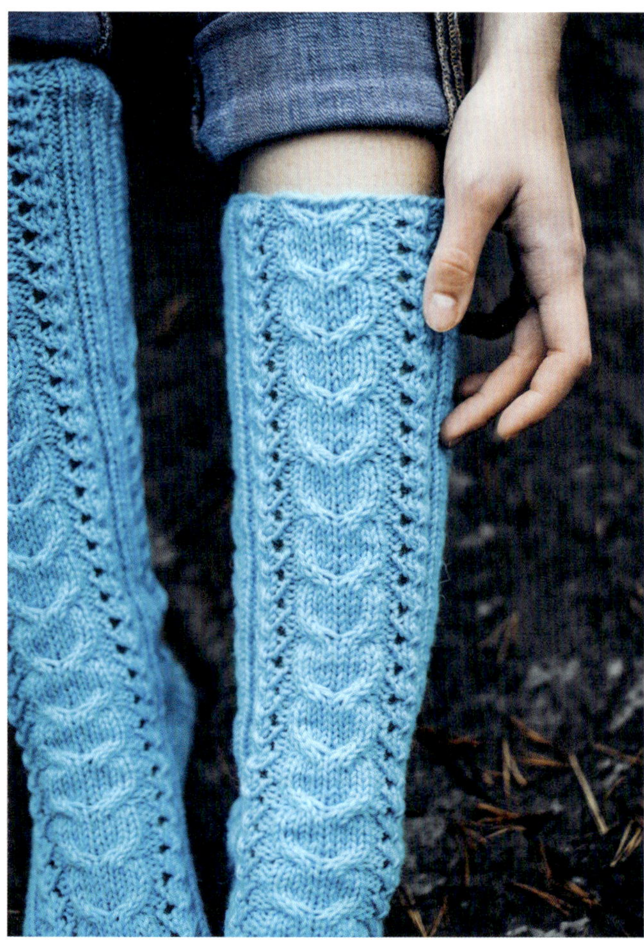

STRICKSCHRIFT B

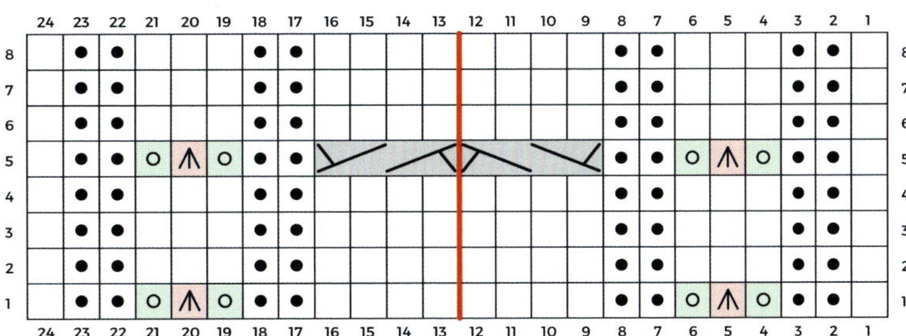

STRICKSCHRIFT C

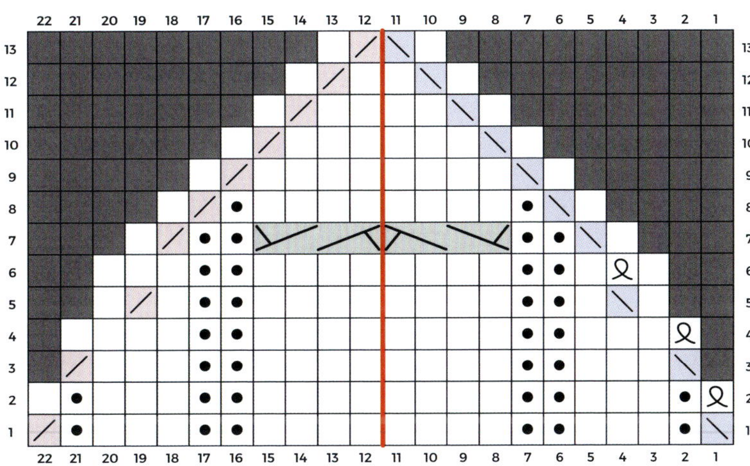

rechts

rechts verschränkt

links

ssk: 2 M einzeln wie zum Rechtsstricken abheben, zurück auf die linke Nd legen und von hinten 2 M re zus

2 M re zus

2 M wie zum re Zusammenstricken abheben, 1 M re, abgehobene M über die gestrickte M ziehen

Umschlag

2 M auf Hilfsnd vor die Arbeit legen, 2 M re, die 2 M von der Hilfsnd re

2 M auf Hilfsnd hinter die Arbeit legen, 2 M re, die 2 M von der Hilfsnd re

1 M auf Hilfsnd hinter die Arbeit legen, 2 M re, die 1 M von der Hilfsnd re

2 M auf Hilfsnd vor die Arbeit legen, 1 M re, die 2 M von der Hilfsnd re

1 M auf Hilfsnd hinter die Arbeit legen, 2 M re, die 1 M von der Hilfsnd li

2 M auf Hilfsnd vor die Arbeit legen, 1 M li, die 2 M von der Hilfsnd re

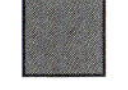 keine M

 Nadelverteilung

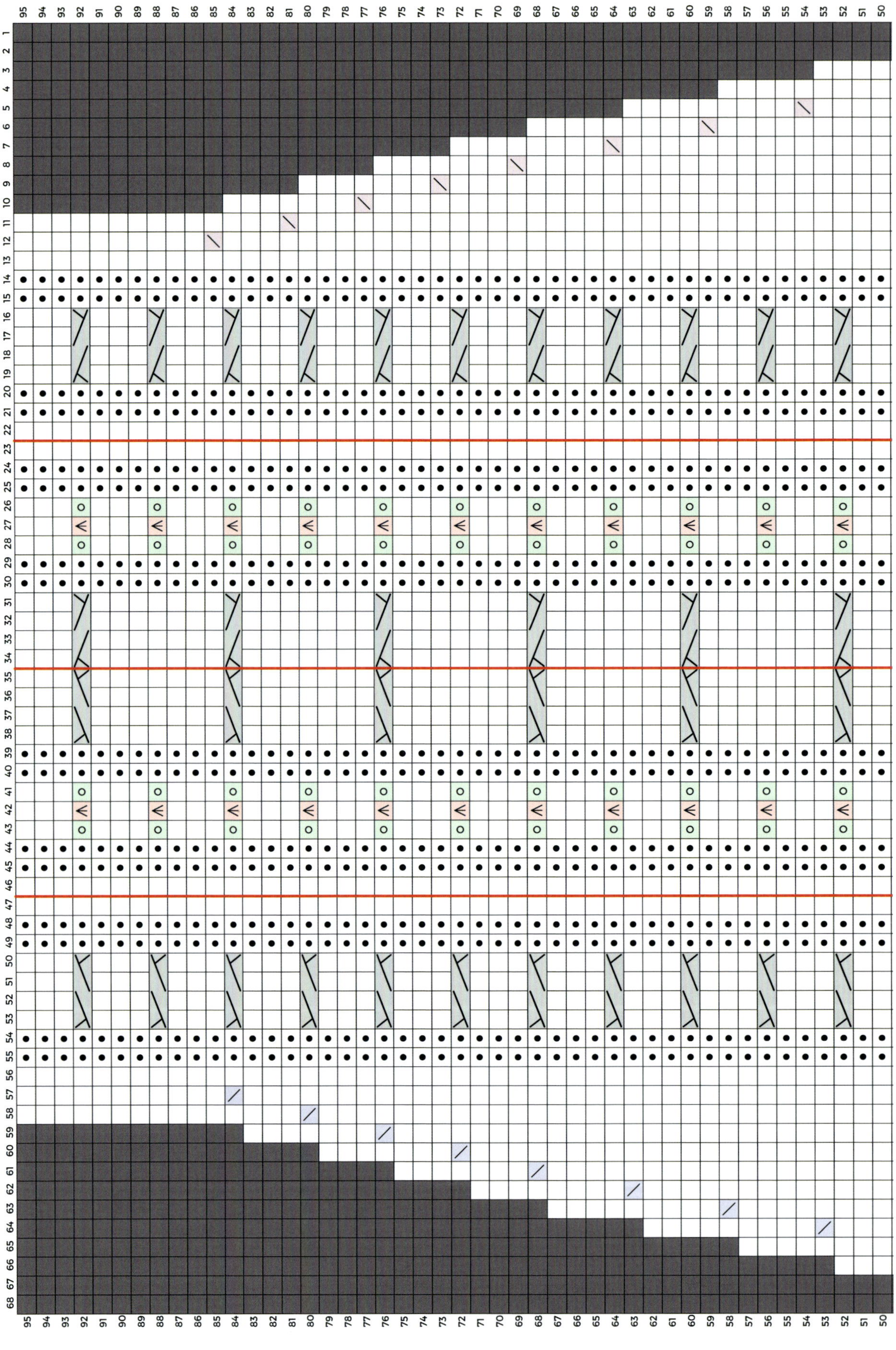

STRICKSCHRIFT A

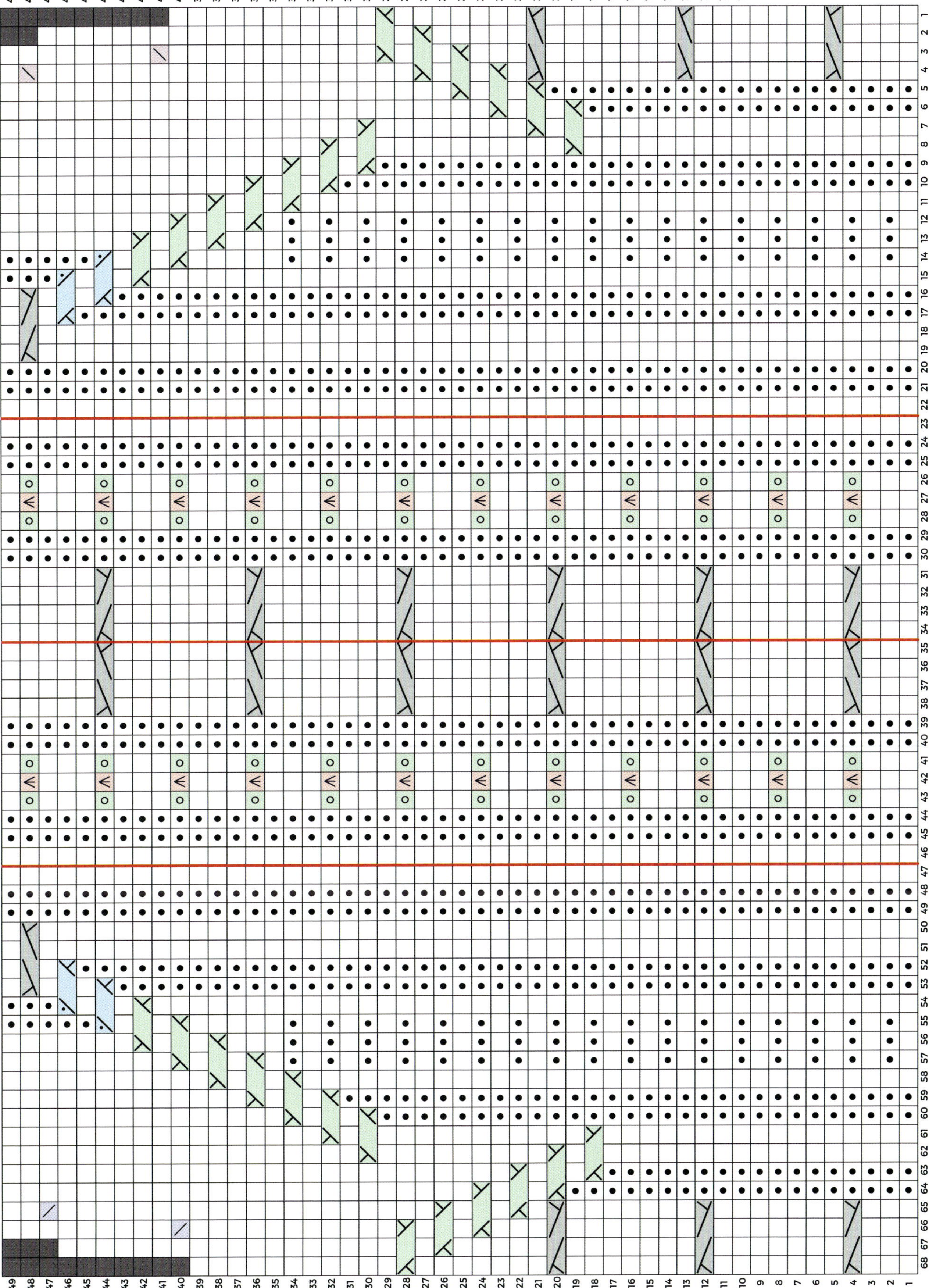

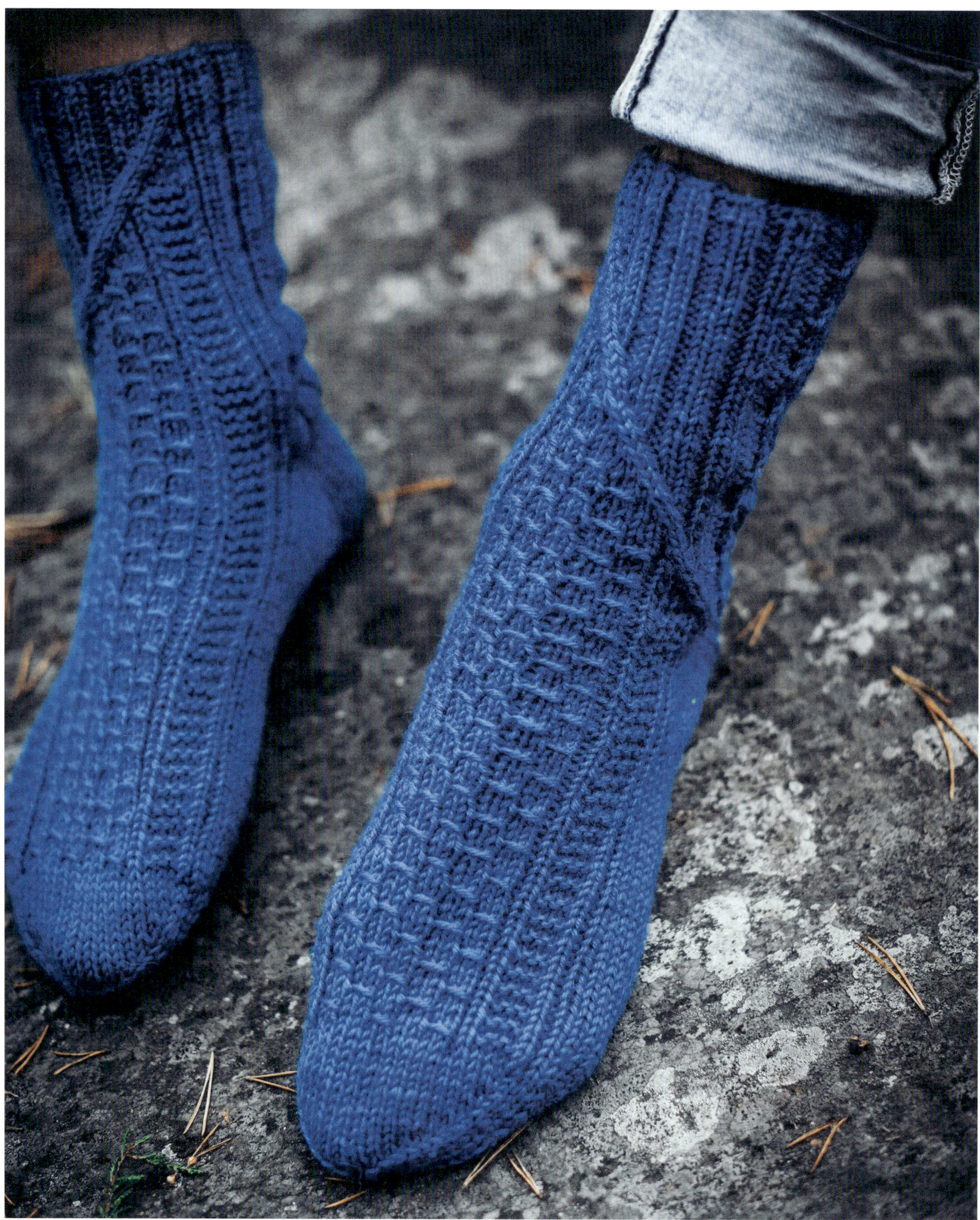

Nocturne

Größe: 42 (45)

Garn: Kaupunkilanka Kivijalka (100 g = 200 m), Farbe 60 Petrol

Garnverbrauch: 130 (145) g

Nadelspiel: Nr. 3,5, Zopfnadel

Maschenprobe: 21 M und 26 Rd = 10 cm x 10 cm

BEVOR SIE BEGINNEN

Die Socken werden gegengleich gestrickt. Verwenden Sie für den Schaft der rechten Socke die Strickschrift A1 und für den Schaft der linken Socke die Strickschrift A2. Der Fußteil wird für beide Socken laut Strickschrift B gearbeitet. Der Schaft wird für beide Größen nach derselben Anleitung gestrickt, danach sind die Abweichungen für Größe 45 blau markiert

SCHAFT

60 M anschlagen und auf den Nd verteilen: 17-14-12-17. Den Schaft laut Strickschrift A am rechten unteren Rand mit der 1. Rd beginnen und alle 53 Rd stricken. Vor dem Stricken der Ferse die Maschen auf den Nd verteilen: 13-14-12-13.

FERSE

Die Fersenwand verstärkt stricken, dazu die M der 1. Nd auf die 4. Nd re abstricken (insg. 26 M). Die restlichen M bleiben ungestrickt. Die Arbeit wenden, die 1. M li abheben, ohne sie zu stricken, die übrigen M li stricken.

1. R (Hin-R): Die Arbeit wenden, *1 M abheben, ohne sie zu stricken, 1 M re, ab * bis R-Ende wiederholen.

2. R (Rück-R): Die Arbeit wenden, 1 M li abheben, ohne sie zu stricken, die übrigen M li stricken.

Diese zwei R wiederholen, bis für die verstärkte Fersenwand 26 (28) R gestrickt sind und zuletzt eine Rück-R gestrickt wurde.

Für die Käppchenabnahmen weiterhin verstärkt stricken. Auf der rechten Seite der Arbeit beginnen, bis noch 9 M auf der Nd sind. 1 Übz stricken und die Arbeit wenden. Auf der anderen Nd sind 7 M. 1 M li abheben, ohne sie zu stricken, und li stricken, bis 9 M übrig sind. 2 M li zus, wenden. 1 M re abheben, ohne sie zu stricken, und verstärkt stricken, bis 8 M übrig sind. 1 Übz stricken, wenden. 1 M li abheben, ohne sie zu stricken, und li stricken, bis 8 M übrig sind. 2 M li zus, wenden. So fortfahren, dabei werden die äußeren M in jeder R reduziert, die mittleren M bleiben gleich (10 M).

Wenn die äußeren M aufgebraucht sind, die M der Fersenwand auf 2 Nd verteilen (5-5).

5 M re stricken, sodass der Faden zwischen der 1. und 4. Nd liegt.

FUSSTEIL

Aus dem Fersenrand mit der 1. Nd 15 (16) M und aus dem anderen Fersenrand mit der 4. Nd ebenfalls 15 (16) M auffassen. Die Arbeit hat jetzt 66 (68) M. Mit der 1. und 4. Nd weiterhin re stricken, dabei die aufgefassten M rechts verschränkt stricken. Mit der 2. und 3. Nd das Muster laut Strickschrift B stricken, mit Rd 1 beginnen und die Rd 1–4 wiederholen.

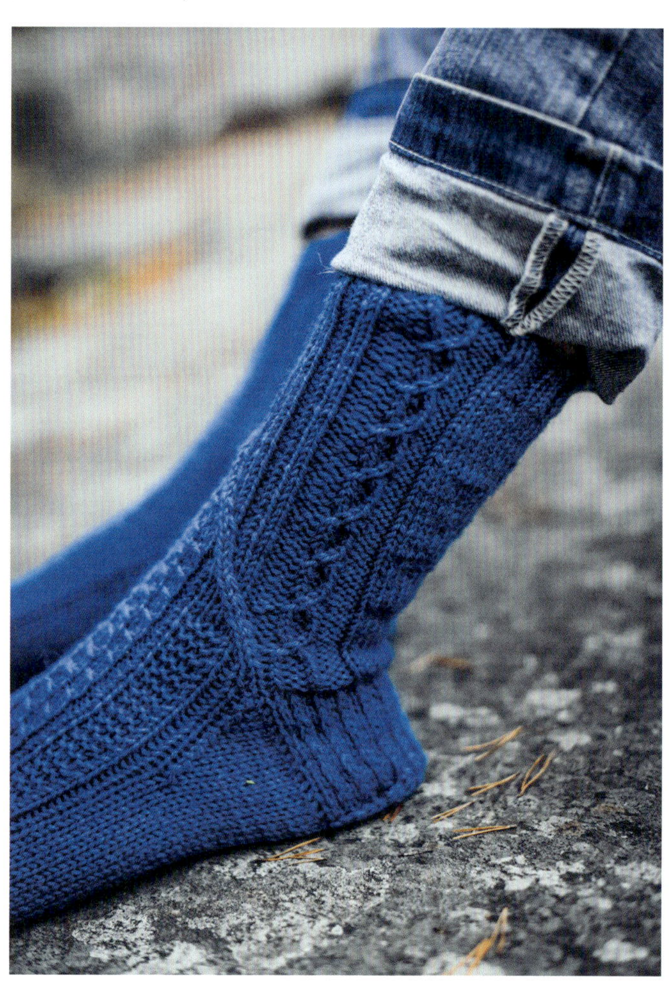

Mit den Zwickelabnahmen beginnen: Am Ende der 1. Nd 2 M re zus, am Anfang der 4. Nd in jeder 2. Rd 1 ssk oder Übz stricken. Wenn noch 52 M (13-14-12-13) übrig sind, nicht mehr abnehmen und mit der 1. und 4. Nd weiterhin rechts, mit der 2. und 3. Nd im Muster laut Strickschrift arbeiten.

Wenn nach der Fersenwand 49 (53) Rd gestrickt sind und zuletzt die Rd 1 der Strickschrift gestrickt wurde, die M auf den Nd 13-13-13-13 verteilen und eine breite Bandspitze arbeiten:

1. und 3. Nd: Re stricken, bis 3 M übrig sind; 2 M re zus, 1 M re.

2. und 4. Nd: 1 M re, 1 ssk oder Übz, übrige M re stricken.

Die Abnahmen in jeder 2. Rd arbeiten, bis noch 32 M (8 M pro Nd) übrig sind. Danach in jeder Rd abnehmen. Wenn insg. noch 8 M übrig sind, den Faden abschneiden und durch die M ziehen.

Die Fadenenden vernähen und die Socken leicht dämpfen.

STRICKSCHRIFT B

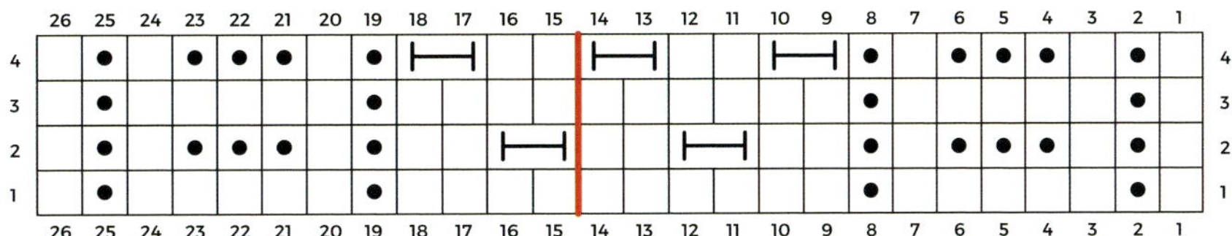

rechts

rechts verschränkt

links

ssk: 2 M einzeln wie zum Rechtsstricken abheben, zurück auf die linke Nd legen und von hinten 2 M re zus

2 M re zus

2 M auf Hilfsnd vor die Arbeit legen, 1 M li, die 2 M von der Hilfsnd re

1 M auf Hilfsnd hinter die Arbeit legen, 2 M re, die 1 M von der Hilfsnd li

2 M auf Hilfsnd vor die Arbeit legen, 1 M re, die 2 M von der Hilfsnd re

1 M auf Hilfsnd hinter die Arbeit legen, 2 M re, die 1 M von der Hilfsnd re

Umschlag, 2 M re, den Umschlag über die gestrickten M ziehen

1 M auf Hilfsnd vor die Arbeit legen, 1 M li, die 1 M von der Hilfsnd re

1 M auf Hilfsnd hinter die Arbeit legen, 1 M re, die 1 M von der Hilfsnd li

1 M auf Hilfsnd vor die Arbeit legen, 1 M re, die 1 M von der Hilfsnd re

1 M auf Hilfsnd hinter die Arbeit legen, 1 M re, die 1 M von der Hilfsnd re

keine M

Nadelverteilung

STRICKSCHRIFT A1, RECHTE SOCKE

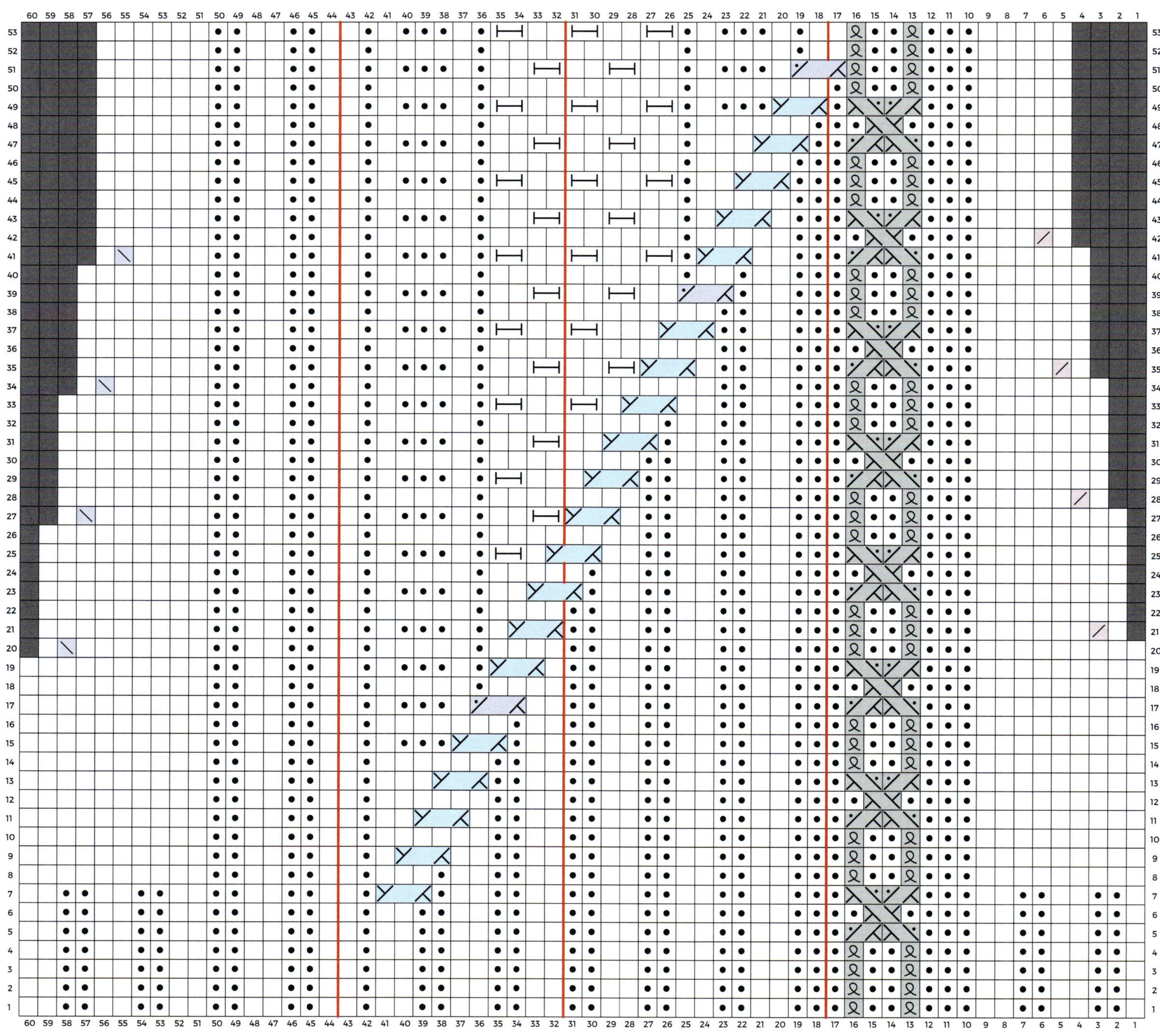

STRICKSCHRIFT A2, LINKE SOCKE

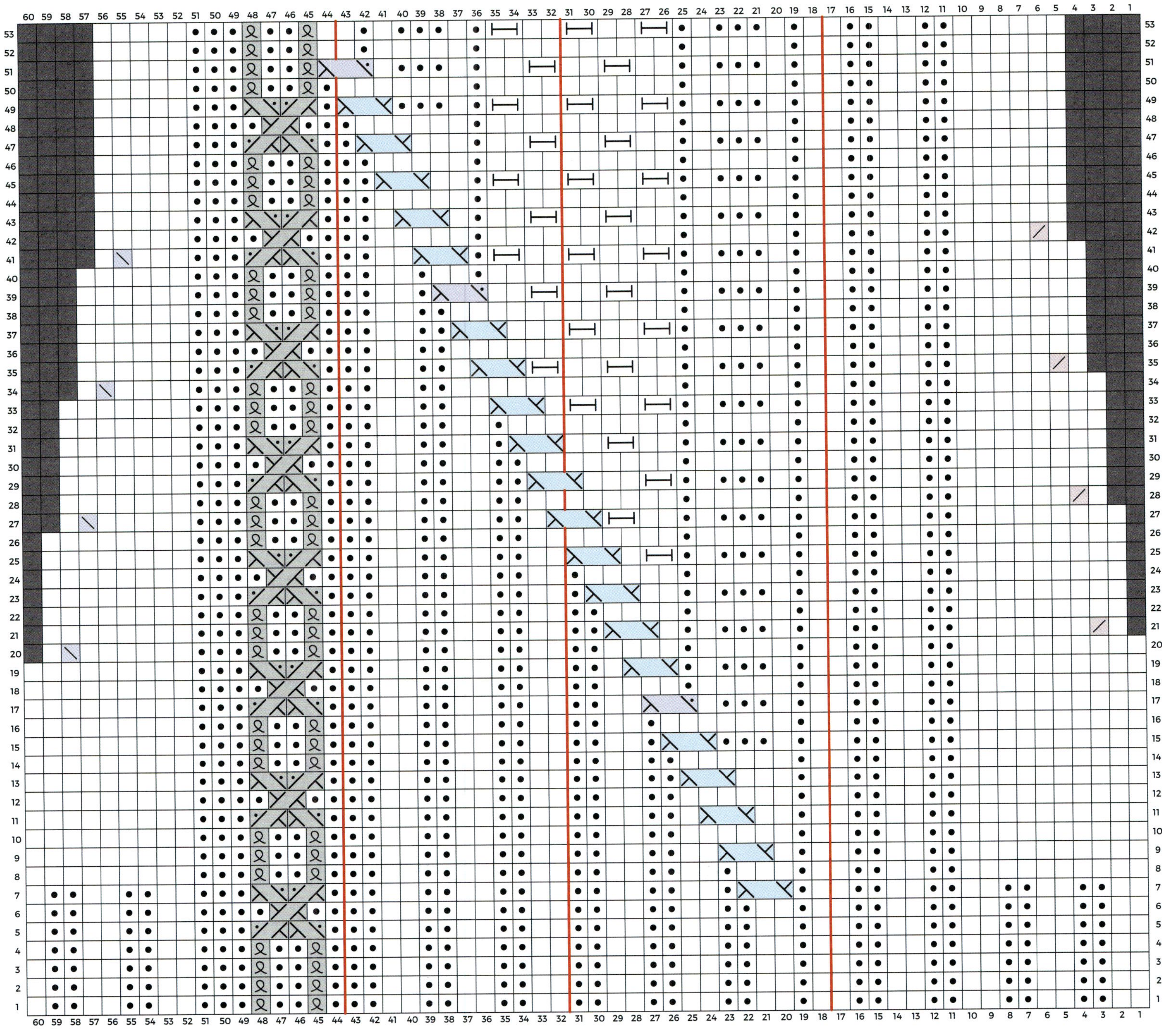

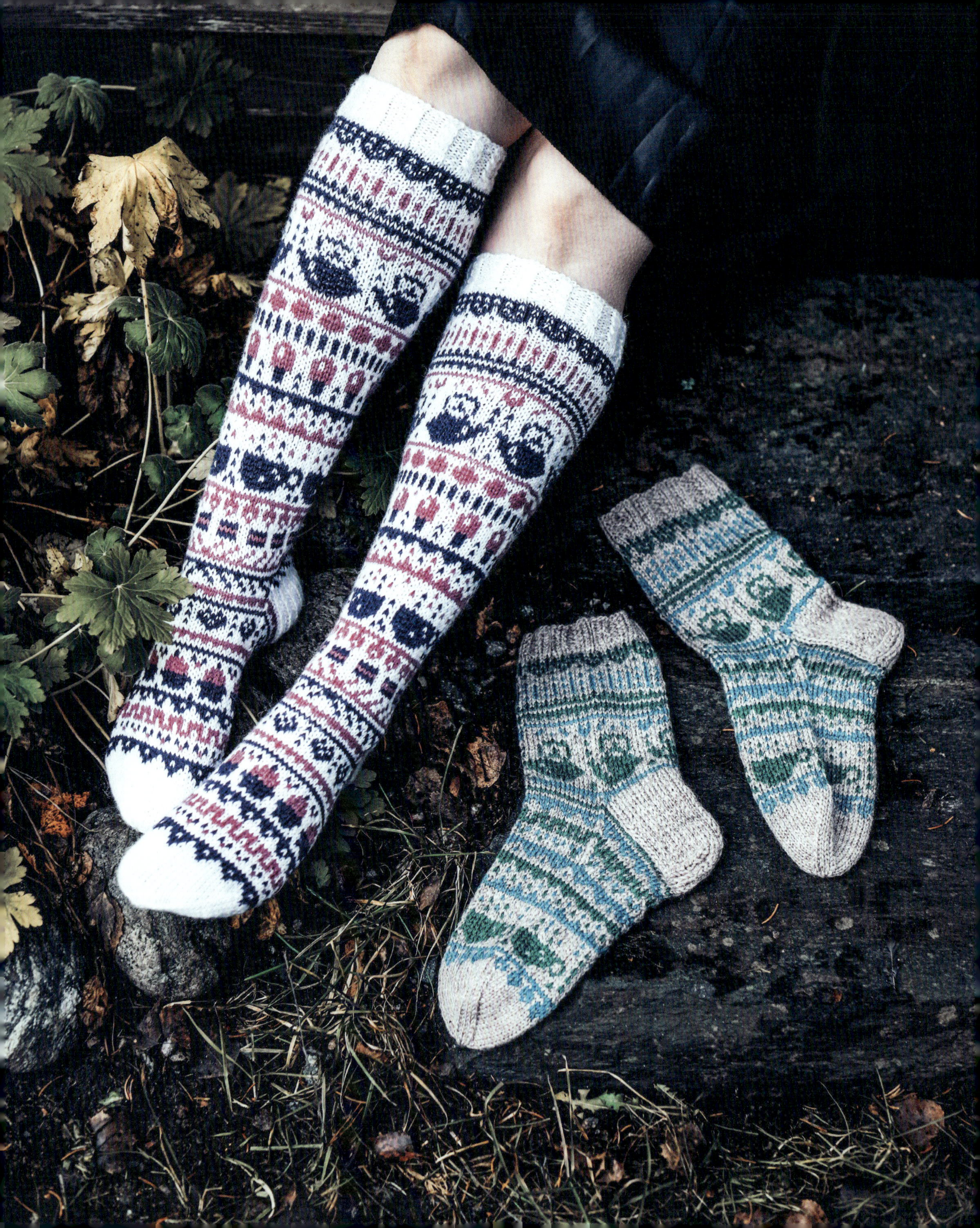

Für einen Moment ist die Welt hier

Gemütliche Kaffeestunden zu zweit, wohlig in den Arm des Schatzes gekuschelt. Das Prasseln des Regens auf dem Dach, das Lachen der Kinder, das knisternde Feuer im Kamin und die selbstgebackenen Kekse erinnern uns an das, was wirklich wichtig ist. Die Welt ist für einen Moment genau hier, das ist genug, und hier gehöre ich hin.

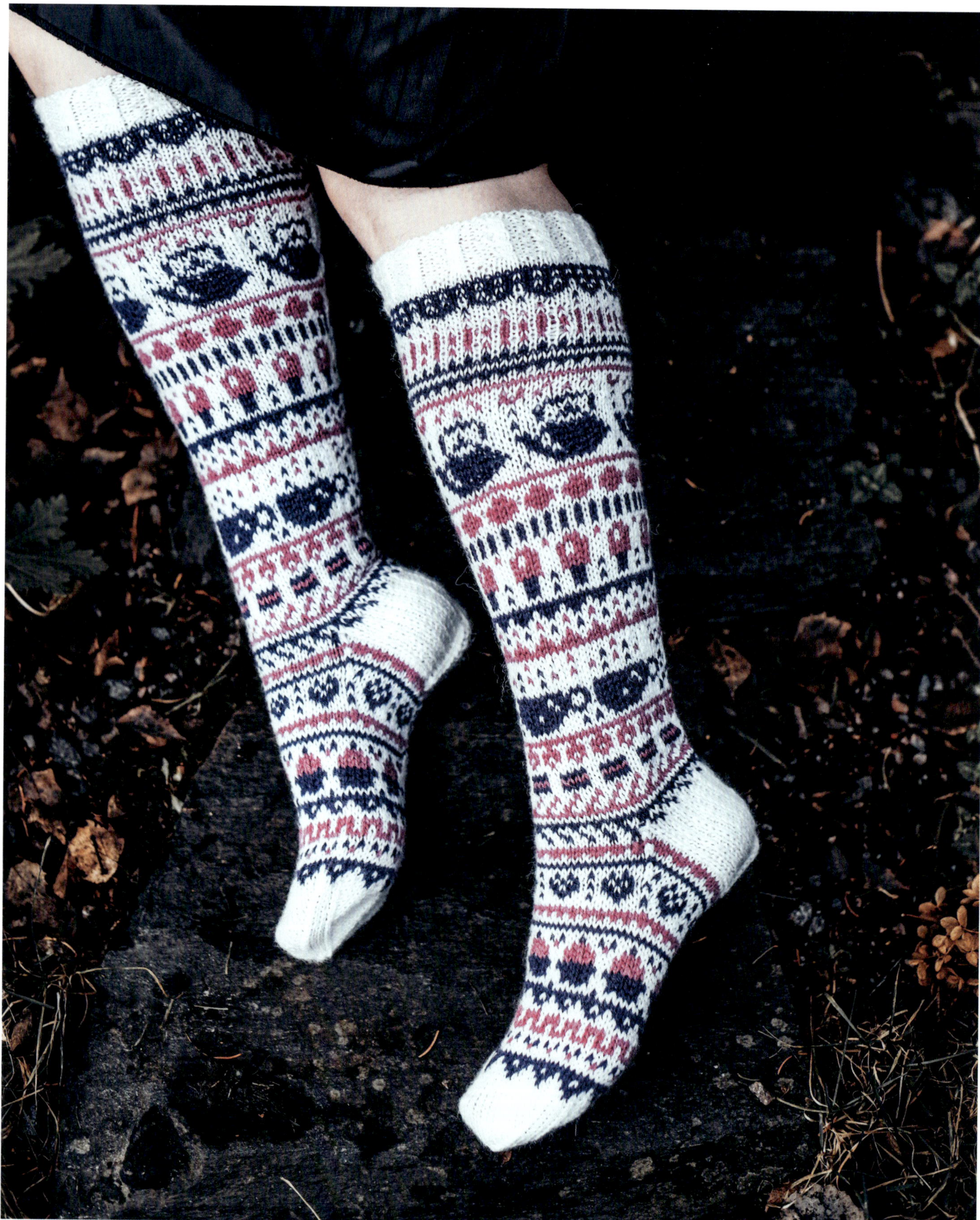

Für einen Moment ist die Welt hier

Größe: 38/39

Garn: Gjestal Maija (50 g = 130 m), Grundfarbe 202 Weiß, Musterfarbe A 292 Violett, Musterfarbe B 222 Pflaume

Garnverbrauch: Grundfarbe 100 g, Musterfarbe A 40 g und Musterfarbe B 35 g

Nadelspiel: Nr. 3, Zopfnadel

Maschenprobe: 24 M und 32 Rd = 10 cm x 10 cm

BEVOR SIE BEGINNEN

Für das Bündchen können Sie eine halbe Nummer kleinere Nadeln verwenden, damit es fester wird.

Wenn die Socken für dickere Waden passen sollen, können Sie für das Einstrickmuster ein Nadelspiel Nr. 3,5 nehmen. So passt der Schaft für Waden mit einem Umfang von über 40 cm.

SCHAFT

75 M in der Grundfarbe anschlagen und auf den Nd verteilen: 20-18-20-17. Im Bündchenmuster laut Strickschrift A 13 Rd stricken. Danach ab Rd 14 mit dem Einstrickmuster beginnen, dabei 3 M zunehmen und die M auf den Nd verteilen: 20-19-19-20. Den Schaft laut Strickschrift arbeiten, in den unten genannten Rd im Anfangsbereich der 1. Nd und im Endbereich der 4. Nd an einer passenden Stelle abnehmen.

Abnahmen:

53. Rd: 2 M abnehmen (76 M).
61. Rd: 2 M abnehmen (74 M).
68. Rd: 2 M abnehmen (72 M).
76. Rd: 2 M abnehmen (70 M).
Bitte beachten! Die M in der 82. Rd verteilen: 20-15-15-20.
83. Rd: 2 M abnehmen (68 M).
90. Rd: 2 M abnehmen (66 M).
96. Rd: 2 M abnehmen (64 M).
101. Rd: 2 M abnehmen (62 M).
106. Rd: 2 M abnehmen (60 M).

Wenn alle 113 Rd für den Schaft gestrickt sind, die M auf den Nd verteilen: 15-15-15-15.

FERSE

Die verstärkte Fersenwand in der Grundfarbe beginnen, dazu die M der 1. Nd auf die 4. Nd re abstricken (insg. 30 M). Die restlichen M bleiben ungestrickt. Die Arbeit wenden, die 1. M li abheben, ohne sie zu stricken, die übrigen M li stricken.

1. R (Hin-R): Die Arbeit wenden, *1 M abheben, ohne sie zu stricken, 1 M re, ab * bis R-Ende wiederholen.

2. R (Rück-R): Die Arbeit wenden, die 1. M li abheben, ohne sie zu stricken, die übrigen M li stricken.

Diese zwei R wiederholen, bis für die Fersenwand 30 R gestrickt sind und zuletzt eine Rück-R gestrickt wurde.

Für die Käppchenabnahmen weiterhin verstärkt stricken. Auf der rechten Seite der Arbeit beginnen, bis noch 11 M auf der Nd sind. 1 ssk oder Übz stricken und die Arbeit wenden. Auf der anderen Nd sind 9 M. 1 M li abheben, ohne sie zu stricken, und li stricken, bis 11 M übrig sind. 2 M li zus, wenden. 1 M re abheben, ohne sie zu stricken, und verstärkt stricken, bis 10 M übrig sind. 1 ssk oder Übz stricken, wenden. 1 M li abheben, ohne sie zu stricken, und li stricken, bis 10 M übrig sind.

2 M li zus, wenden. So fortfahren, dabei werden die äußeren M in jeder R reduziert, die mittleren M bleiben gleich (10 M).

Wenn die äußeren M aufgebraucht sind, die M der Fersenwand auf 2 Nd verteilen (5-5). 5 M re stricken, sodass der Faden zwischen der 1. und 4. Nd liegt.

FUSSTEIL

Aus dem Fersenrand mit der 1. Nd 17 M und mit der 4. Nd aus dem anderen Fersenrand ebenfalls 17 M auffassen. Die Arbeit hat jetzt 74 M. Mit dem Einstrickmuster laut Strickschrift B mit der 1. Rd beginnen. Die aus dem Fersenrand aufgefassten M re verschränkt stricken.

Für die Zwickelabnahmen in den in der Strickschrift B angegebenen Rd (2, 4, 6, 8, 10, 12 und 14) am Ende der 1. Nd 2 M re zus, am Anfang der 4. Nd 1 ssk oder Übz stricken. Die grau markierten Karos stellen keine Maschen dar. Nach den Zwickelabnahmen sind 61 M übrig (15-15-16-15).

Mit dem Einstrickmuster laut Strickschrift fortfahren, in der 32. Rd am Ende der 4. Nd 1 M abnehmen und die M auf den Nd verteilen: 15-15-15-15.

Wenn alle 41 Rd der Strickschrift gestrickt sind, in der Grundfarbe eine breite Bandspitze arbeiten:

1. und 3. Nd: Re stricken, bis noch 3 M übrig sind, 2 M re zus, 1 M re.

2. und 4. Nd: 1 M re, ssk oder Übz, die restlichen M re stricken.

Die Abnahmen zunächst in jeder 2. Rd stricken. Wenn 10 M pro Nd übrig sind, in jeder Rd abnehmen.

Wenn insg. noch 8 M übrig sind, den Faden abschneiden und durch die M ziehen.

Die Fadenenden vernähen und die Socken leicht dämpfen.

- rechts (Weiß)
- rechts (Pflaume)
- rechts (Violett)
- 1 M auf Hilfsnd vor die Arbeit legen, 2 M re und die 1 M der Hilfsnadel re (Weiß)
- links (Weiß)
- 2 M re zus (Pflaume)
- ssk: 2 M einzeln wie zum Rechtsstricken abheben, zurück auf die linke Nd legen und von hinten 2 M re zus (Pflaume)
- 2 M re zus (Weiß)
- ssk: 2 M einzeln wie zum Rechtsstricken abheben, zurück auf die linke Nd legen und von hinten 2 M re zus (Weiß)
- keine M
- Nadelverteilung

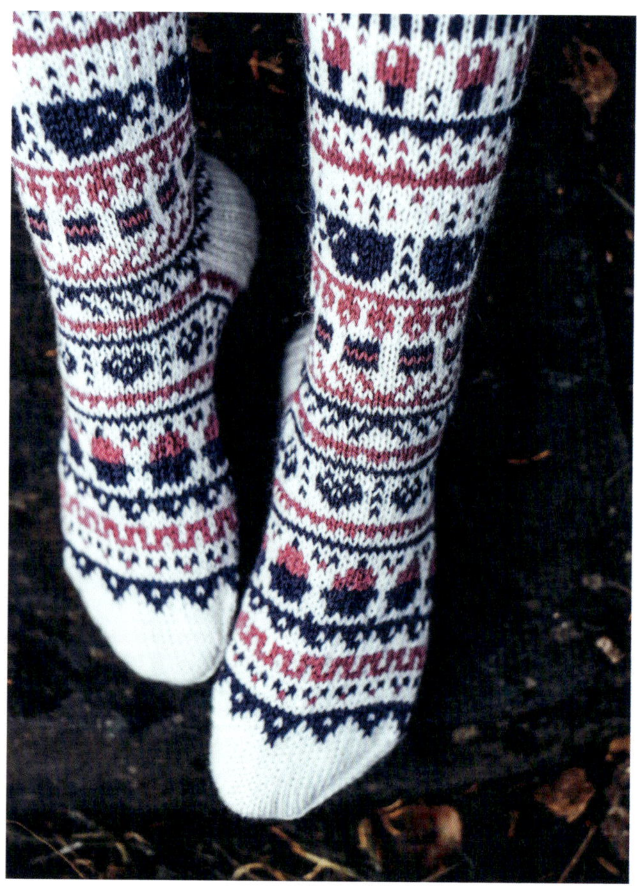

STRICKSCHRIFT B

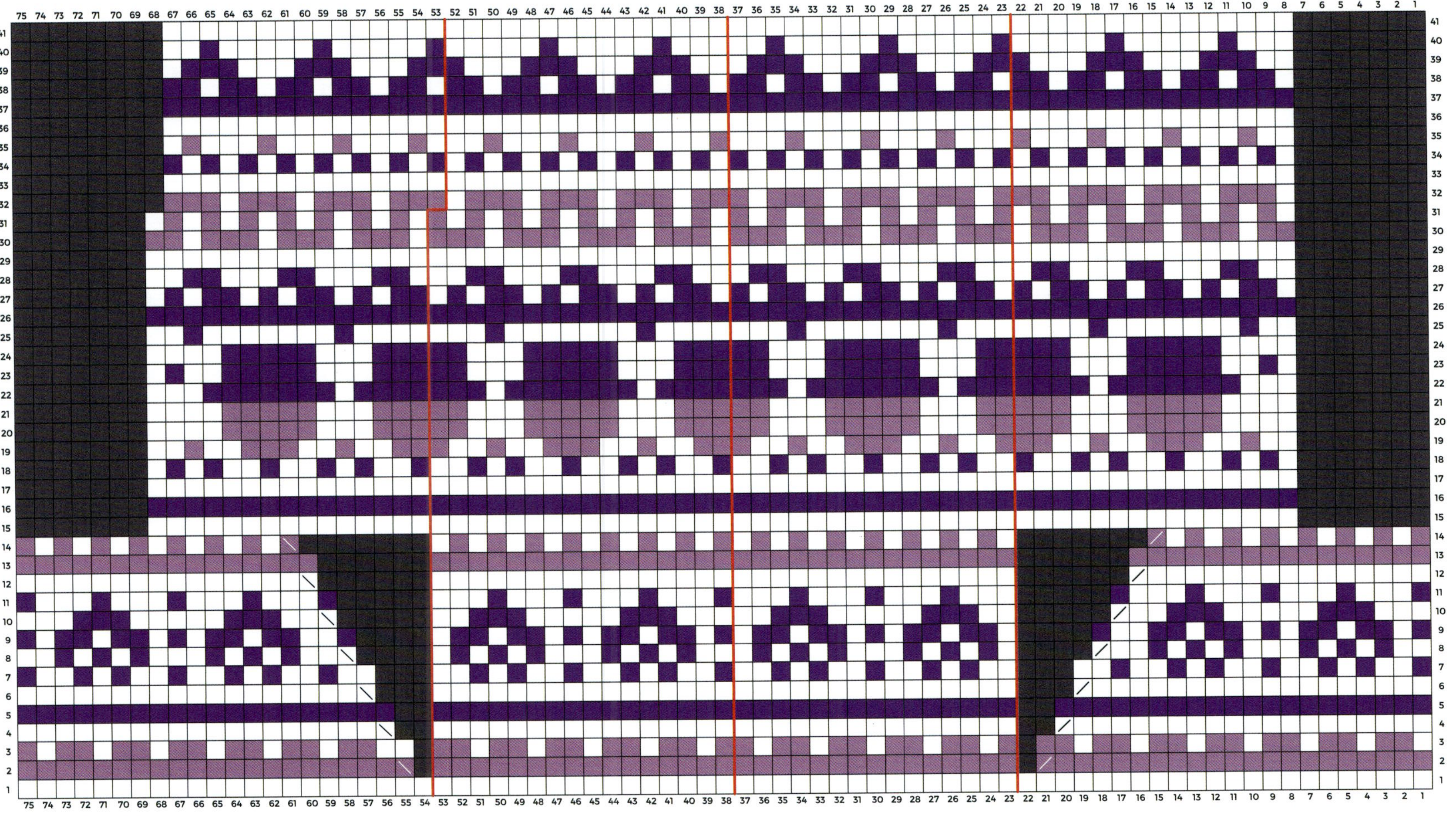

STRICKSCHRIFT A

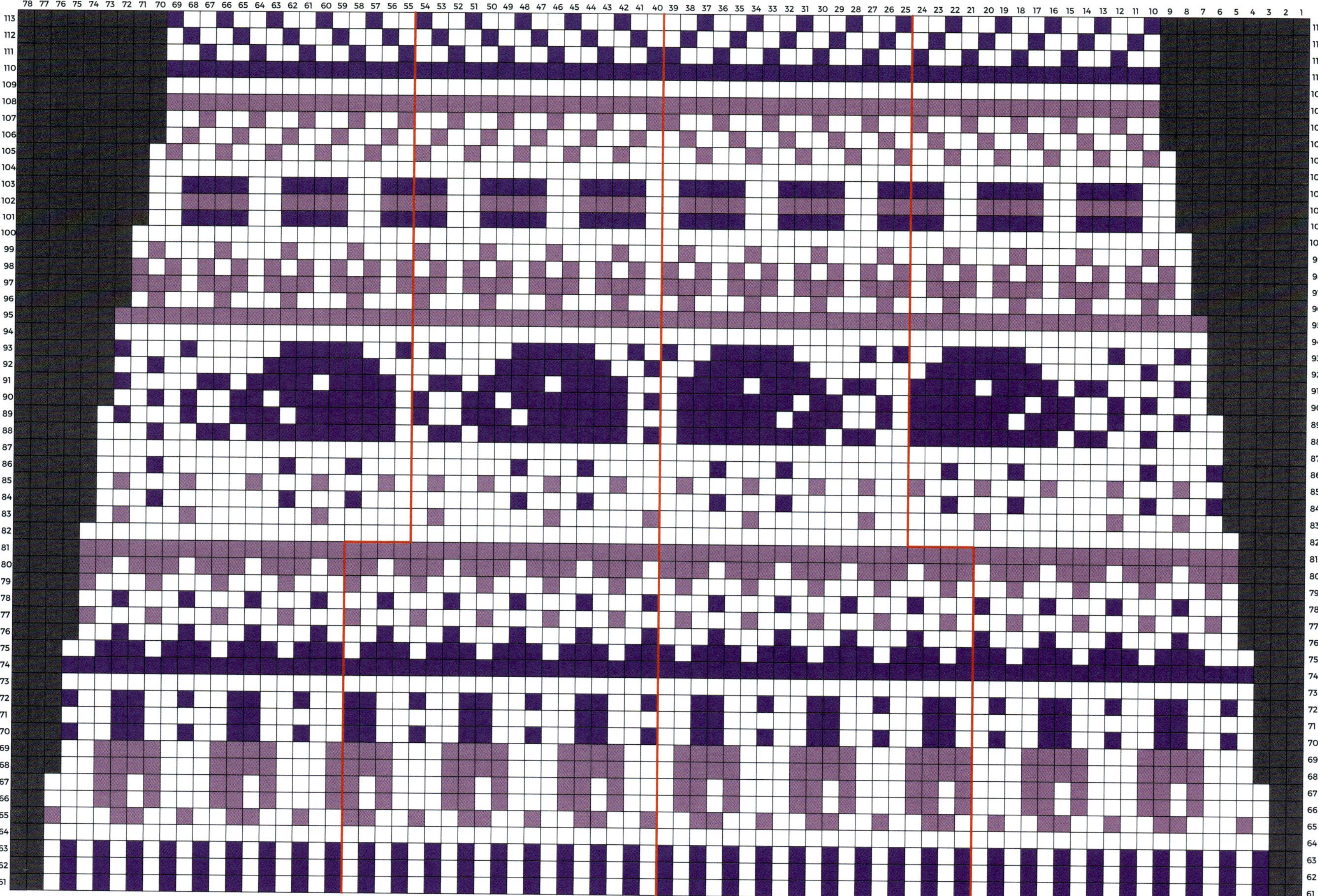

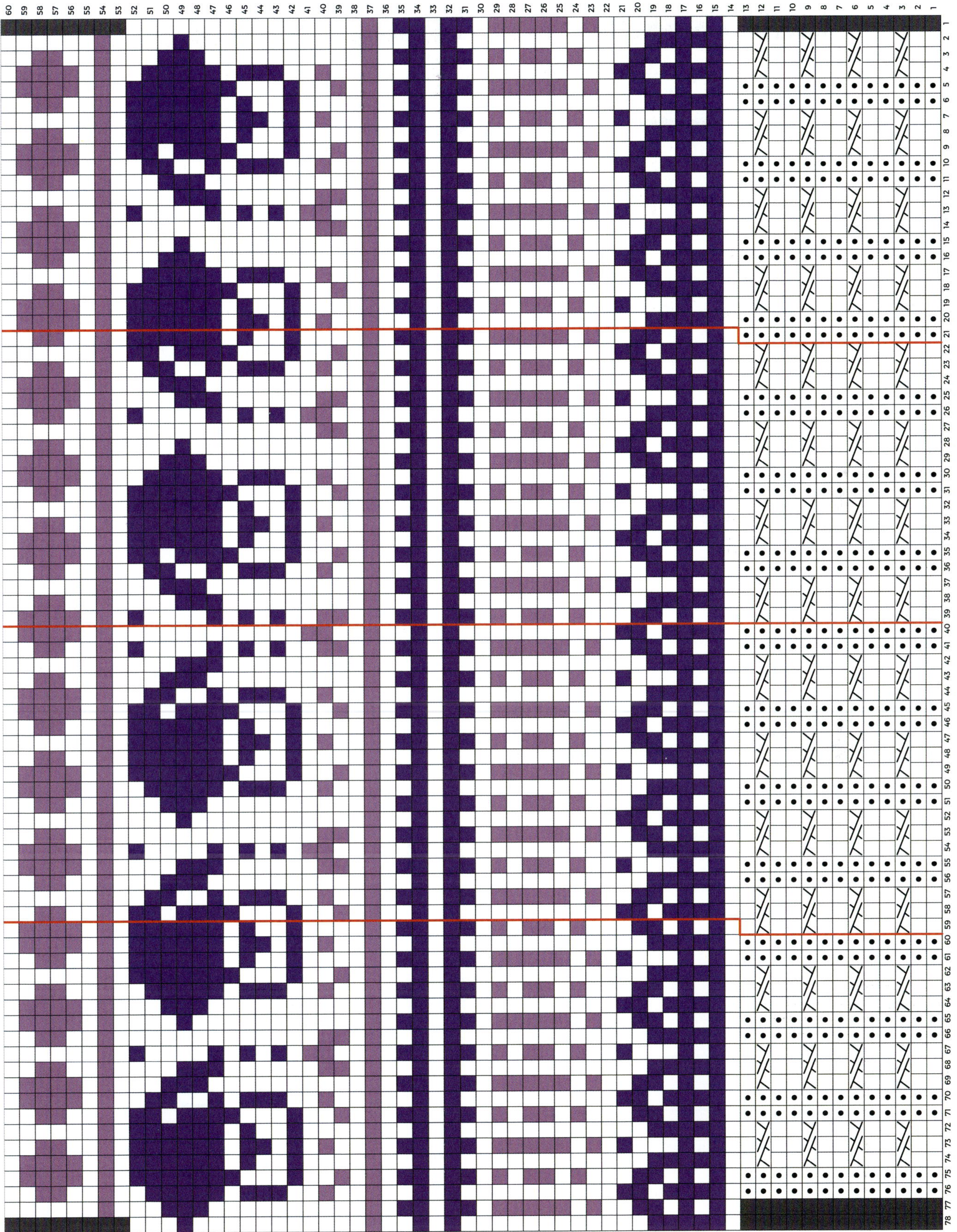

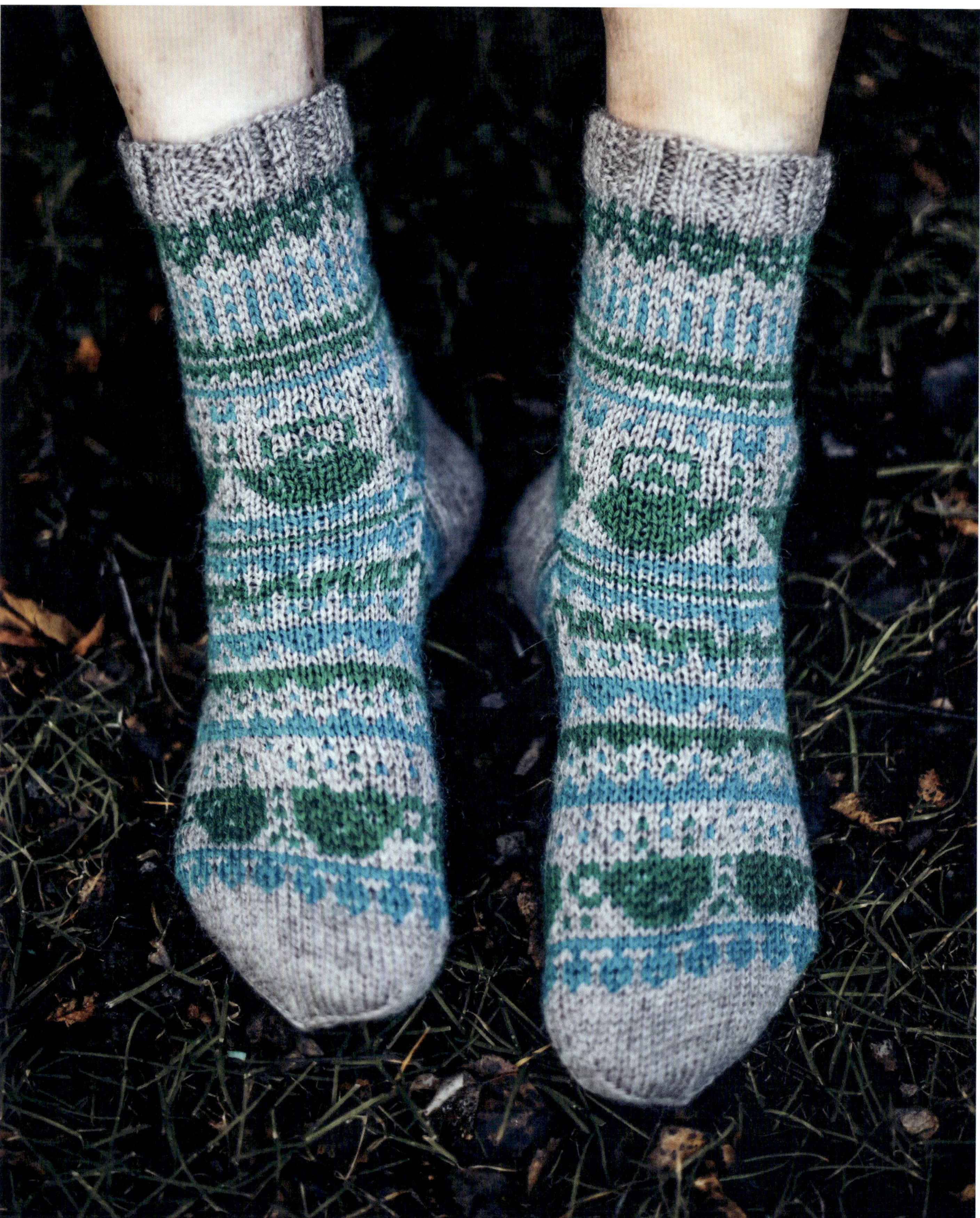

Für einen Moment ist die Welt hier

Größe: 42

Garn: Gjestal Maija (50 g = 130 m), Grundfarbe 281 Hellbraun, Musterfarbe A 212 Waldgrün, Musterfarbe B 234 Blaugrün

Garnverbrauch: Grundfarbe 75 g, Musterfarbe A 25 g, Musterfarbe B 25 g

Nadelspiel: Nr. 3

Maschenprobe: 24 M und 32 Rd = 10 cm x 10 cm

BEVOR SIE BEGINNEN

Für das Bündchen können Sie eine halbe Nummer kleinere Nadeln verwenden, damit es fester wird.

SCHAFT

64 M in der Grundfarbe anschlagen und auf den Nd verteilen: 16-16-16-16. Den Schaft laut Strickschrift A stricken (49 Rd).

FERSE

Die verstärkte Fersenwand in der Grundfarbe beginnen, dazu die M der 1. Nd auf die 4. Nd re abstricken (insg. 32 M). Die restlichen M bleiben ungestrickt. Die Arbeit wenden, die 1. M li abheben, ohne sie zu stricken, die übrigen M li stricken.

1. R (Hin-R): Die Arbeit wenden, *1 M abheben, ohne sie zu stricken, 1 M re, ab * bis R-Ende wiederholen.

2. R (Rück-R): Die Arbeit wenden, die 1. M li abheben, ohne sie zu stricken, die übrigen M li stricken.

Diese zwei R wiederholen, bis für die Fersenwand 32 R gestrickt sind und zuletzt eine Rück-R gestrickt wurde.

Für die Käppchenabnahmen weiterhin verstärkt stricken. Auf der rechten Seite der Arbeit beginnen, bis noch 11 M auf der Nd sind. 1 ssk oder Übz stricken und die Arbeit wenden. Auf der anderen Nd sind 9 M. 1 M li abheben, ohne sie zu stricken, und li stricken, bis 11 M übrig sind. 2 M li zus, wenden. 1 M re abheben, ohne sie zu stricken, und verstärkt stricken, bis 10 M übrig sind. 1 ssk oder Übz stricken, wenden. 1 M li abheben, ohne sie zu stricken, und li str, bis 10 M übrig sind. 2 M li zus, wenden. So fortfahren, dabei werden die äußeren M in jeder R reduziert, die mittleren M bleiben gleich (12 M).

Wenn die äußeren M aufgebraucht sind, die M der Fersenwand auf 2 Nd verteilen (6-6). 6 M re str, sodass der Faden zwischen der 1. und 4. Nd liegt.

FUSSTEIL

Aus dem Fersenrand mit der 1. Nd 18 M und mit der 4. Nd aus dem anderen Fersenrand ebenfalls 18 M auffassen. Die Arbeit hat jetzt 80 M. Mit dem Einstrickmuster laut Strickschrift B mit der 1. Rd beginnen, dabei auf der 3. Nd 1 M zunehmen (81 M). Die aus dem Fersenrand aufgefassten M re verschränkt stricken.

Für die Zwickelabnahmen in den in der Strickschrift B angegebenen Rd (2, 4, 6, 8, 10, 12, 14 und 16) am Ende der 1. Nd 2 M re zus, am Anfang der 4. Nd 1 ssk oder Übz stricken. Die grau markierten Karos stellen keine Maschen dar. Nach den Zwickelabnahmen sind 65 M übrig (16-17-16-16).

Mit dem Einstrickmuster laut Strickschrift fortfahren (46 Rd), in der letzten Rd am Ende der 4. Nd 1 M abnehmen und die M auf den Nd verteilen: 16-16-16-16.

In der Grundfarbe eine breite Bandspitze arbeiten:
1. und 3. Nd: Re stricken, bis noch 3 M übrig sind, 2 M re zus, 1 M re.
2. und 4. Nd: 1 M re, ssk oder Übz, die restlichen M re stricken.

Die Abnahmen zunächst in jeder 2. Rd str. Wenn 11 M pro Nd übrig sind, in jeder Rd abnehmen.

Wenn insg. noch 8 M übrig sind, den Faden abschneiden und durch die M ziehen.
Die Fadenenden vernähen und die Socken leicht dämpfen.

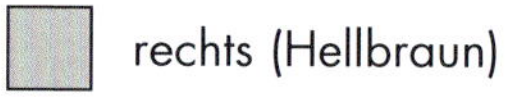

- rechts (Hellbraun)
- links (Hellbraun)
- rechts (Blaugrün)
- rechts (Waldgrün)
- 2 M re zus (Waldgrün)
- ssk: 2 M einzeln wie zum Rechtsstricken abheben, zurüc die linke Nd legen und von hinten 2 M re zus (Waldgrün
- 2 M re zus (Hellbraun)
- ssk: 2 M einzeln wie zum Rechtsstricken abheben, zurück die linke Nd legen und von hinten 2 M re zus (Hellbraun
- 2 M re zus (Blaugrün)
- ssk: 2 M einzeln wie zum Rechtsstricken abheben, zurück die linke Nd legen und von hinten 2 M re zus (Blaugrün)
- keine Masche
- Nadelverteilung

STRICKSCHRIFT B

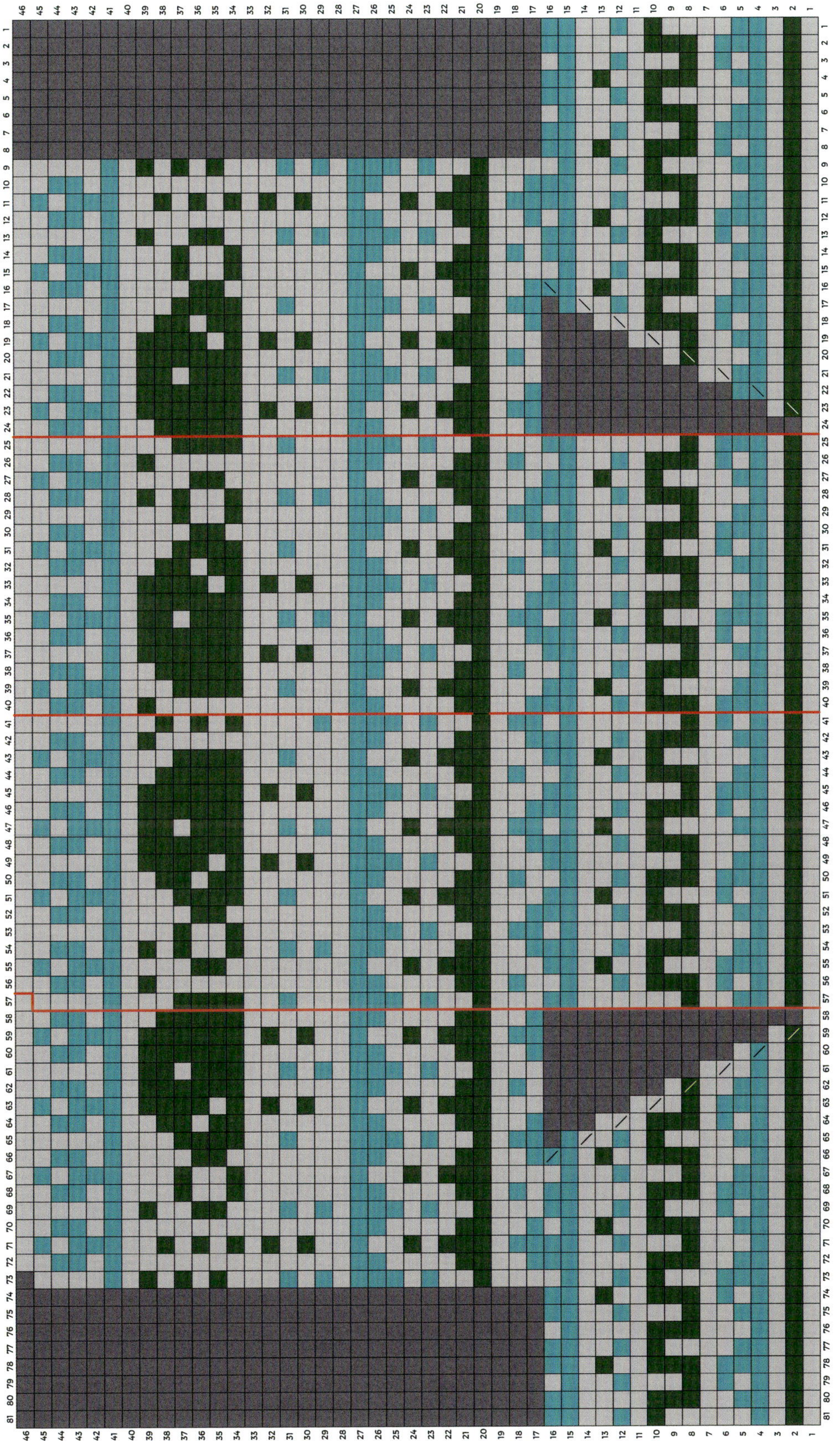

STRICKSCHRIFT A

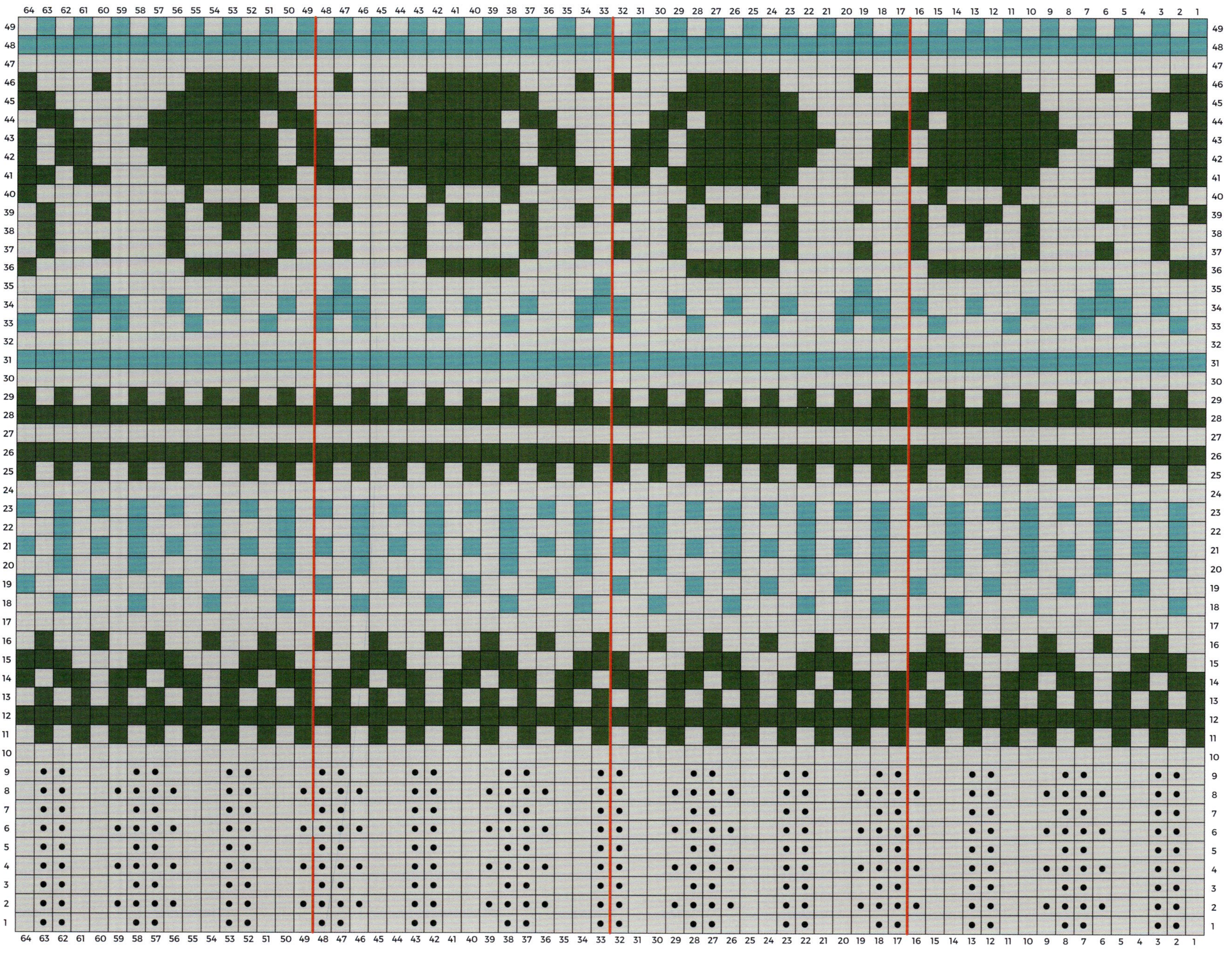

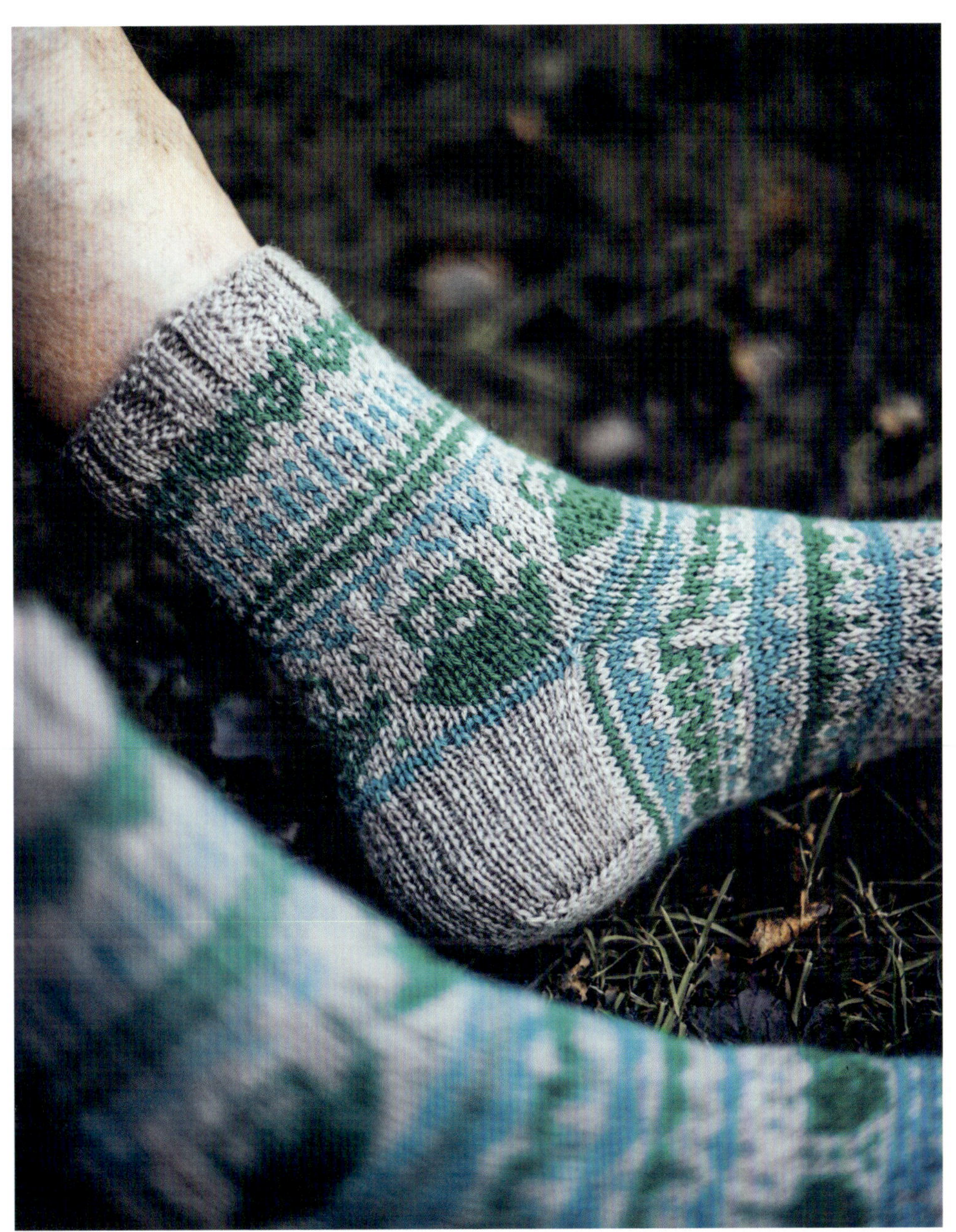

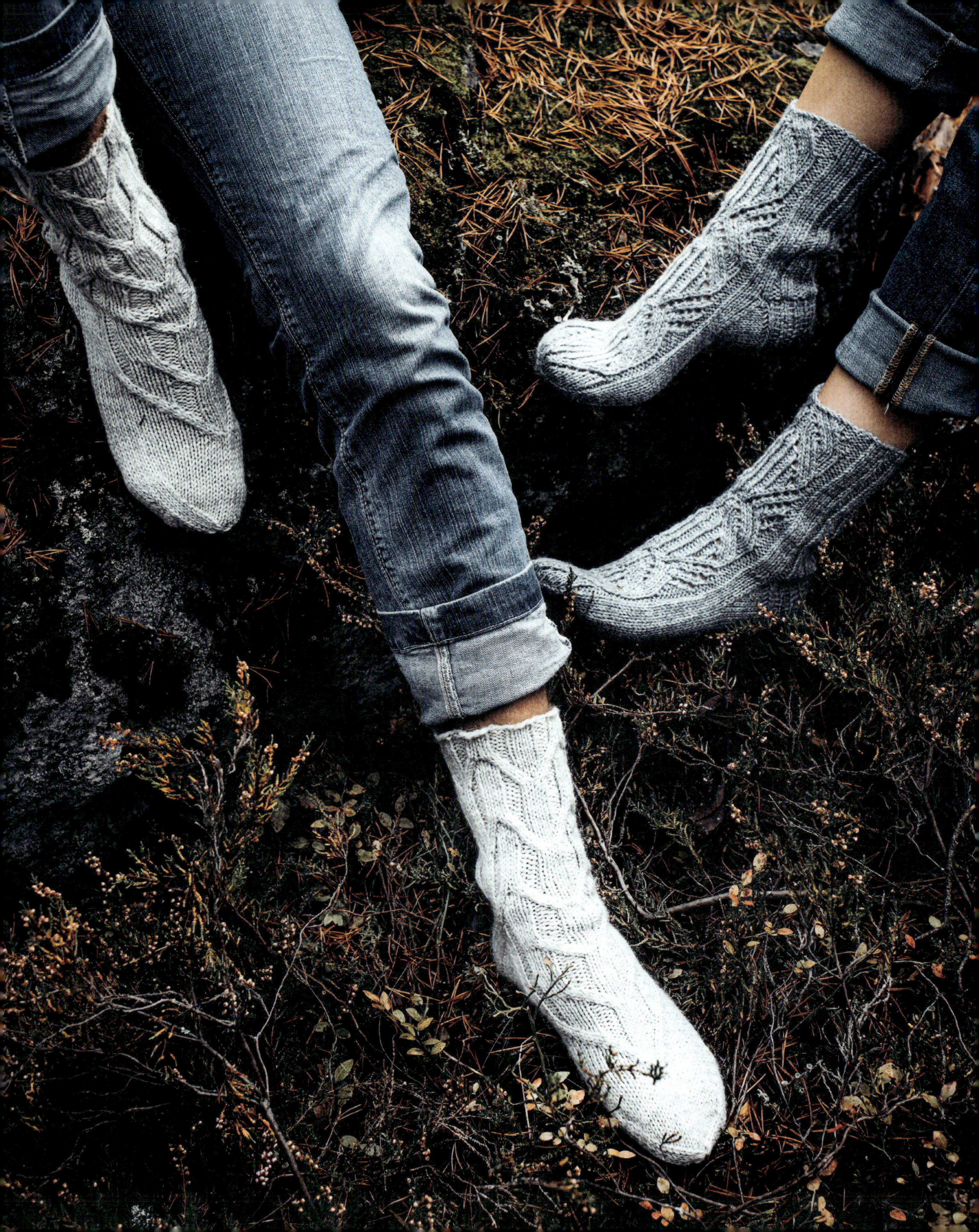

Darf ich bitten?

Bei diesen Socken erinnern mich das Spitzenmuster und die Verzopfungen an die Freudentaumel beim Tanzen. Nach einem gleichmäßigen Rhythmus geht das Stricken einfach und mühelos von der Hand.

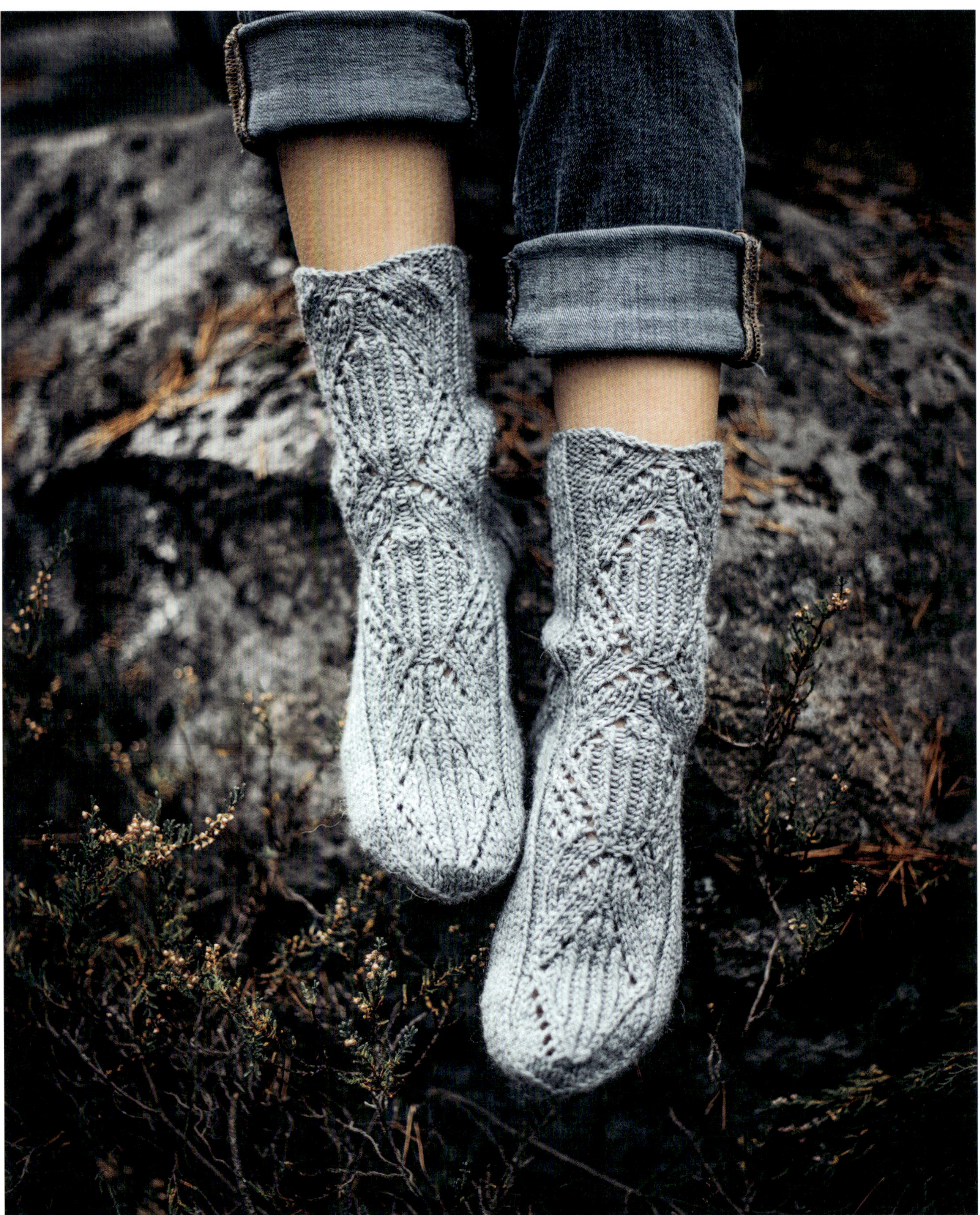

Darf ich bitten?

Größe: 37 (39) 41

Garn: Novita 7 veljestä (100 g = 200 m), Farbe 043 Stein

Garnverbrauch: 105 (110) 120 g

Nadelspiel: Nr. 3,5

Maschenprobe: 21 M und 26 Rd = 10 cm x 10 cm

BEVOR SIE BEGINNEN

Alle Größen sind in denselben Strickschriften gezeichnet; die Anleitung gibt an, welche Runden aus den Strickschriften für welche Größe gestrickt werden sollen. Die Anleitung für die Ferse gilt für alle Größen.

SCHAFT

Größe 37

47 M anschlagen und auf den Nd verteilen: 11-13-12-11. Den Schaft wie folgt stricken:

1. Nd: 1 M re, 2 M li, 2 M re, 2 M li, 2 M re, 2 M li.

2. und 3. Nd: Laut Strickschrift A, Rd 1–50.

4. Nd: 2 M li, 2 M re, 2 M li, 2 M re, 2 M li, 1 M re.

Noch 1 Rd wie folgt: Mit der 1. Nd im Bündchenmuster wie die vorigen Rd, mit der 2. und 3. Nd im Muster laut Strickschrift (Rd 51) und mit der 4. Nd rechte M stricken.

Größe 39

49 M anschlagen und auf den Nd verteilen: 12-13-12-12. Den Schaft wie folgt stricken:

1. Nd: 1 M re, 2 M li, 2 M re, 2 M li, 2 M re, 2 M li, 1 M re.

2. und 3. Nd: Laut Strickschrift A, Rd 1–46.

4. Nd: 1 M re, 2 M li, 2 M re, 2 M li, 2 M re, 2 M li, 1 M re.

Noch 1 Rd wie folgt: Mit der 1. Nd im Bündchenmuster wie die vorigen Rd, mit der 2. und 3. Nd im Muster laut Strickschrift (Rd 47) und mit der 4. Nd rechte M stricken.

Größe 41

51 M anschlagen und auf den Nd verteilen: 13-13-12-13. Den Schaft wie folgt stricken:

1. Nd: 1 M re, 2 M li, 2 M re, 2 M li, 2 M re, 2 M li, 2 M re.

2. und 3. Nd: Laut Strickschrift A, Rd 1–43.

4. Nd: 2 M re, 2 M li, 2 M re, 2 M li, 2 M re, 2 M li, 1 M re.

Noch 1 Rd wie folgt: Mit der 1. Nd im Bündchenmuster wie die vorigen Rd, mit 2. und 3. Nd im Muster laut Strickschrift (Rd 44) und mit der 4. Nd re M str.

FERSE

Mit der umgekehrt verstärkten Fersenwand beginnen, dazu die M der 1. Nd re auf die 4. Nd stricken (insg. 22 (24) 26 M). Die restlichen M bleiben ungestrickt. Die Arbeit wenden, die 1. M li abheben, ohne sie zu stricken, die übrigen M li stricken.

2 M zunehmen für Gr. 37 und 2 M abnehmen für Gr. 41, damit die Fersenwand 24 M hat.

1. R (Hin-R): Die Arbeit wenden, 1 M re abheben, ohne sie zu stricken, 1 M re, *1 M li abheben mit dem Faden vor der Arbeit, 1 M re, ab * bis R-Ende wiederholen.

2. R (Rück-R): Die Arbeit wenden, 1 M li abheben, ohne sie zu stricken, die übrigen M li str.

Diese zwei R wiederholen, bis für die Fersenwand 24 R gestrickt sind und zuletzt eine Rück-R gestrickt wurde.

Für die Käppchenabnahmen weiterhin verstärkt stricken. Auf der rechten Seite der Arbeit beginnen, bis noch 9 M auf der Nadel sind. 1 ssk oder Übz stricken und die Arbeit wenden. Auf der anderen Nd sind 7 M. 1 M li abheben, ohne sie zu stricken, und li stricken, bis 9 M übrig sind. 2 M li zus, wenden. 1 M re abheben, ohne sie zu stricken, und verstärkt stricken, bis 8 M übrig sind. 1 ssk oder Übz stricken, wenden. 1 M li abheben, ohne sie zu stricken, und li stricken, bis 8 M übrig sind. 2 M li zus, wenden. So fortfahren, dabei werden die äußeren M in jeder R reduziert, die mittleren M bleiben gleich (8 M).

Wenn die äußeren M aufgebraucht sind, die M der Fersenwand auf 2 Nd verteilen (4-4). 4 M rechts stricken, sodass der Faden zwischen der 1. und der 4. Nd liegt.

FUSSTEIL

Aus dem linken Fersenrand mit der freien Nd 14 M auffassen und mit der 1. Nd 4 M re, dann die 14 aufgefassten M re verschränkt stricken. Mit der 2. und 3. Nd das Muster laut Strickschrift B stricken, dabei mit Rd 8 (4) 1 beginnen. Aus dem rechten Fersenrand 14 M auffassen und re verschränkt abstricken, auf dieselbe Nd noch die 4 M der 4. Nd stricken. Die Arbeit hat jetzt 61 M.

Für die Zwickelabnahmen in jeder 2. Rd am Ende der 1. Nd 2 M re zus, am Anfang der 4. Nd 1 ssk oder Übz stricken. Mit der 2. und 3. Nd weiter im Muster laut Strickschrift B arbeiten. Mit den Zwickelabnahmen fortfahren, bis 47 (49) 51 M übrig sind, Nadelverteilung 11-13-12-11 (12-13-12-12) 13-13-12-13. Mit der 1. und 4. Nd weiter rechte M und mit der 2. und 3. Nd im Muster laut Strickschrift B stricken.

Für den Fußteil in Größe 37 die Rd 8–49 (insg. 42 Rd) laut Strickschrift B stricken.

Für den Fußteil in Größe 39 die Rd 4–49 (insg. 46 Rd) laut Strickschrift B stricken.

Für den Fußteil in Größe 41 die Rd 1–49 (insg. 49 Rd) laut Strickschrift B stricken.

Wenn nach der Fersenwand die Rd 49 gestrickt ist, mit den Spitzenabnahmen beginnen.

Mit der 1. und 4. Nd eine breite Bandspitze arbeiten:

1. Nd: Re stricken, bis noch 3 M übrig sind, 2 M re zus, 1 M re.

4. Nd: 1 M re, 1 ssk, die restlichen M re stricken. Bitte beachten: Für Größe 37 die erste Abnahmerunde nicht stricken.

Die Abnahmen zunächst in jeder 2. Rd stricken, bis noch 8 (8) 9 M pro Nd übrig sind. Dann in jeder Rd abnehmen. Mit der 2. und 3. Nd die Spitzenabnahmen laut Strickschrift C arbeiten (Rd 1–13). Es bleiben 9 (9) 11 M übrig.

Den Faden abschneiden und durch die M ziehen.

Die Fadenenden vernähen und die Socken leicht dämpfen.

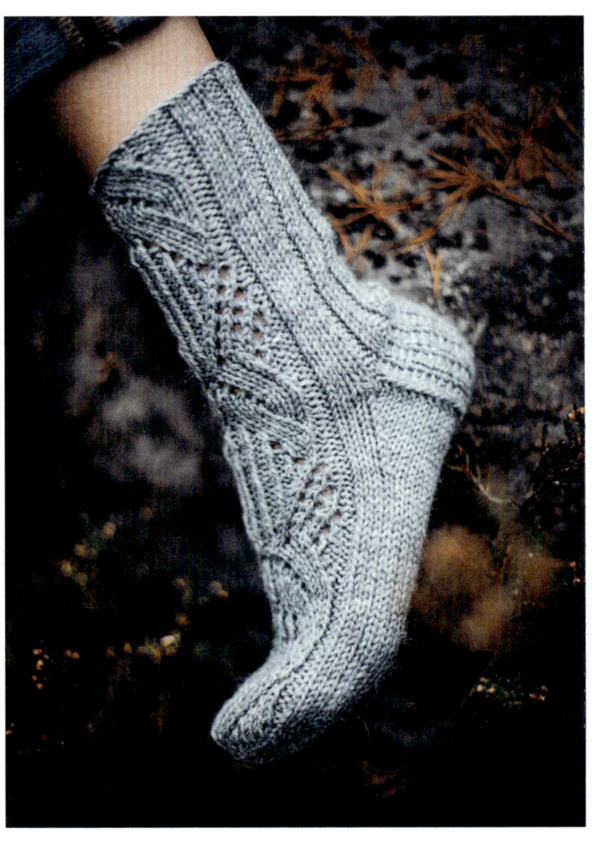

- rechts
- rechts verschränkt
- links
- Umschlag
- 2 M re zus
- ssk: 2 M einzeln wie zum Rechtsstricken abheben, zurück auf die linke Nd legen und von hinten 2 M re zus
- 2 M wie zum rechts Zusammenstricken abheben, 1 M re, die abgehobenen M über die gestrickte M ziehen
- keine Masche
- Nadelverteilung

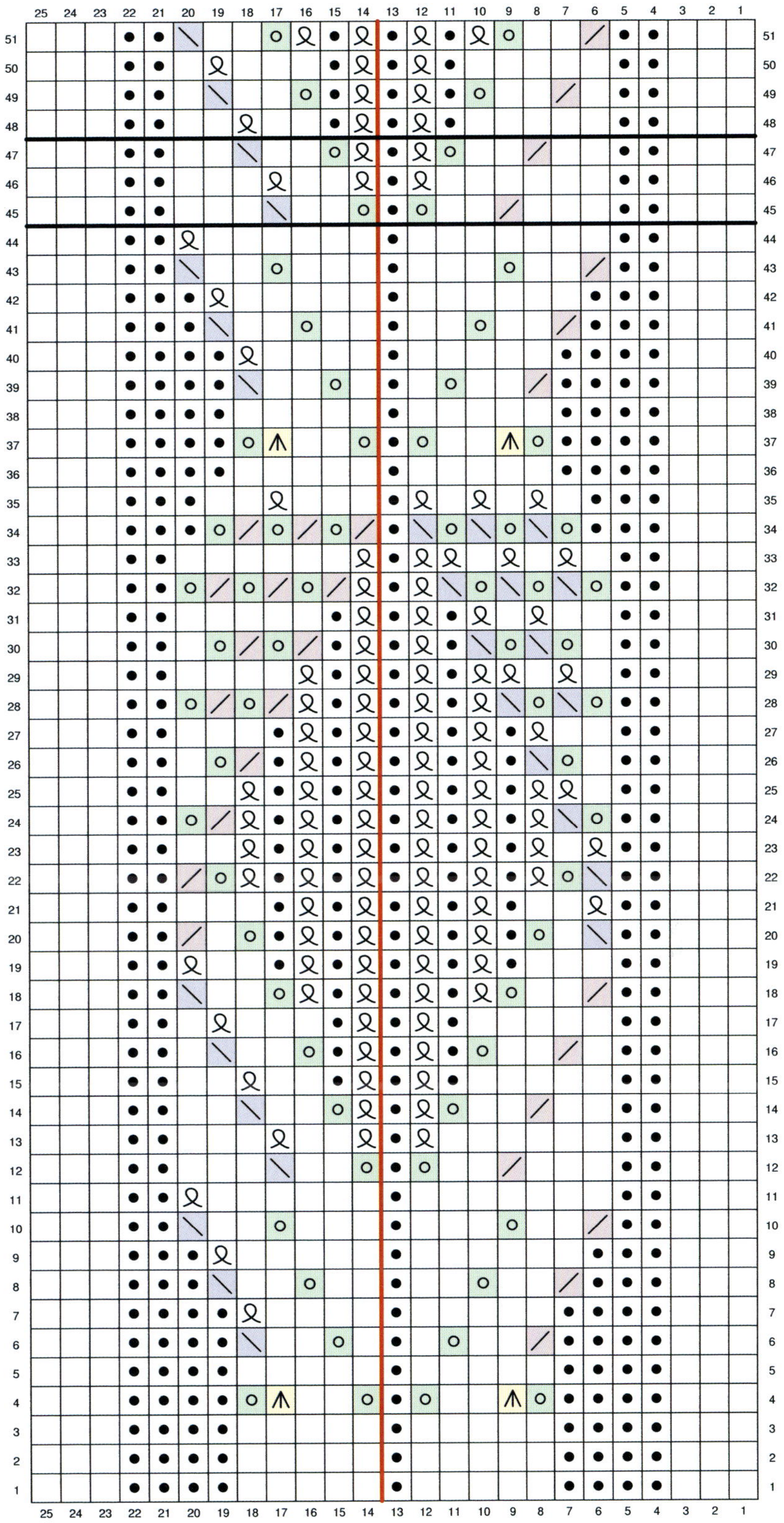

STRICKSCHRIFT B, FUSSTEIL

STRICKSCHRIFT C, SPITZENABNAHMEN

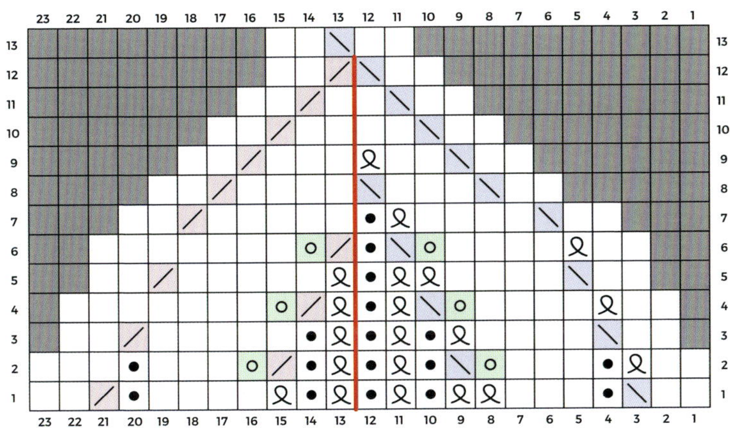

- ☐ rechts
- rechts verschränkt
- links
- Umschlag
- 2 M re zus
- ssk: 2 M einzeln wie zum Rechtsstricken abheben, zurück auf die linke Nd legen und von hinten 2 M re zus
- 2 M wie zum rechts Zusammenstricken abheben, 1 M re, abgehobene M über gestrickte M ziehen
- keine Masche
- Nadelverteilung

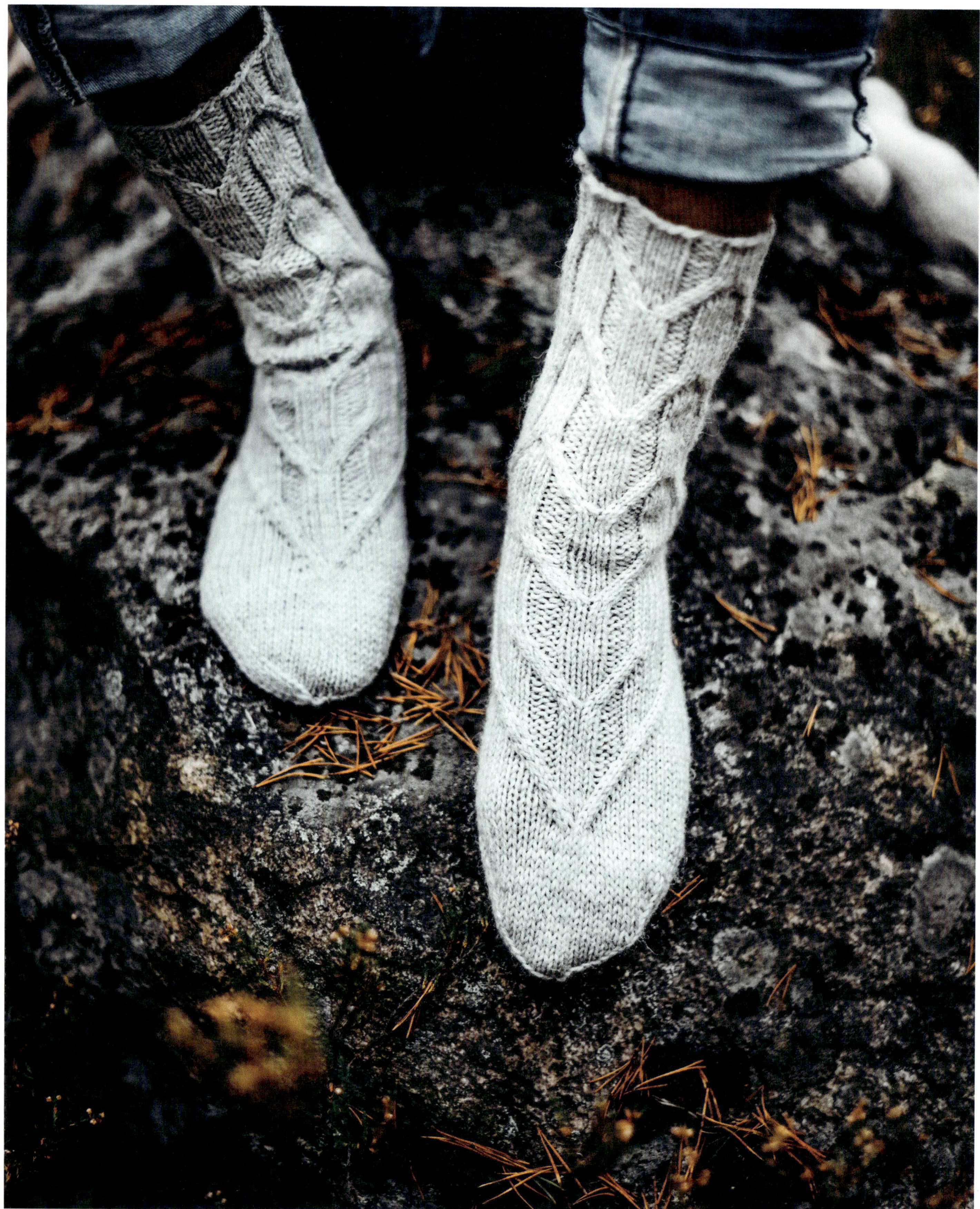

Darf ich bitten?

Größe: 41/42 (44/45)

Garn: Novita 7 veljestä (100 g = 200 m), Farbe 047 Flechte

Garnverbrauch: 120 (140) g

Nadelspiel: Nr. 3,5, Zopfnadel

Maschenprobe: 21 M und 26 Rd = 10 cm x 10 cm

BEVOR SIE BEGINNEN

Der Schaft wird für beide Größen nach derselben Anleitung gestrickt. Danach sind die Abweichungen für Größe 44/45 blau markiert.

SCHAFT

58 M anschlagen. Die M auf den Nd verteilen (15-14-14-15) und den Schaft laut Strickschrift A am rechten unteren Rand beginnend stricken, Rd 1–52. In der letzten Rd die M auf den Nd verteilen: 14-13-13-14.

FERSE

Die Fersenwand verstärkt stricken, dazu die M der 1. Nd auf die 4. Nd stricken (insg. 28 M). Die restlichen M bleiben ungestrickt. Die Arbeit wenden und die 1. M li abheben, ohne sie zu stricken, die übrigen M li stricken, dabei 2 M abnehmen, damit die Fersenwand insg. 26 M hat.

1. R (Hin-R): Die Arbeit wenden, *1 M re abheben, ohne sie zu stricken, 1 M re, * bis R-Ende wiederholen.

2. R (Rück-R): Die Arbeit wenden, 1 M li abheben, ohne sie zu stricken, 1 M li, *1 M re, 1 M li, ab * bis R-Ende wiederholen.

Diese zwei R wiederholen, bis für die verstärkte Fersenwand 26 (28) R gestrickt sind und zuletzt eine Rück-R gestrickt wurde.

Für die Käppchenabnahmen weiterhin verstärkt stricken. Auf der rechten Seite der Arbeit beginnen, bis noch 9 M auf der Nd sind. 1 Übz stricken und die Arbeit wenden. Auf der anderen Nd sind 7 M. 1 M li abheben, ohne sie zu stricken, und verstärkt stricken, bis 9 M übrig sind. 2 M li zus, wenden. 1 M abheben, ohne sie zu stricken, und verstärkt stricken, bis 8 M übrig sind. 1 Übz stricken, wenden. 1 M li abheben, ohne sie zu stricken, und verstärkt stricken, bis 8 M übrig sind. 2 M li zus, wenden. So fortfahren, dabei werden die äußeren M in jeder R reduziert, die mittleren M bleiben gleich (10 M).

Wenn die äußeren M aufgebraucht sind, die M der Fersenwand auf 2 Nd verteilen (5-5). 5 M re stricken, sodass der Faden zwischen der 1. und 4. Nd liegt.

FUSSTEIL

Aus dem Fersenrand mit der 1. Nd 15 (16) M auffassen, mit der 4. Nd aus dem anderen Fersenrand ebenfalls 15 (16) M auffassen. Die Arbeit hat jetzt 66 (68) M. Mit der 1. und 4. Nd weiterhin rechts und die aus dem Fersenrand aufgefassten M re verschränkt stricken. Mit der 2. und 3. Nd das Muster laut Strickschrift B arbeiten, dabei mit der 1. Rd beginnen.

Für die Zwickelabnahmen in jeder 2. Rd am Ende der 1. Nd 2 M re zus, am Anfang der 4. Nd 1 ssk oder Übz stricken.

Wenn noch 52 (54) M übrig sind, Nadelverteilung 13-13-13-13 (14-13-13-14), die Abnahmen beenden und mit der 1. und 4. Nd weiterhin rechts, mit der 2. und 3. Nd im Muster laut Strickschrift stricken. Sind alle 44 Rd der Strickschrift B gestrickt, noch

5 (7) Rd glatt rechts stricken. Sind nach der Fersenwand insg. 49 (51) Rd gestrickt, eine breite Bandspitze arbeiten.

Bitte beachten: Für Größe 44/45 in der ersten Abnahmerunde nur mit der 1. und 4. Nd abnehmen.

1. und 3. Nd: Re stricken, bis noch 3 M übrig sind, 2 M re zus, 1 M re.

2. und 4. Nd: 1 M re, 1 ssk oder Übz, die restlichen M re stricken.

Die Abnahmen zunächst in jeder 2. Rd stricken. Wenn noch 32 M (8 M pro Nadel) übrig sind, in jeder Rd abnehmen.

Wenn insg. noch 8 M übrig sind, den Faden abschneiden und durch die M ziehen.

Die Fadenenden vernähen und die Socken leicht dämpfen.

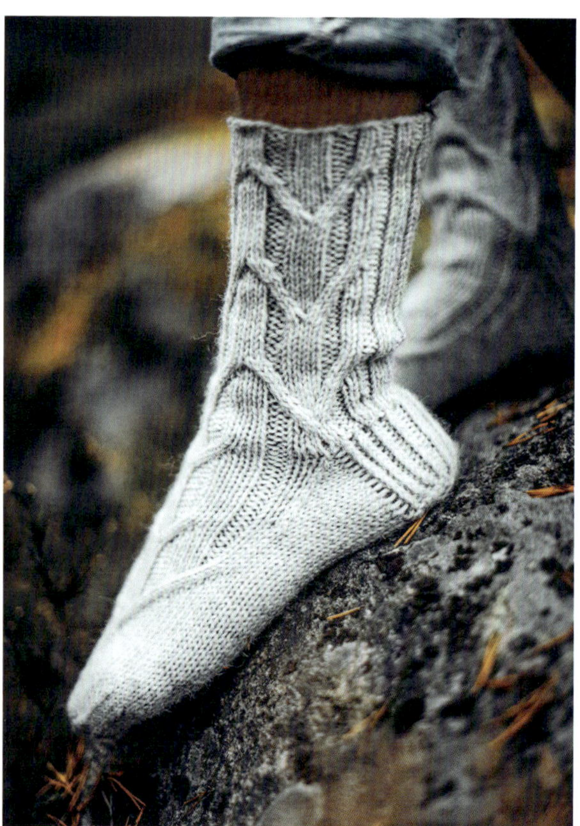

STRICKSCHRIFT B

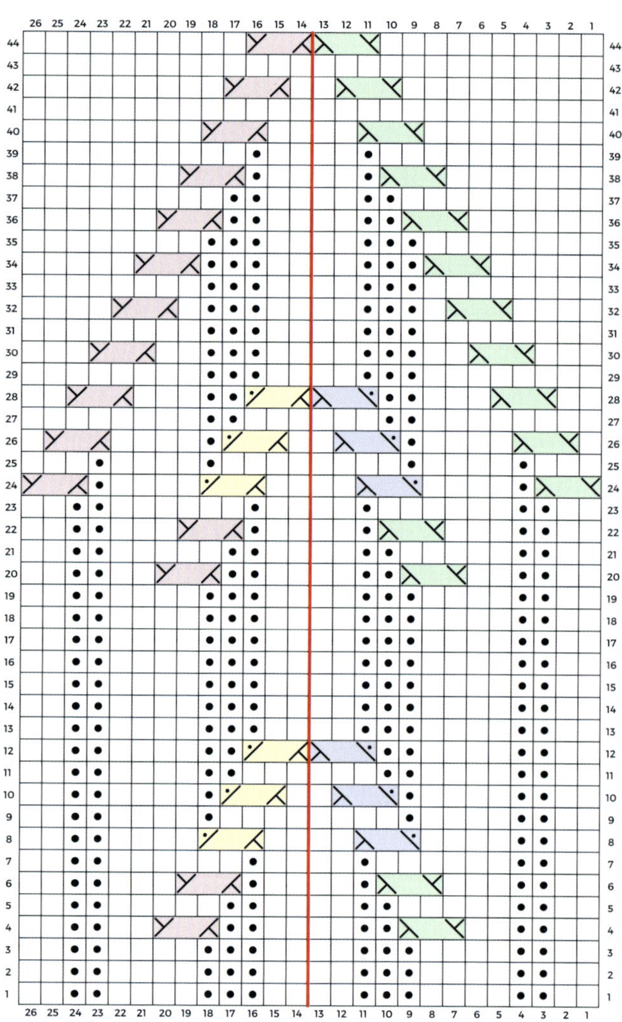

STRICKSCHRIFT A

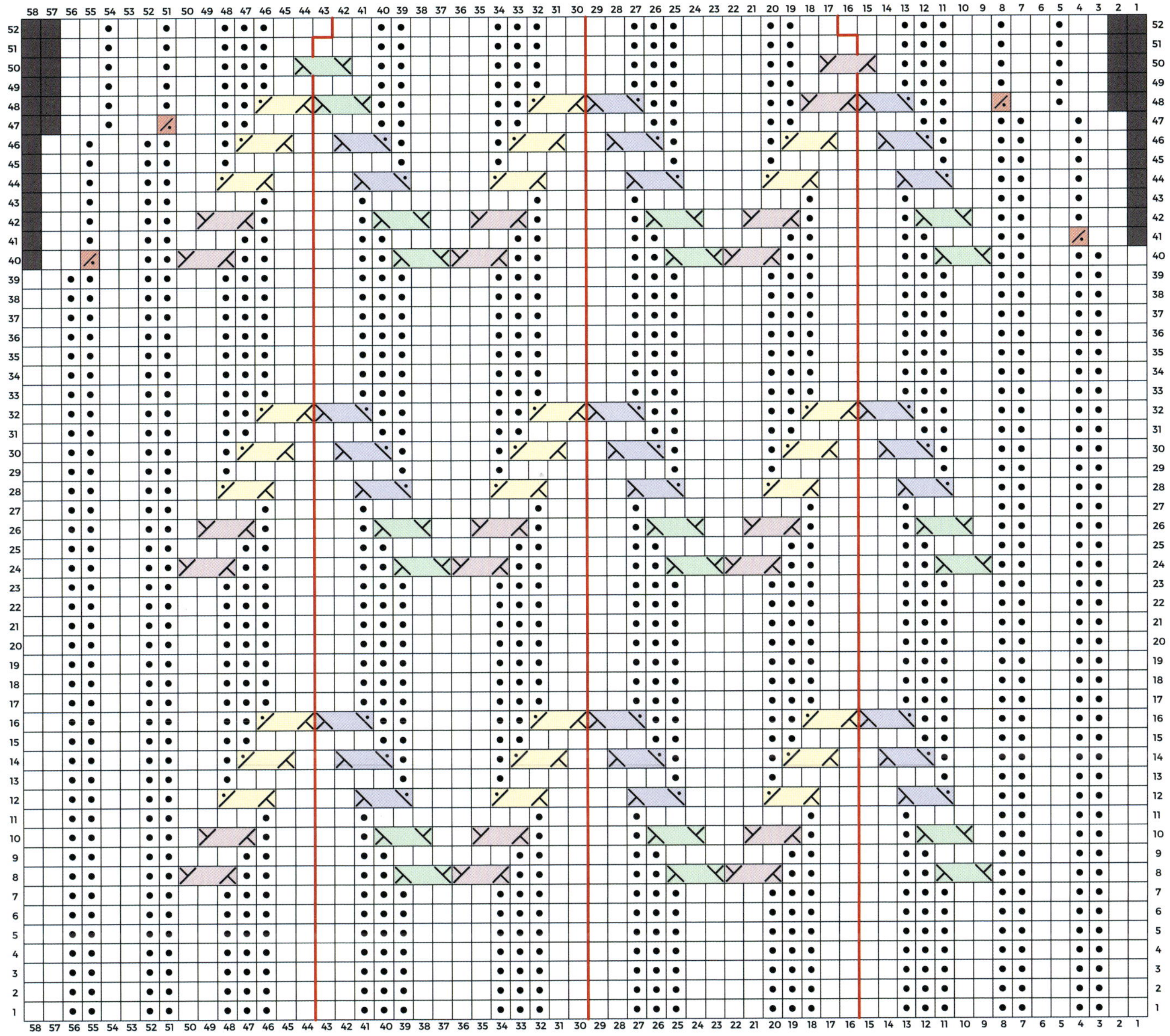

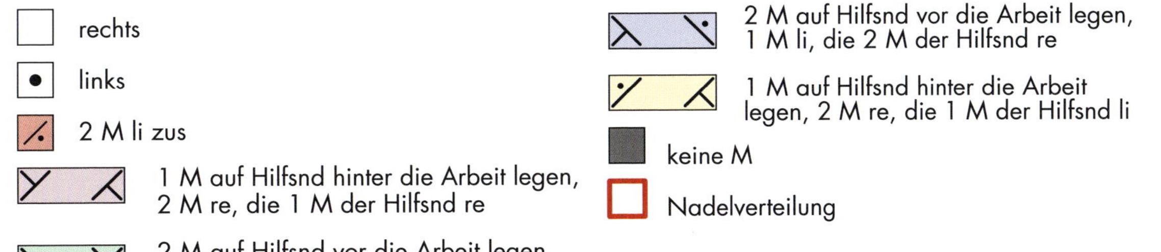

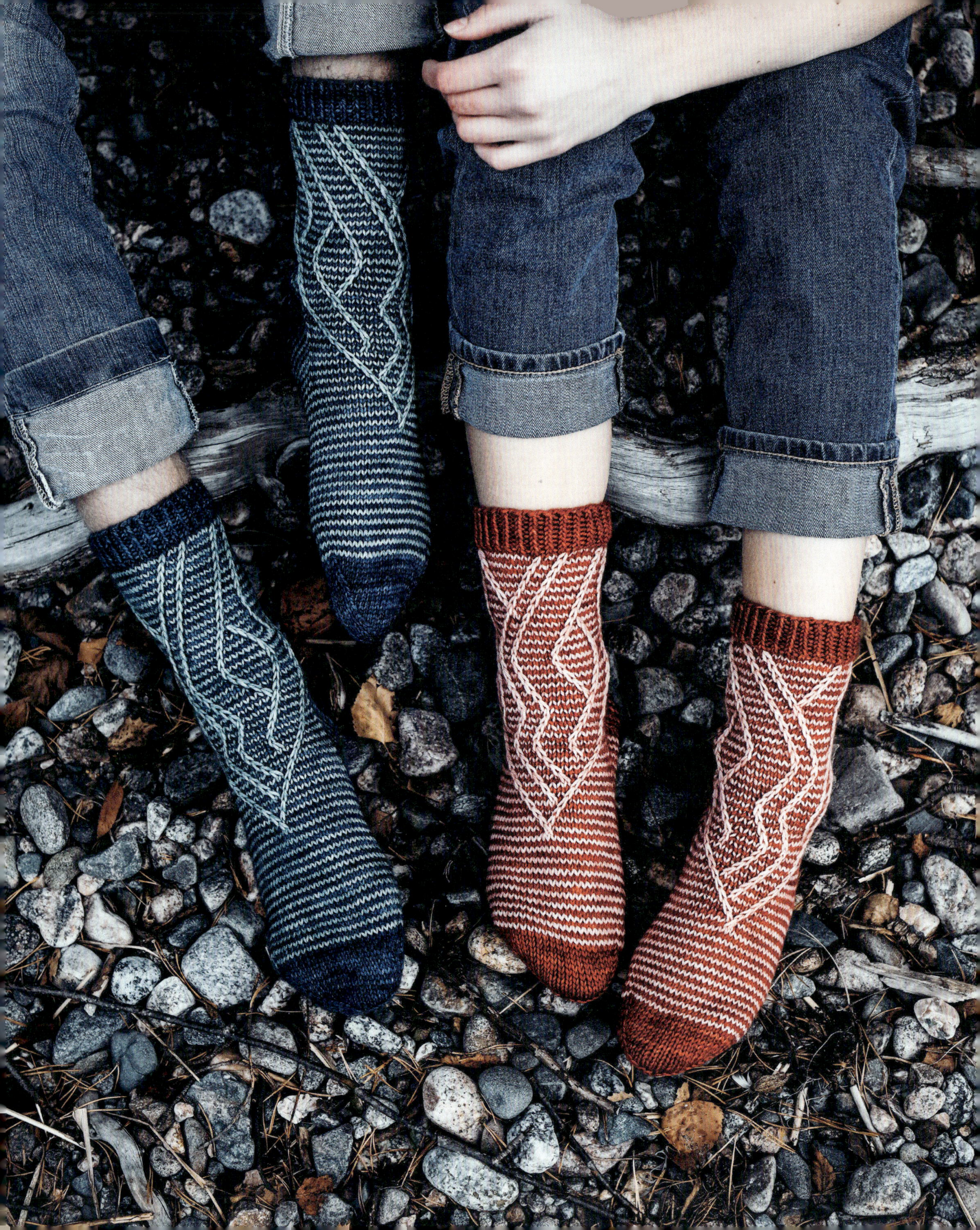

Alles fließt

Badeausflüge und Neckereien im weißen Schaum der Stromschnellen des Lemmenjoki-Flusses. Mit tropfendem Haar, beseelt von lauter Glücksmomenten und einem zärtlichem Lächeln. Das schöne Muster der Socken entsteht durch Hebemaschen und Verflechtungen daraus.

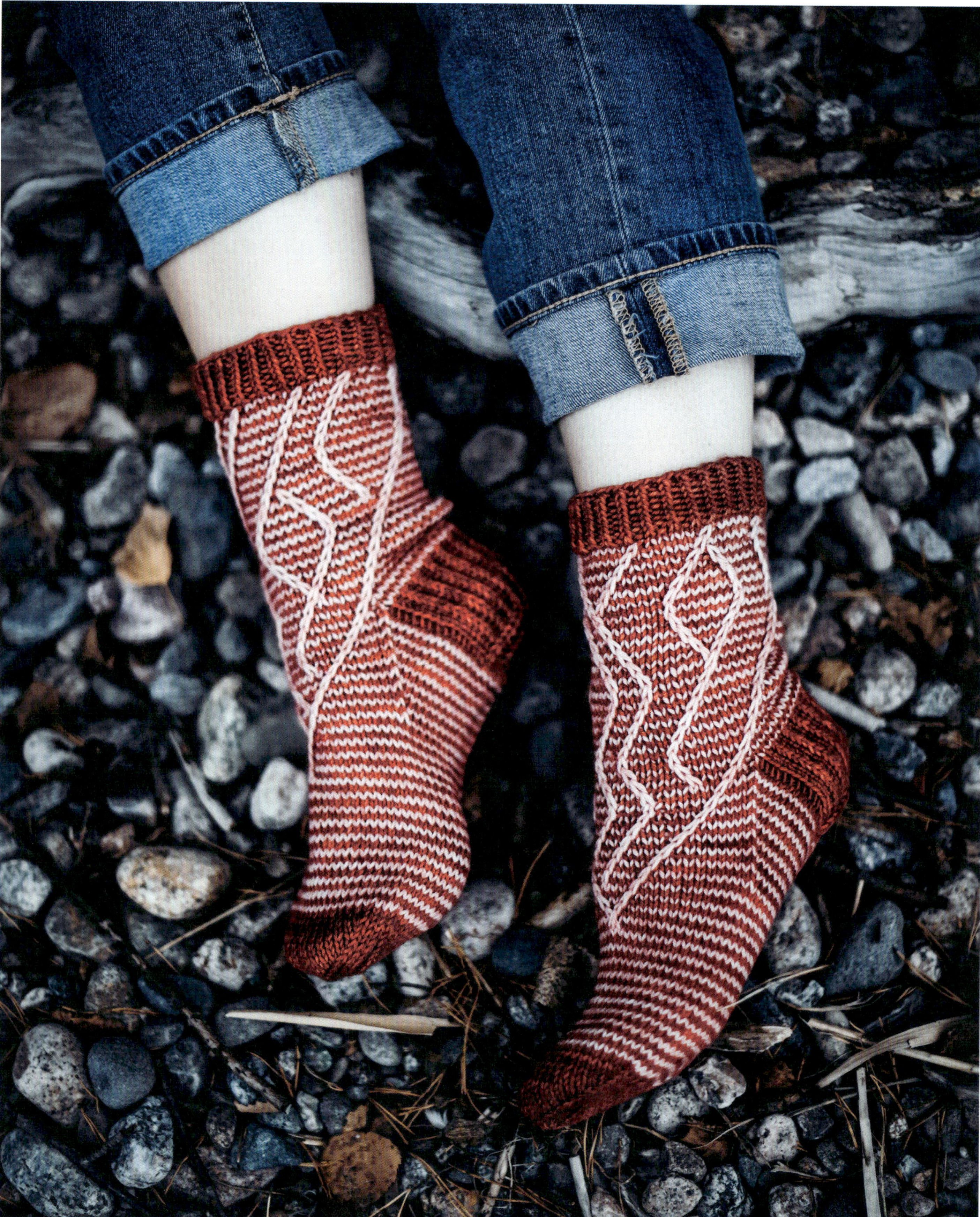

Alles fließt

Größe: 39

Garn: Aara Aatos (100 g = 225 g), Grundfarbe Kirsch, Musterfarbe Abend

Garnverbrauch: Grundfarbe 70 g, Musterfarbe 40 g

Nadelspiel: Nr. 3, Hilfsnadel

Maschenprobe: 23 M und 28 Rd = 10 cm x 10 cm

BEVOR SIE BEGINNEN

Die Socken werden gegengleich gestrickt. Verwenden Sie für die rechte Socke die Strickschriften A1 und B1, für die linke Socke die Strickschriften A2 und B2.

SCHAFT

56 M anschlagen. Die M auf den Nd verteilen (14-14-14-14) und den Schaft im Muster laut Strickschrift A1/A2 beginnend vom rechten unteren Rand (Rd 1–50) stricken.

FERSE

Mit der verstärkten Fersenwand in der Grundfarbe beginnen, dazu die M der 1. Nd auf die 4. Nd stricken (insg. 28 M). Die restlichen M bleiben ungestrickt. Die Arbeit wenden und die 1. M li abheben, ohne sie zu stricken, die übrigen M li stricken.

1. R (Hin-R): Die Arbeit wenden, *1 M abheben, ohne sie zu stricken, 1 M re, ab * bis R-Ende wiederholen.

2. R (Rück-R): Die Arbeit wenden, 1 M li abheben, ohne sie zu stricken, die übrigen M li stricken.

Diese zwei R wiederholen, bis für die Fersenwand 28 R gestrickt sind und zuletzt eine Rück-R gestrickt wurde.

Für die Käppchenabnahmen weiterhin verstärkt stricken. Auf der rechten Seite der Arbeit beginnen, bis noch 9 M auf der Nd sind. 1 ssk oder Übz stricken und die Arbeit wenden. Auf der anderen Nd sind 7 M. 1 M li abheben, ohne sie zu stricken, und li stricken, bis 9 M übrig sind. 2 M li zus, wenden. 1 M abheben, ohne sie zu stricken, und verstärkt stricken, bis 8 M übrig sind. 1 ssk oder Übz stricken, wenden. 1 M li abheben, ohne sie zu stricken, und li stricken, bis 8 M übrig sind. 2 M li zus, wenden. So fortfahren, dabei werden die äußeren M in jeder R reduziert, die mittleren M bleiben gleich (12 M).

Wenn die äußeren M aufgebraucht sind, die M der Fersenwand auf 2 Nd verteilen (6-6). 6 M re stricken, sodass der Faden zwischen der 1. und 4. Nd liegt.

FUSSTEIL

Aus dem Fersenrand mit der 1. Nd 16 M auffassen, mit der 4. Nd aus dem anderen Fersenrand ebenfalls 16 M auffassen. Die Arbeit hat jetzt 72 M. Mit der 1. und 4. Nd weiterhin re und die aus dem Fersenrand aufgefassten M re verschränkt stricken. Mit der 2. und 3. Nd das Muster laut Strickschrift B1/B2 ab Rd 1 stricken.

Für die Zwickelabnahmen in jeder 2. Rd am Ende der 1. Nd 2 M re zus, am Anfang der 4. Nd 1 ssk oder Übz stricken.

Wenn noch 56 M übrig sind (Nadelverteilung 14-14-14-14), nicht mehr abnehmen und mit der

1. und 4. Nd weiterhin re, mit der 2. und 3. Nd das Muster laut Strickschrift B1/B2 arbeiten. Wenn alle 26 Rd der Strickschrift B gestrickt sind, glatt rechts im Streifenmuster fortfahren.

Wenn nach dem Fersenrand 46 Rd gestrickt sind, in der Grundfarbe eine breite Bandspitze arbeiten:
1. und 3. Nd: Re stricken, bis noch 3 M übrig sind, 2 M re zus, 1 M re.
2. und 4. Nd: 1 M re, 1 ssk oder Übz, die restlichen M re stricken.

Die Abnahmen zunächst in jeder 2. Rd stricken.

Wenn insg. noch 36 M (9-9-9-9) übrig sind, in jeder Rd abnehmen.

Wenn insg. noch 8 M übrig sind, den Faden abschneiden und durch die M ziehen.

Die Fadenenden vernähen und die Socken leicht dämpfen.

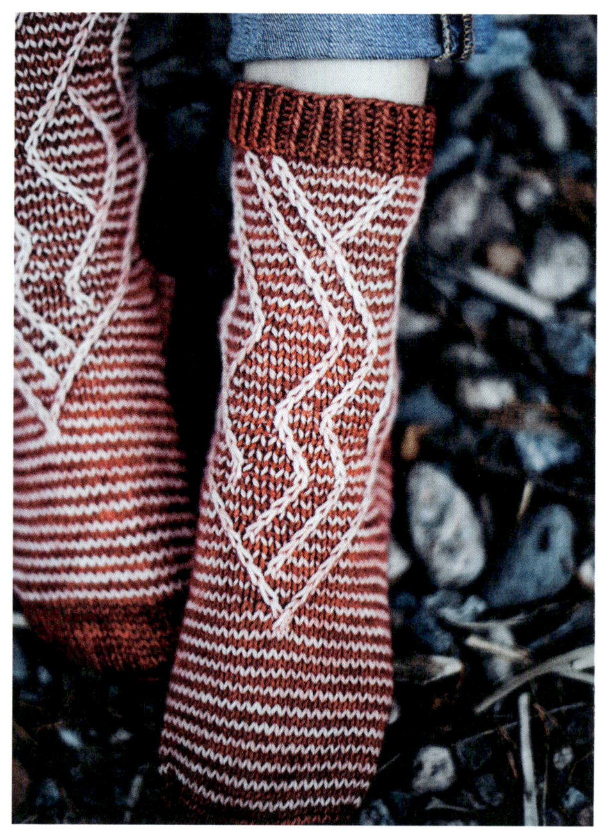

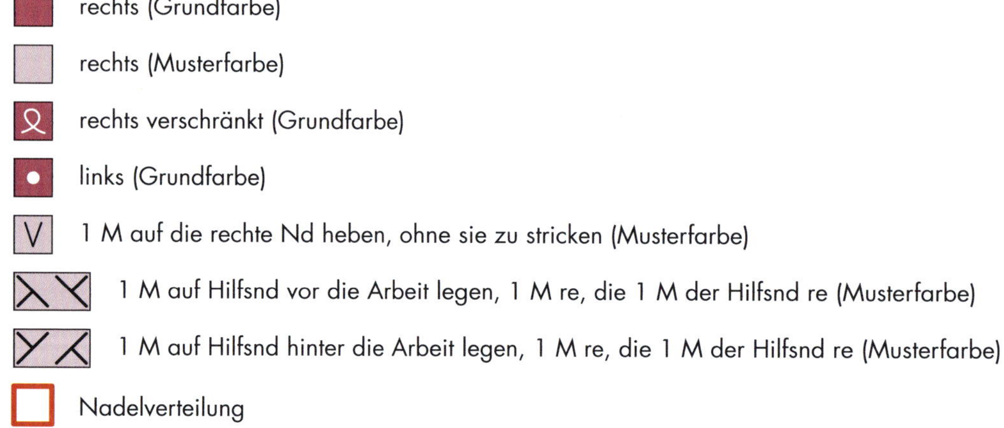

STRICKSCHRIFT B1, RECHTE SOCKE

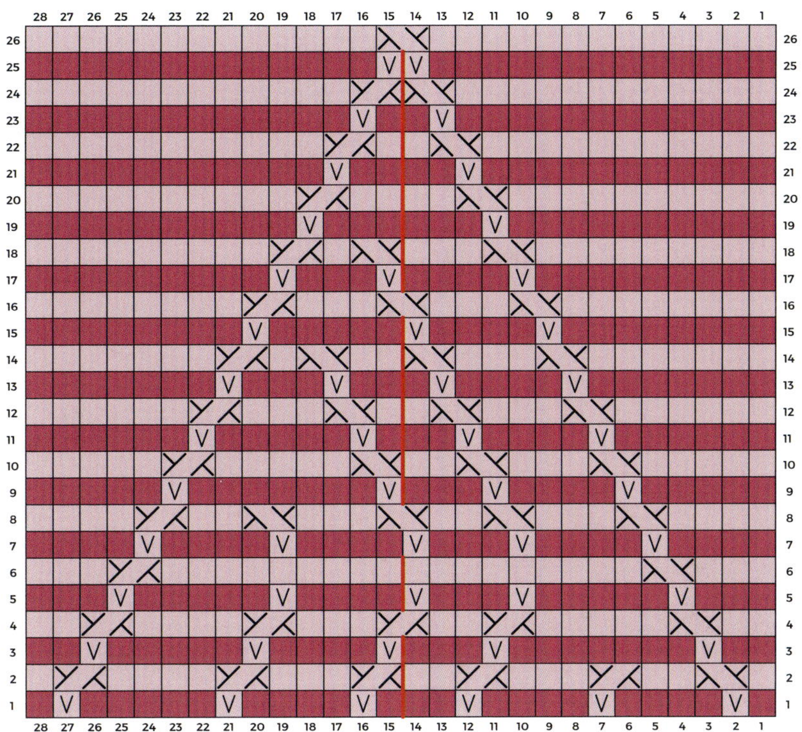

STRICKSCHRIFT B2, LINKE SOCKE

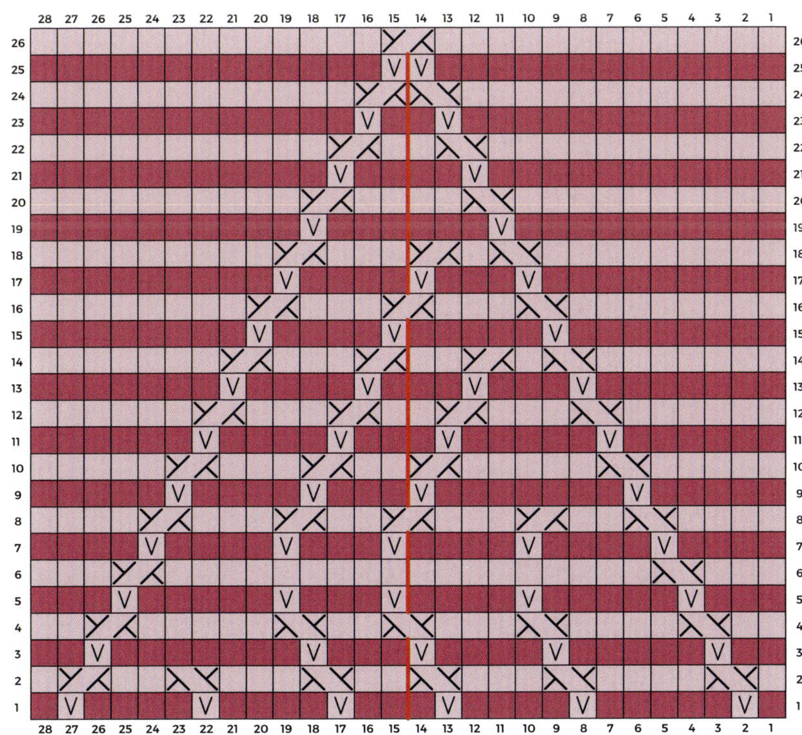

STRICKSCHRIFT A1, RECHTE SOCKE

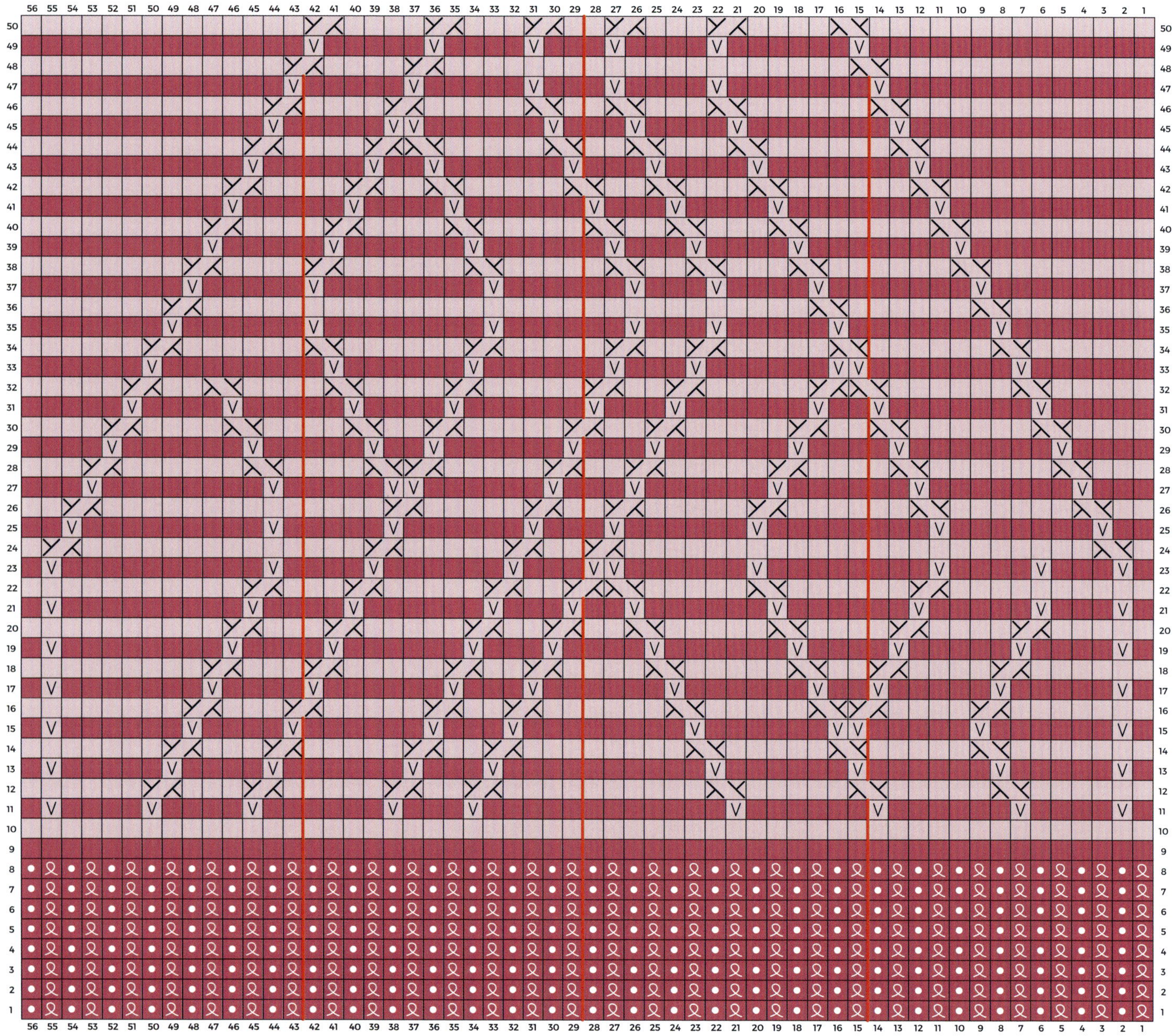

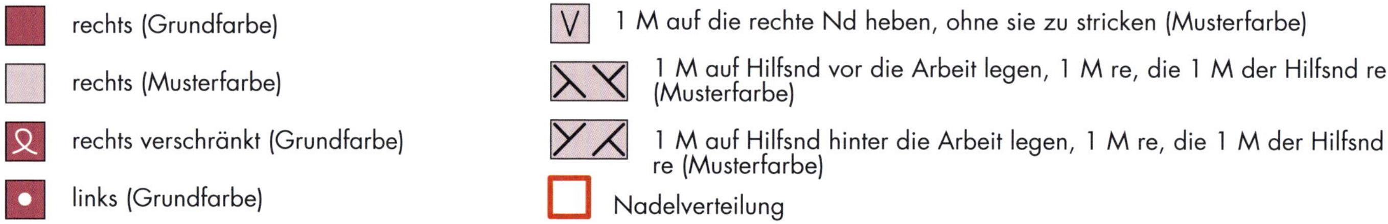

STRICKSCHRIFT A2, LINKE SOCKE

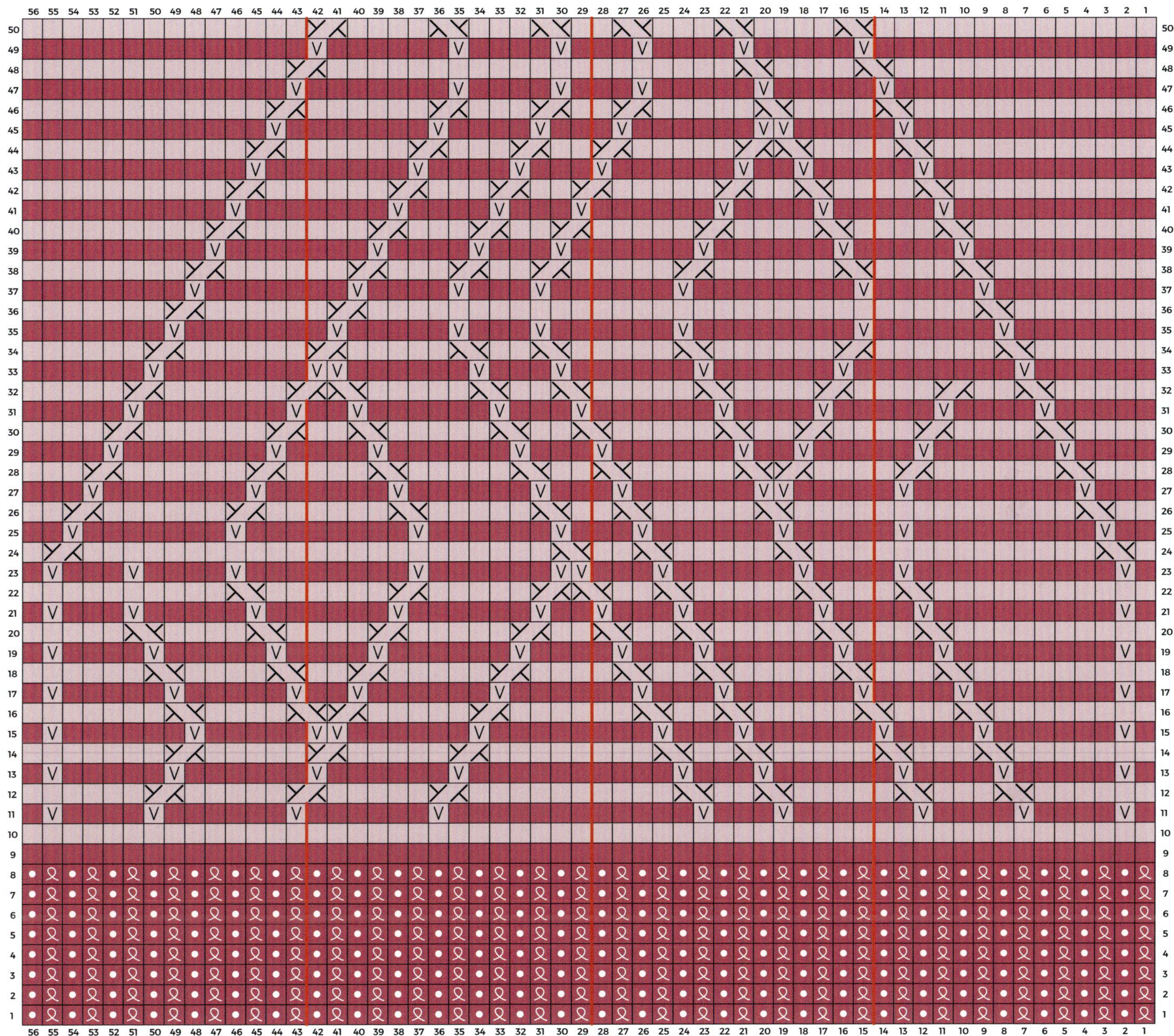

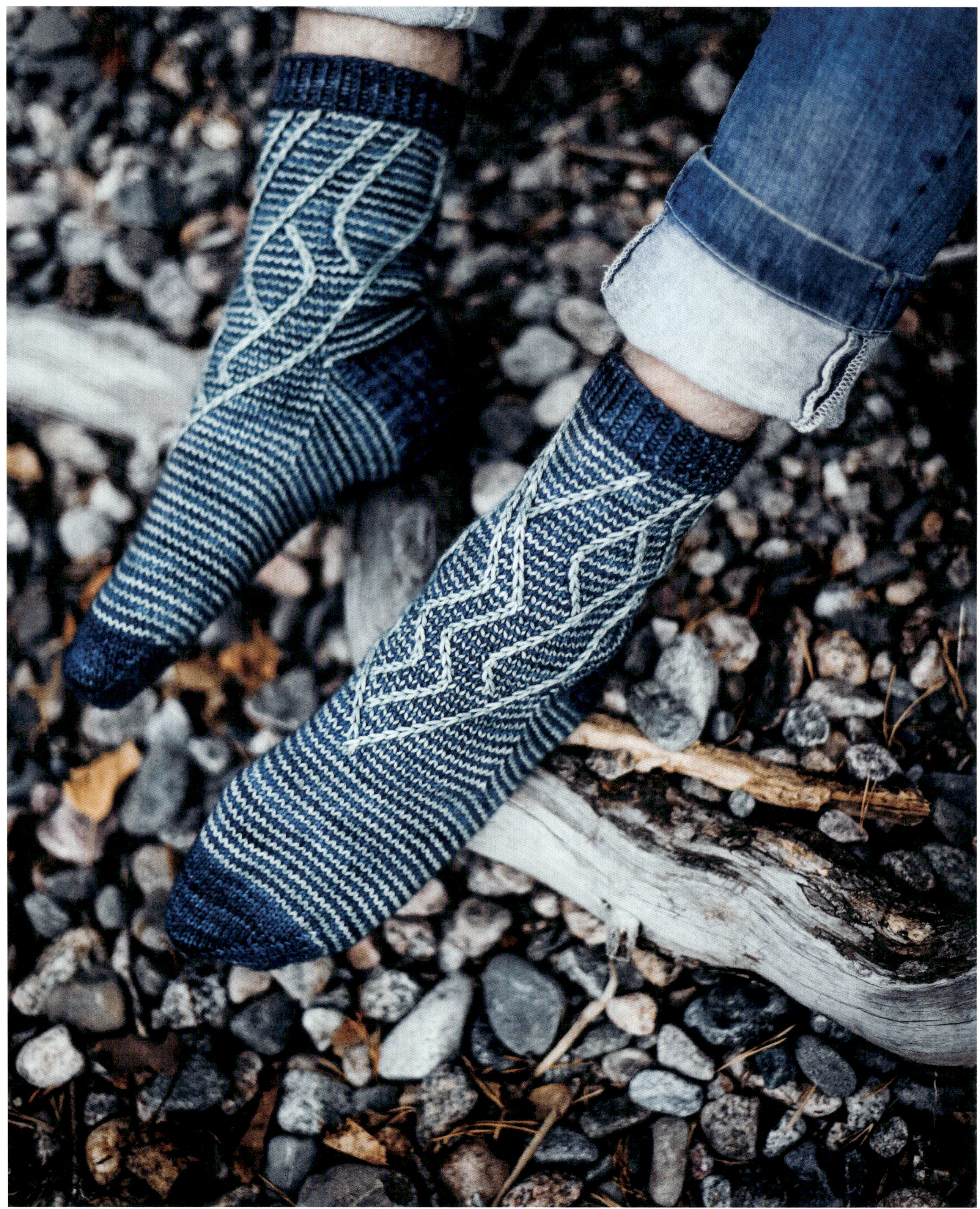

Alles fließt

Größe: 42 (45)

Garn: Aara Aatos (100 g = 225 g), Grundfarbe Luoto (blau), Musterfarbe Väre (blaugrün)

Garnverbrauch: Grundfarbe 85 g, Musterfarbe 50 g

Nadelspiel: Nr. 3, Hilfsnadel

Maschenprobe: 23 M und 28 Rd = 10 cm x 10 cm

BEVOR SIE BEGINNEN

Die Socken werden gegengleich gestrickt. Verwenden Sie für die rechte Socke die Strickschriften A1 und B1, für die linke Socke die Strickschriften A2 und B2.

Der Schaft wird für beide Größen nach derselben Anleitung gearbeitet. Danach sind die Abweichungen für Größe 45 blau markiert.

SCHAFT

62 M anschlagen. Die M auf den Nd verteilen (16-15-15-16) und den Schaft im Muster laut Strickschrift A1/A2 beginnend vom rechten unteren Rand (Rd 1–55) stricken.

FERSE

Mit der verstärkten Fersenwand in der Grundfarbe beginnen, dazu die M der 1. Nd auf die 4. Nd stricken (insg. 32 M). Die restlichen M bleiben ungestrickt. Die Arbeit wenden und die 1. M li abheben, ohne sie zu stricken, die übrigen M li stricken.

1. R (Hin-R): Die Arbeit wenden, *1 M abheben, ohne sie zu stricken, 1 M re, ab * bis R-Ende wiederholen.

2. R (Rück-R): Die Arbeit wenden, 1 M li abheben, ohne sie zu stricken, die übrigen M li stricken.

Diese zwei R wiederholen, bis für die Fersenwand 32 R gestrickt sind und zuletzt eine Rück-R gestrickt wurde.

Für die Käppchenabnahmen weiterhin verstärkt stricken. Auf der rechten Seite der Arbeit beginnen, bis noch 11 M auf der Nd sind. 1 ssk oder Übz stricken und die Arbeit wenden. Auf der anderen Nd sind 9 M. 1 M li abheben, ohne sie zu stricken, und li stricken, bis 11 M übrig sind. 2 M li zus, wenden. 1 M abheben, ohne sie zu stricken, und verstärkt stricken, bis 10 M übrig sind. 1 ssk oder Übz stricken, wenden. 1 M li abheben, ohne sie zu stricken, und li stricken, bis 10 M übrig sind. 2 M li zus, wenden. So fortfahren, dabei werden die äußeren M in jeder R reduziert, die mittleren M bleiben gleich (12 M).

Sind die äußeren M aufgebraucht, die M der Fersenwand auf 2 Nd verteilen (6-6). 6 M re stricken, sodass der Faden zwischen der 1. und 4. Nd liegt.

FUSSTEIL

Aus dem Fersenrand mit der 1. Nd 18 M auffassen, mit der 4. Nd aus dem anderen Fersenrand ebenfalls 18 M auffassen. Die Arbeit hat jetzt 78 M. Mit der 1. und 4. Nd weiterhin re und die aus dem Fersenrand aufgefassten M re verschränkt stricken. Mit der 2. und 3. Nd das Muster laut Strickschrift B1/B2 ab Rd 1 arbeiten.

Für die Zwickelabnahmen in jeder 2. Rd am Ende der 1. Nd 2 M re zus, am Anfang der 4. Nd 1 ssk oder Übz stricken. Wenn noch 60 (62) M übrig sind, Nadelverteilung 15-15-15-15 (16-15-15-16), nicht mehr abnehmen und mit der 1. und 4. Nd weiterhin re, mit der 2. und 3. Nd das Muster laut Strickschrift B1/B2 arbeiten.

Sind alle 27 Rd der Strickschrift B gestrickt, glatt rechts im Streifenmuster fortfahren.

Wenn nach dem Fersenrand 52 (58) Rd gestrickt sind, in der Grundfarbe eine breite Bandspitze arbeiten.

Für Größe 45 die Abnahmen in der 1. Rd nur mit der 1. und 4. Nd stricken.

1. und 3. Nd: Re stricken, bis noch 3 M übrig sind, 2 M re zus, 1 M re.

2. und 4. Nd: 1 M re, 1 ssk oder Übz, die restlichen M re stricken.

Die Abnahmen zunächst in jeder 2. Rd stricken.

Wenn insg. noch 36 M (9-9-9-9) übrig sind, in jeder Rd abnehmen.

Wenn insg. noch 8 M übrig sind, den Faden abschneiden und durch die M ziehen.

Die Fadenenden vernähen und die Socken leicht dämpfen.

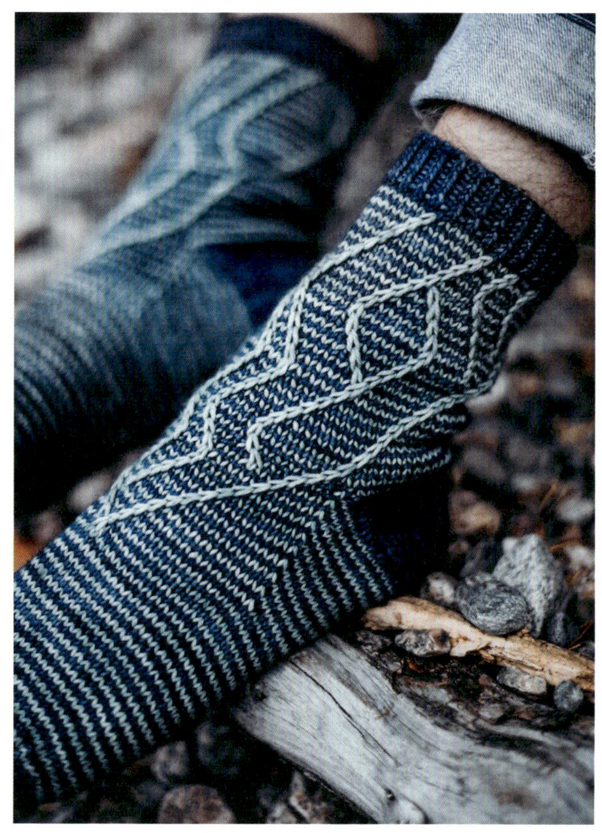

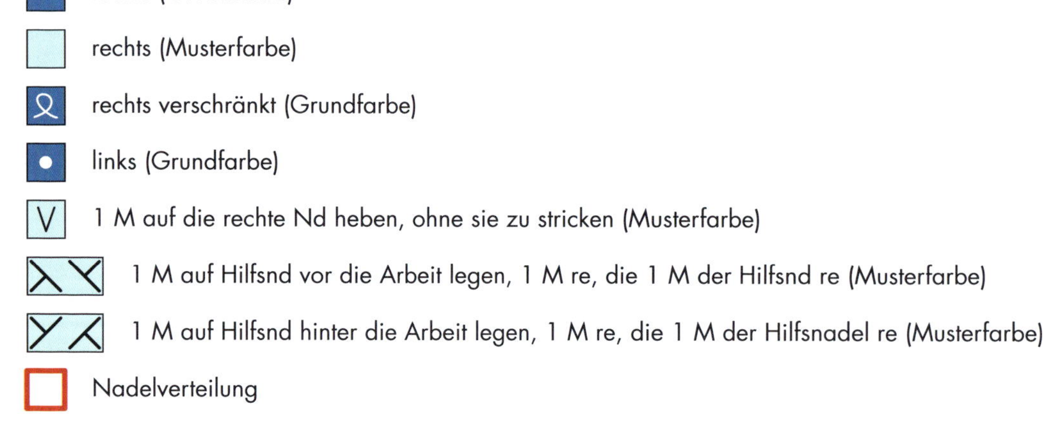

STRICKSCHRIFT B1, RECHTE SOCKE

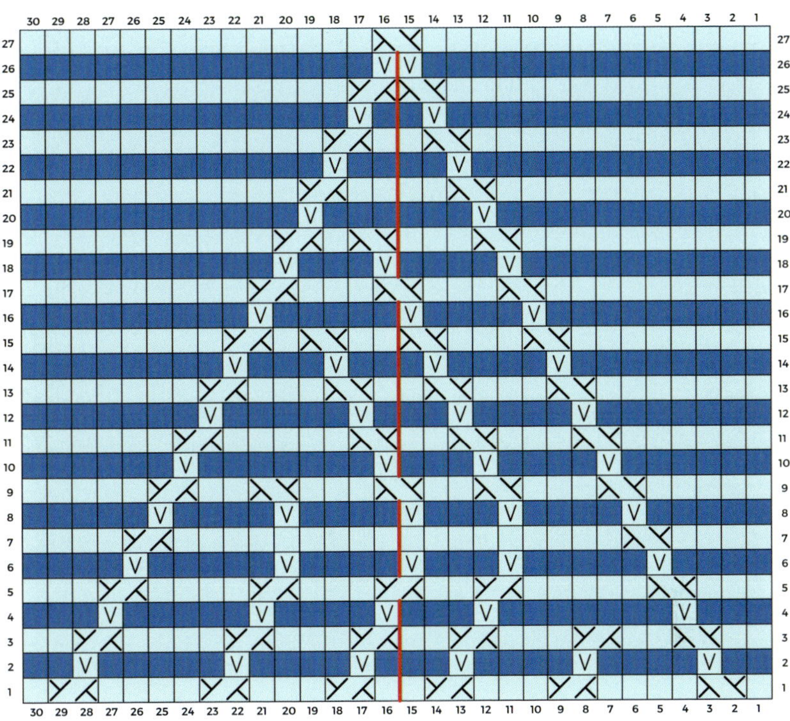

STRICKSCHRIFT B2, LINKE SOCKE

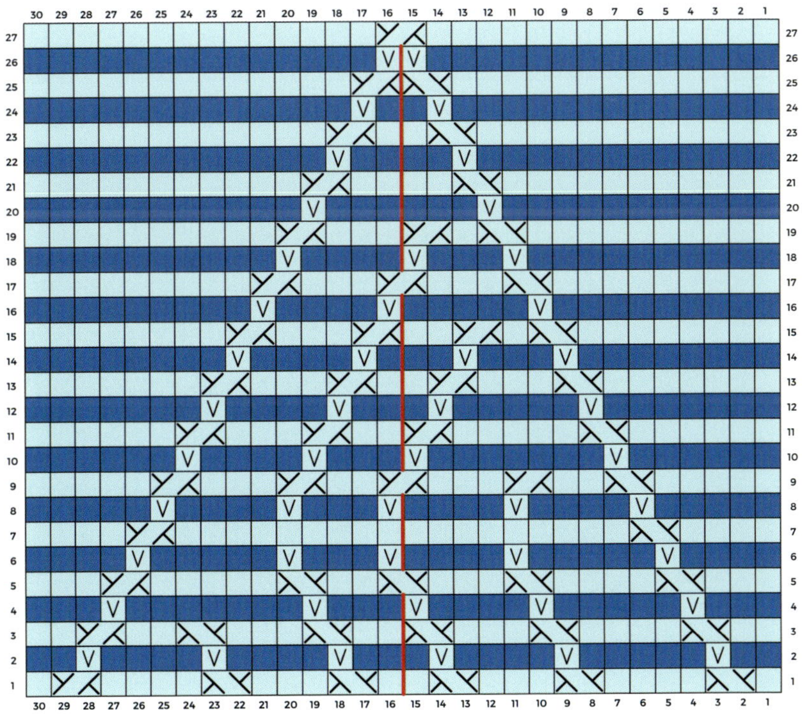

STRICKSCHRIFT A1, RECHTE SOCKE

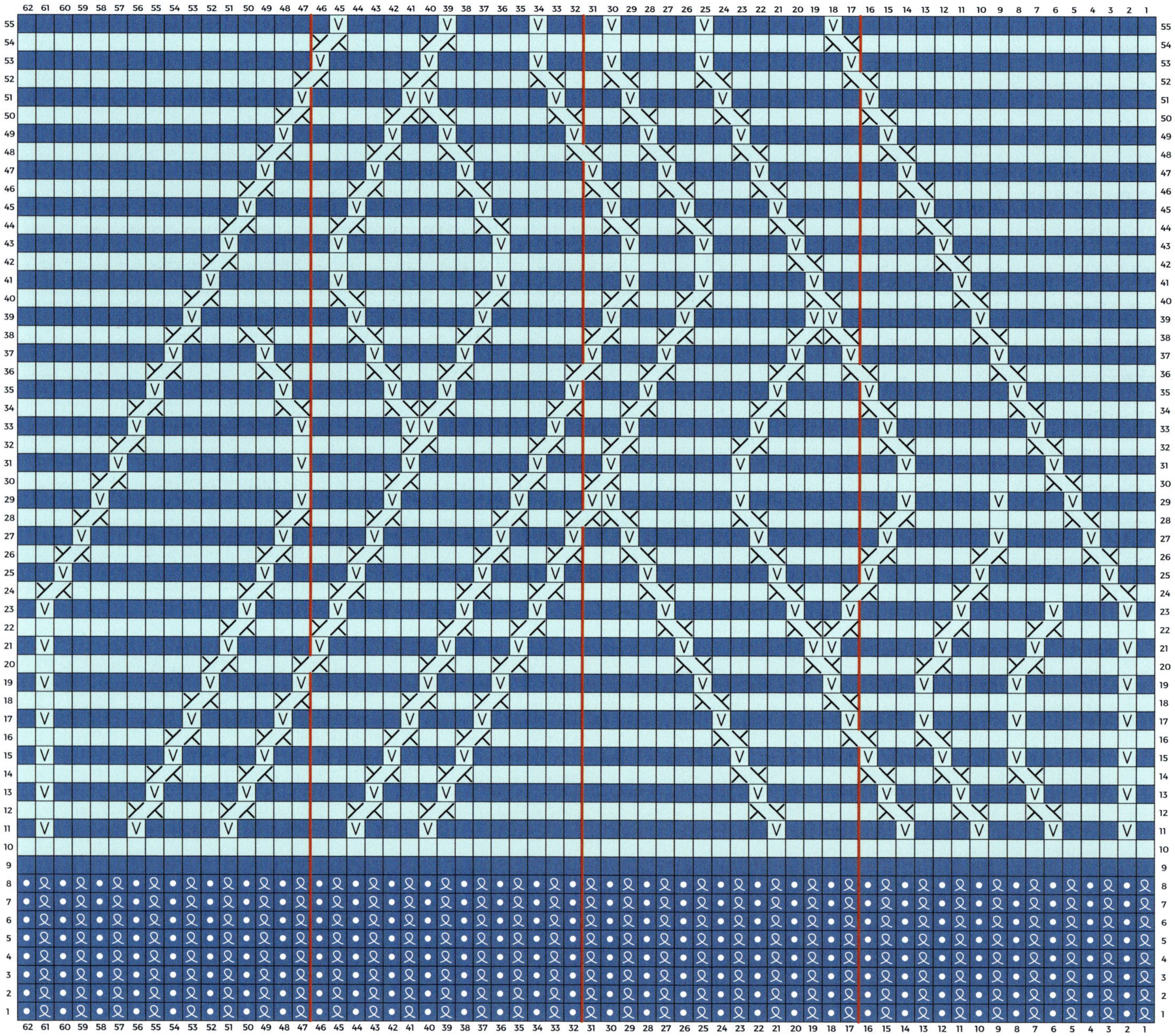

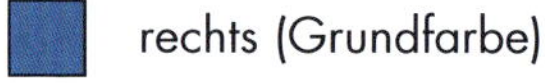

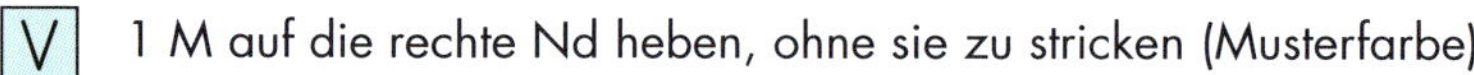

- rechts (Grundfarbe)
- rechts (Musterfarbe)
- rechts verschränkt (Grundfarbe)
- links (Grundfarbe)
- 1 M auf die rechte Nd heben, ohne sie zu stricken (Musterfarbe)
- 1 M auf Hilfsnd vor die Arbeit legen, 1 M re, die 1 M der Hilfsnd re (Musterfarbe)
- 1 M auf Hilfsnd hinter die Arbeit legen, 1 M re, die 1 M der Hilfsnd re (Musterfarbe)
- Nadelverteilung

STRICKSCHRIFT A2, LINKE SOCKE

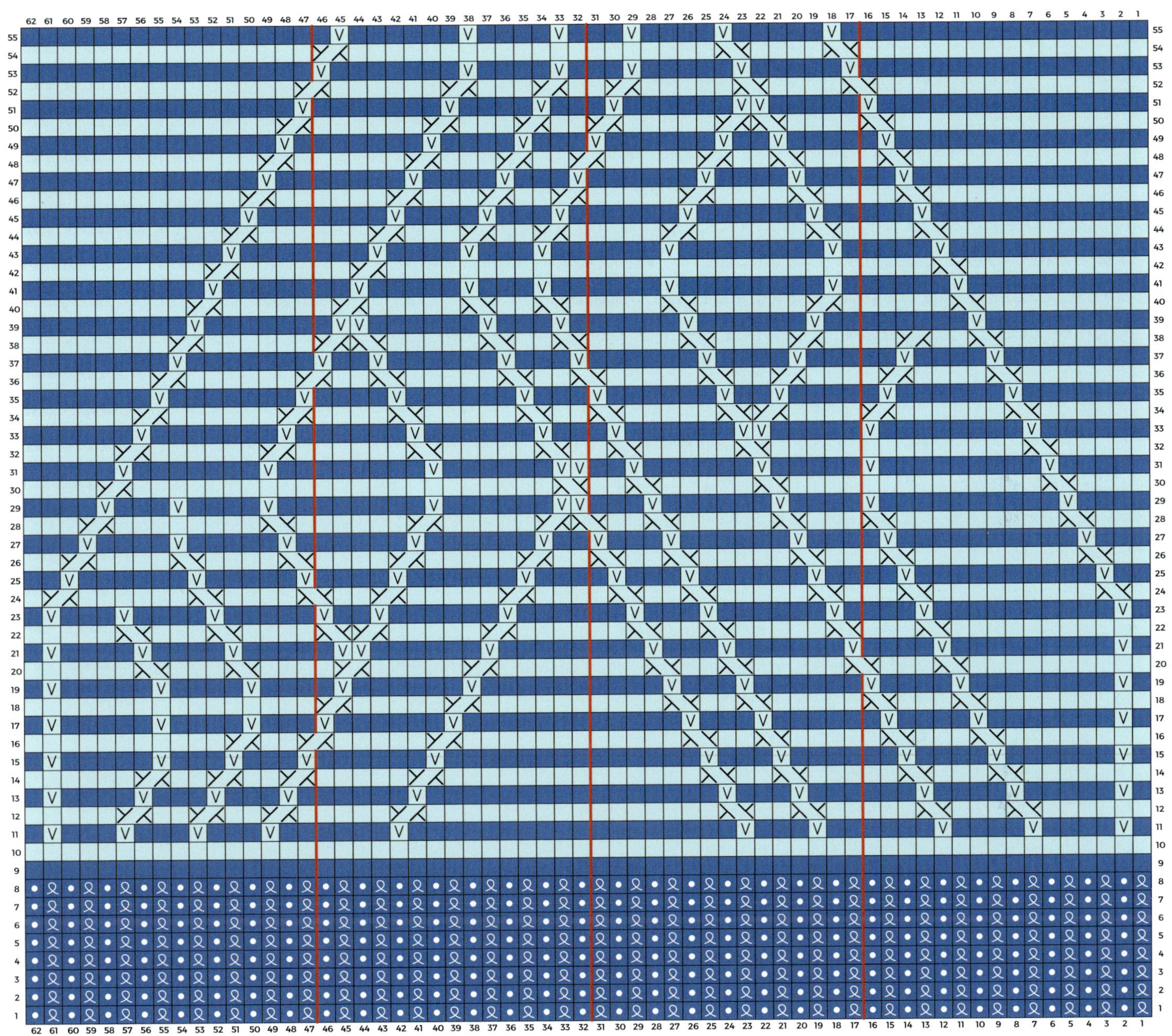

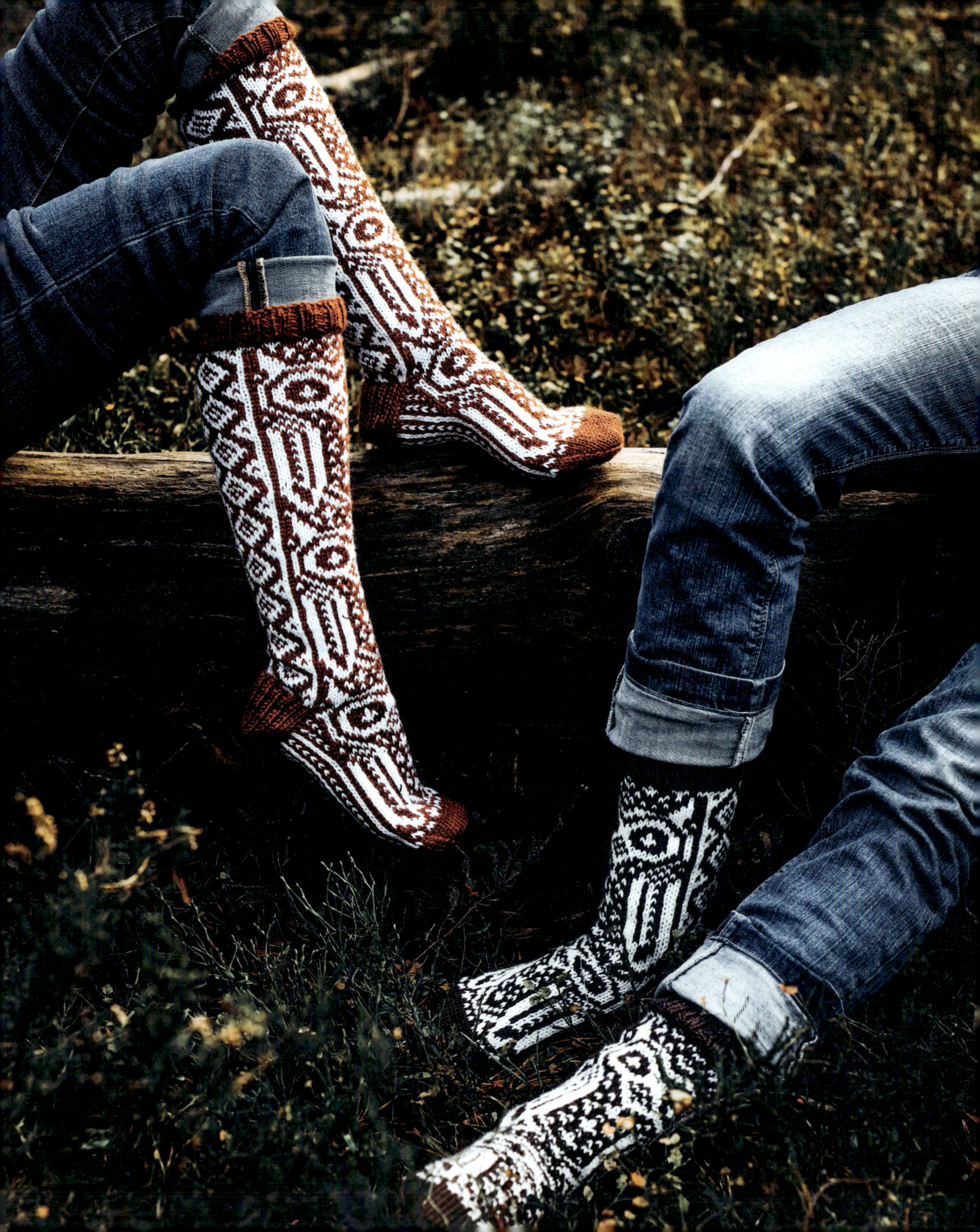

Hörst du die Nacht?

In diesem Modell vereinen sich Magie, Weisheit und der Charme der Nacht. Fröhlich unter dem Sternenhimmel, Spaziergänge im Mondlicht und zärtliche Rufe in der Dunkelheit. Die dicken, langen Socken mit Einstrickmuster wärmen bis zu den Knien, die Ferse im Bündchenmuster sorgt bei beiden Modellen für einen weichen Auftritt.

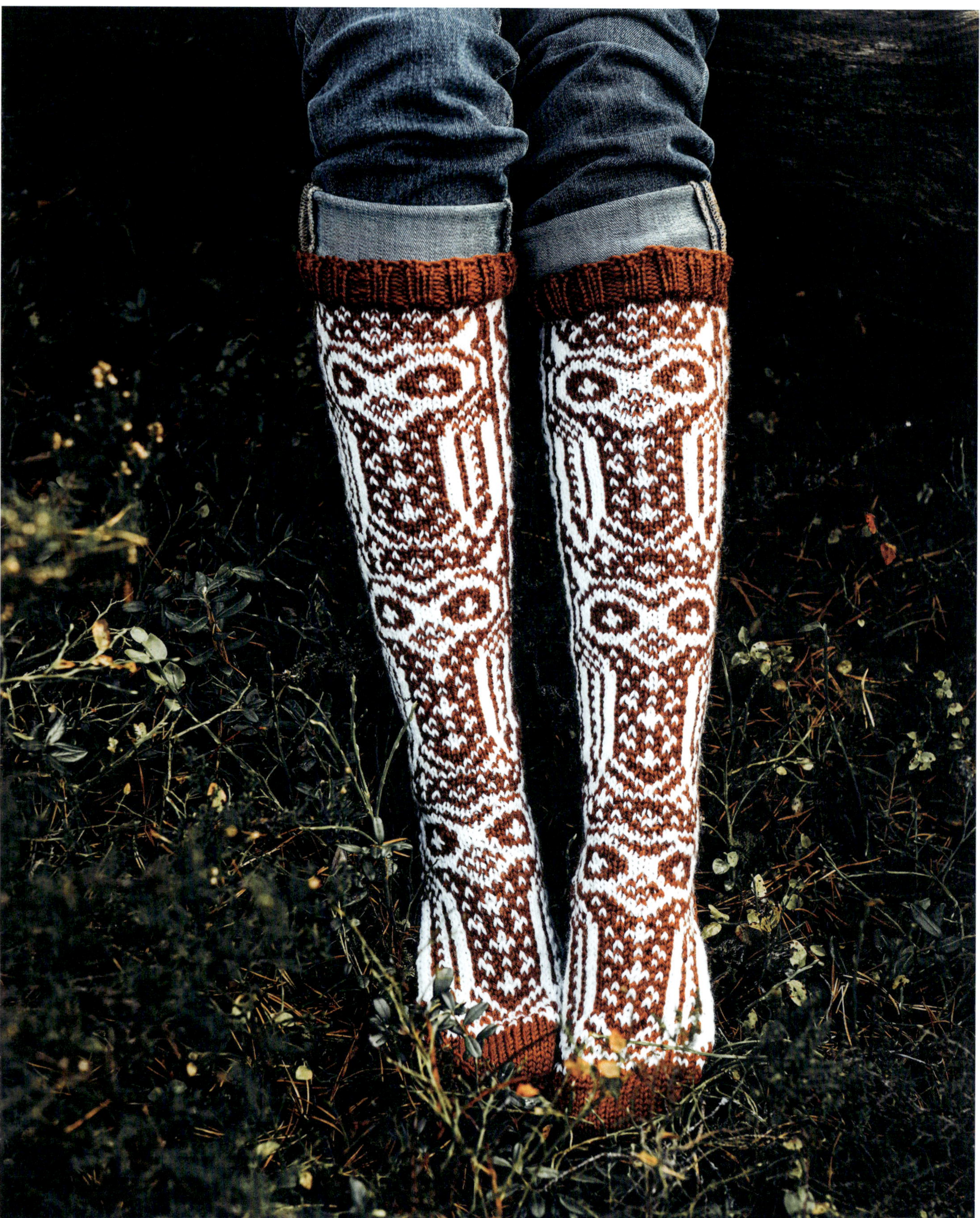

Hörst du die Nacht?

Größe: 39

Garn: Gjestal Janne (50 g = 100 m), Grundfarbe 437 Rostbraun, Musterfarbe 402 Weiß

Garnverbrauch: Grundfarbe 130–150 g, Musterfarbe 80–90 g

Nadelspiel: Nr. 3,5

Maschenprobe: 20 M und 26 Rd = 10 cm x 10 cm x 10 cm

BEVOR SIE BEGINNEN

Die Strickschriften werden von unten nach oben und von rechts nach links gelesen. Die Anleitung ist für zwei Schäfte unterschiedlicher Größe (mittel und breit): Laut Strickschrift A1 gearbeitete Socken passen für einen Wadenumfang von ca. 35–39 cm, laut Strickschrift A2 gearbeitete Socken für einen Wadenumfang von ca. 40–45 cm. Die Ferse und der Fußteil werden für beide Größen nach derselben Anleitung gearbeitet.

SCHAFT (MITTEL)

64 M in der Grundfarbe anschlagen und auf den Nd verteilen: 16-16-16-16. Das Bündchenmuster laut Strickschrift A1, Rd 1–9 arbeiten. Die 10. Rd rechts stricken, dabei 1 M zunehmen. Nadelverteilung: 16-17-16-16 .

Das Einstrickmuster laut Strickschrift A1 ab der 11. Rd beginnen und den Schaft laut Strickschrift arbeiten, dabei in den unten genannten Rd im Anfangsbereich der 1. Nd und im Endbereich der 4. Nd an den in der Strickschrift markierten Stellen abnehmen.

Abnahmen:

41. Rd: Abnahme mit der 4. Nd. Es sind 64 M übrig.
42. Rd: Abnahme mit der 1. Nd. (63 M)
53. Rd: Abnahme mit der 4. Nd. (62 M)
54. Rd: Abnahme mit der 1. Nd. (61 M)
Bitte beachten! In der 55. Rd die M neu verteilen: 18-13-12-18.
60. Rd: Abnahme mit der 4. Nd. (60 M)
61. Rd: Abnahme mit der 1. Nd. (59 M)
66. Rd: Abnahme mit der 4. Nd. (58 M)
67. Rd: Abnahme mit der 1. Nd. (57 M)
71. Rd: Abnahme mit der 4. Nd. (56 M)
72. Rd: Abnahme mit der 1. Nd. (55 M)
76. Rd: Abnahme mit der 4. Nd. (54 M)
77. Rd: Abnahme mit der 1. Nd. (53 M)
81. Rd: Abnahme mit der 1. Nd. (52 M)

Wenn alle 104 Rd für den Schaft gestrickt sind, die M auf den Nd kontrollieren: 13-13-12-14.

SCHAFT (BREIT)

72 M in der Grundfarbe anschlagen und auf den Nd verteilen: 18-18-20-16. Das Bündchenmuster laut Strickschrift A2, Rd 1–9 stricken. Die 10. Rd rechts stricken, dabei 1 M zunehmen und die M wie folgt auf den Nd verteilen: 18-19-18-18.

Das Einstrickmuster laut Strickschrift A2 ab der 11. Rd beginnen und den Schaft laut der Strickschrift arbeiten, dabei in den unten genannten Rd an den in der Strickschrift markierten Stellen abnehmen.

Abnahmen:

38. Rd: Abnahme mit der 4. Nd. Es sind 72 M übrig.
39. Rd: Abnahme mit der 1. Nd.
45. Rd: Abnahme mit der 4. Nd. (70 M)
46. Rd: Abnahme mit der 1. Nd.

50. Rd: Abnahme mit der 4. Nd. (68 M)
51. Rd: Abnahme mit der 1. Nd.
55. Rd: Abnahme mit der 4. Nd. (66 M)
56. Rd: Abnahme mit der 1. Nd.

Bitte beachten! In der 55. Rd die M neu verteilen: 20-13-12-20.

60. Rd: Abnahme mit der 4. Nd. (64 M)
61. Rd: Abnahme mit der 1. Nd.
65. Rd: Abnahme mit der 4. Nd. (62 M)
66. Rd: Abnahme mit der 1. Nd.
70. Rd: Abnahme mit der 4. Nd. (60 M)
71. Rd: Abnahme mit der 1. Nd.
75. Rd: Abnahme mit der 4. Nd. (58 M)
76. Rd: Abnahme mit der 1. Nd.
80. Rd: Abnahme mit der 4. Nd. (56 M)
81. Rd: Abnahme mit der 1. Nd.
85. Rd: Abnahme mit der 4. Nd. (54 M)
86. Rd: Abnahme mit der 1. Nd.
89. Rd: Abnahme mit der 1. Nd. (52 M)

Wenn alle 104 Rd für den Schaft gestrickt sind, die M auf den Nd kontrollieren: 13-13-12-14.

FERSE

Die Fersenwand in der Grundfarbe verstärkt stricken, dazu die M der 1. Nd auf die 4. Nd stricken (insg. 27 M). Die restlichen M bleiben ungestrickt. Die Arbeit wenden und die 1. M li abheben, ohne sie zu stricken, die übrigen M li stricken, dabei 3 M abnehmen, damit die Fersenwand insg. 24 M hat.

1. R (Hin-R): Die Arbeit wenden, *1 M re abheben, ohne sie zu stricken, 1 M re, * bis R-Ende wiederholen.
2. R (Rück-R): Die Arbeit wenden, 1 M li abheben, ohne sie zu stricken, 1 M li, *1 M re, 1 M li, ab * bis R-Ende wiederholen.

Diese zwei R wiederholen, bis für die verstärkte Fersenwand 24 R gestrickt sind und zuletzt eine Rück-R gestrickt wurde.

Für die Käppchenabnahmen weiterhin verstärkt stricken. Auf der rechten Seite der Arbeit beginnen, bis noch 9 M auf der Nd sind. 1 Übz stricken und die Arbeit wenden. Auf der anderen Nd sind 7 M. 1 M li abheben, ohne sie zu stricken, und verstärkt stricken, bis 9 M übrig sind. 2 M li zus, wenden. 1 M re abheben, ohne sie zu stricken, und verstärkt stricken, bis 8 M übrig sind. 1 Übz stricken, wenden. 1 M li abheben, ohne sie zu stricken, und verstärkt stricken, bis 8 M übrig sind. 2 M li zus, wenden. So fortfahren, dabei werden die äußeren M in jeder R reduziert, die mittleren M bleiben gleich (8 M).

Wenn die äußeren M aufgebraucht sind, die M der Fersenwand auf 2 Nd verteilen (4-4). 4 M re stricken, sodass der Faden zwischen der 1. und 4. Nd liegt.

FUSSTEIL

Aus dem Fersenrand mit der 1. Nd 14 M auffassen, mit der 4. Nd aus dem anderen Fersenrand ebenfalls 14 M auffassen. Die Arbeit hat jetzt 61 M. Weiter das Einstrickmuster laut Strickschrift B ab Rd 1 stricken und die aus dem Fersenrand aufgefassten M re verschränkt stricken.

Für die Zwickelabnahmen in den in der Strickschrift B angegebenen Rd (2, 4, 6, 8, 10 und 12) am Ende der 1. Nd 2 M re zus, am Anfang der 4. Nd 1 ssk oder Übz stricken. Die grau markierten Karos stellen keine Maschen dar. Nach den Zwickelabnahmen sind 49 M übrig (12-13-12-12). Mit dem Einstrickmuster laut Strickschrift fortfahren. Wenn Rd 37 der Strickschrift gestrickt ist, noch 1 Rd in Rostbraun stricken, dabei am Ende der 4. Nd 1 M abnehmen. Die M auf den Nd verteilen: 12-12-12-12.

In der Grundfarbe eine breite Bandspitze arbeiten:

1. und 3. Nd: Re stricken, bis noch 3 M übrig sind, 2 M re zus, 1 M re.
2. und 4. Nd: 1 M re, ssk oder Übz, die restlichen M re stricken.

Die Abnahmen zunächst in jeder 2. Rd stricken. Wenn 8 M pro Nd (insg. 32 M) übrig sind, die Abnahmen in jeder Rd stricken.

Wenn insg. noch 8 M übrig sind, den Faden abschneiden und durch die M ziehen.

Die Fadenenden vernähen und die Socken leicht dämpfen.

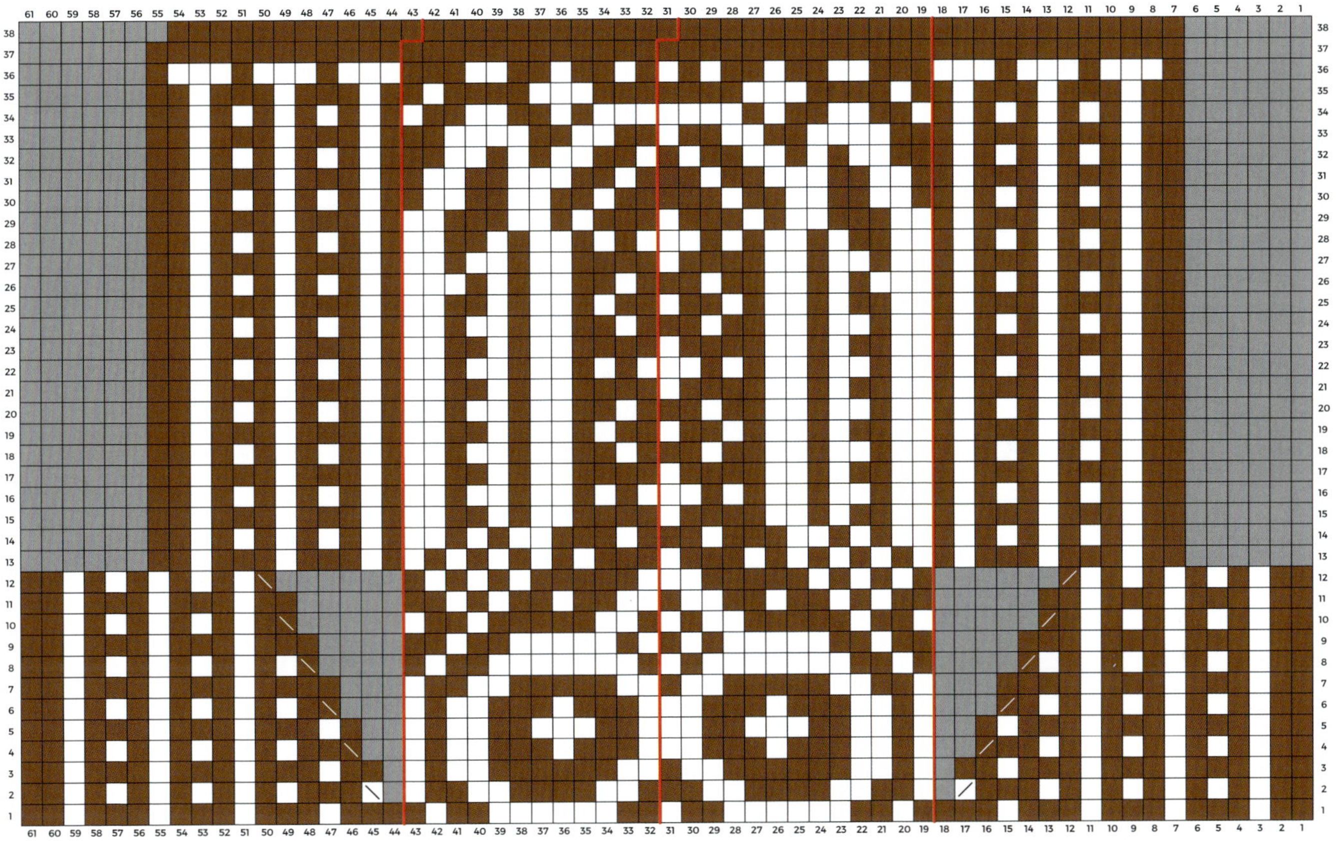

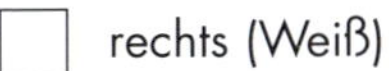

rechts (Weiß)

rechts (Rostbraun)

links (Rostbraun)

ssk: 2 M einzeln wie zum Rechtsstricken abheben, zurück auf linke Nd legen, von hinten 2 M re zus (Weiß)

2 M re zus (Weiß)

ssk: 2 M einzeln wie zum Rechtsstricken abheben, zurück auf linke Nd legen, von hinten 2 M re zus (Rostbraun)

2 M re zus (Rostbraun)

keine M

Nadelverteilung

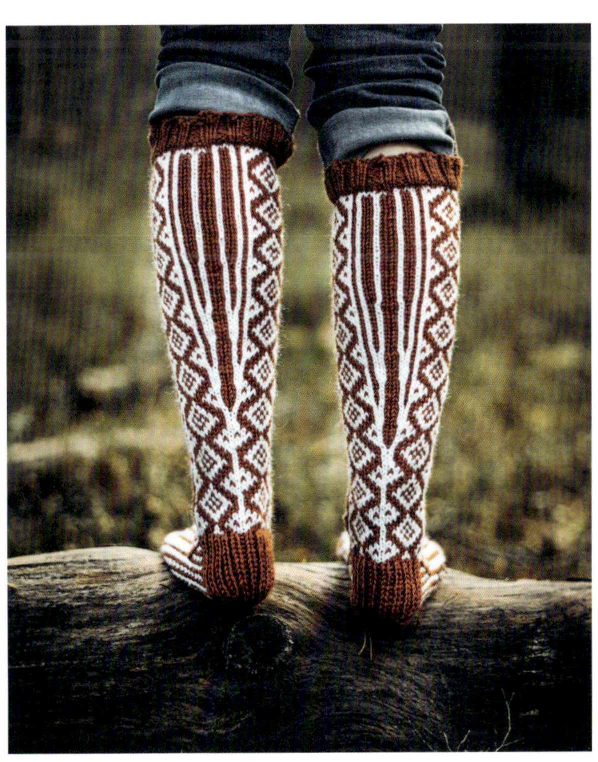

STRICKSCHRIFT A1, SCHAFT (MITTEL)

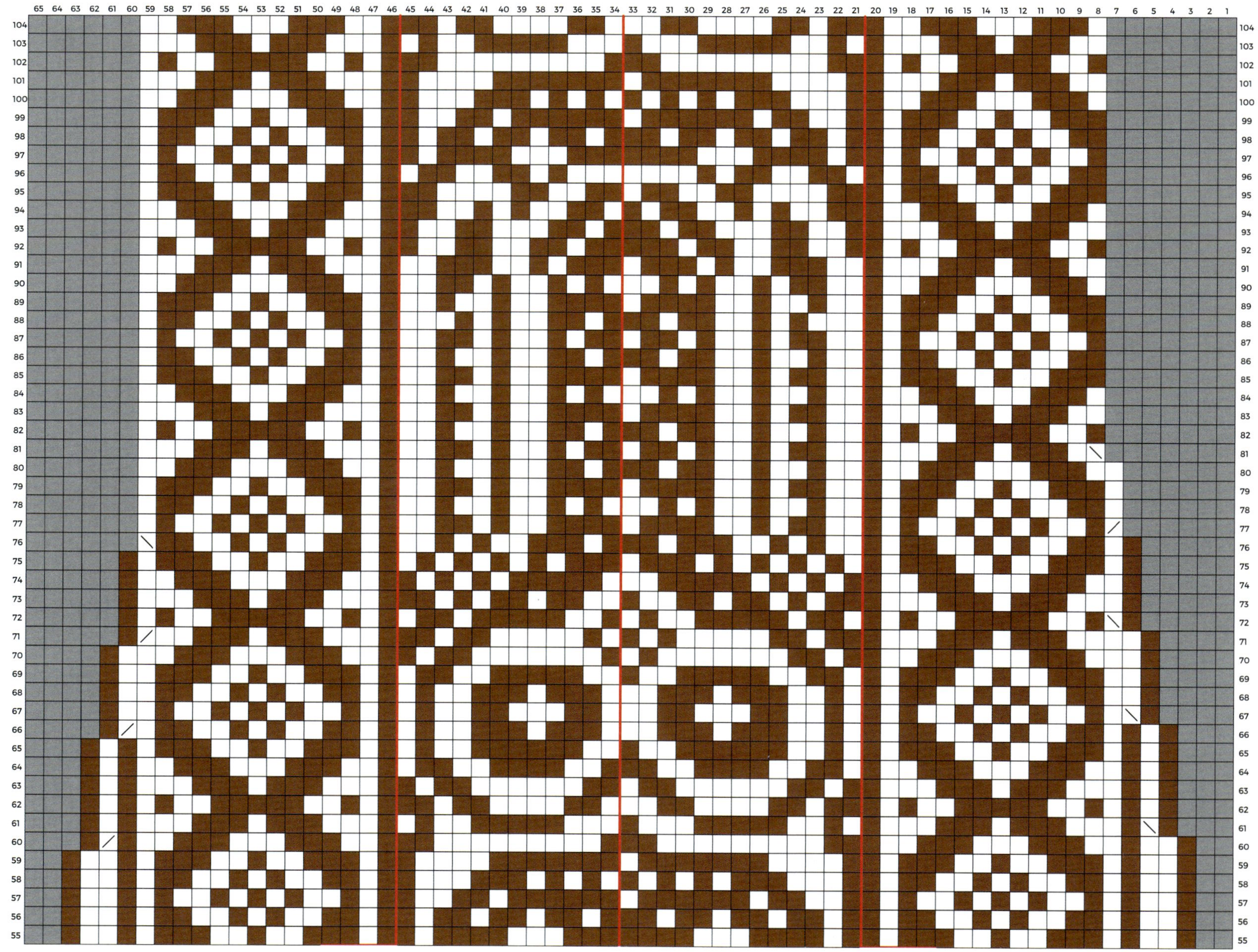

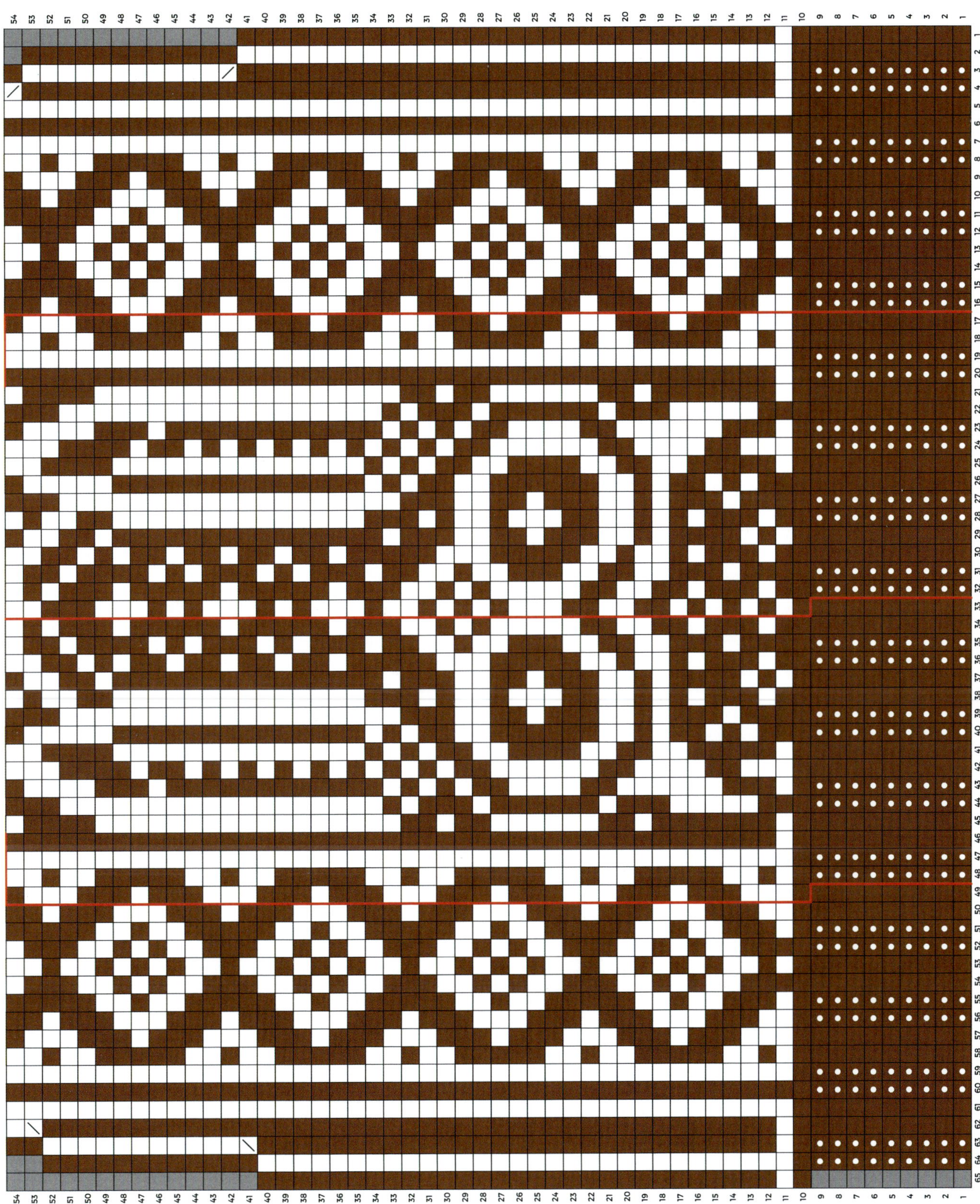

STRICKSCHRIFT A2, SCHAFT (BREIT)

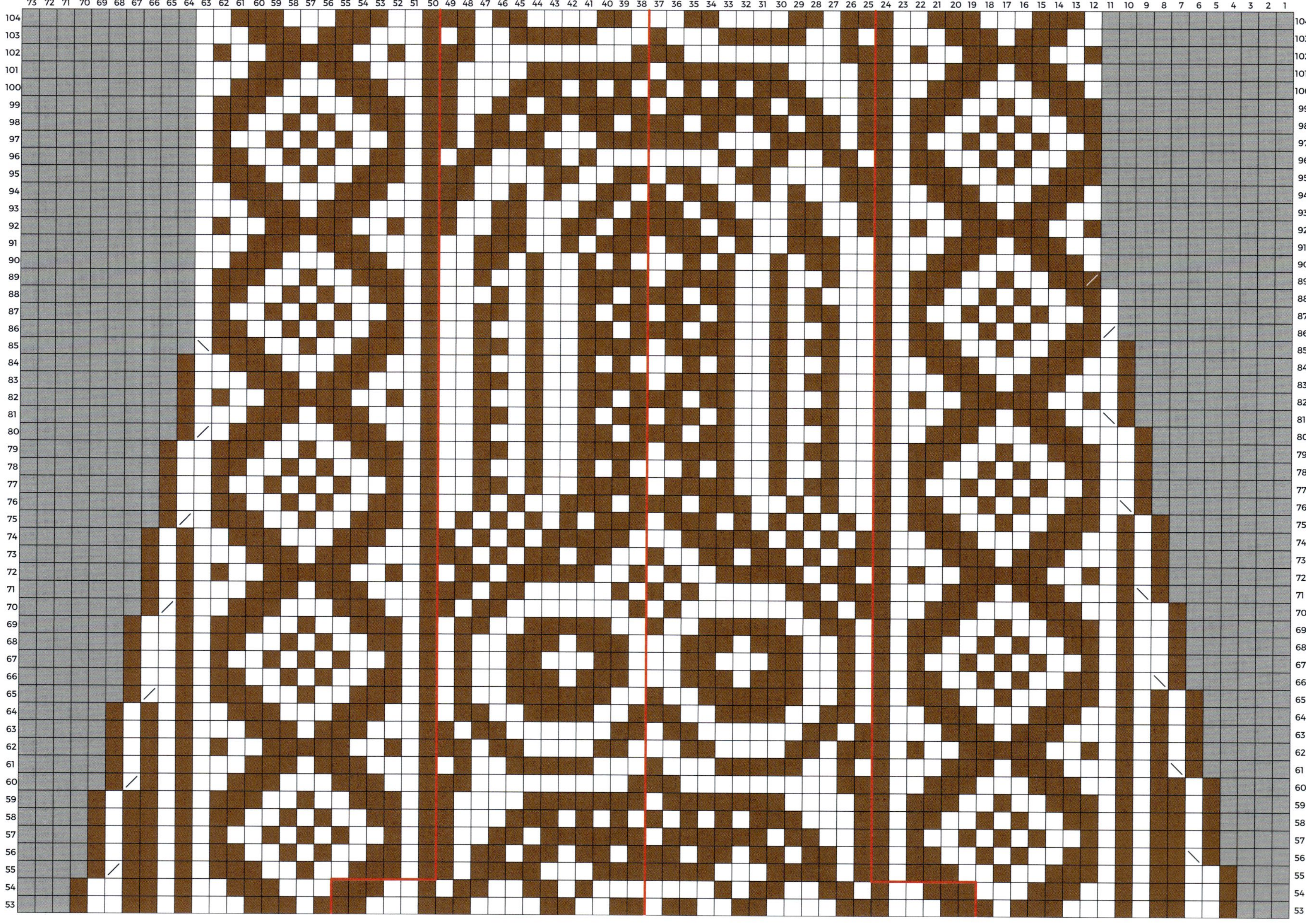

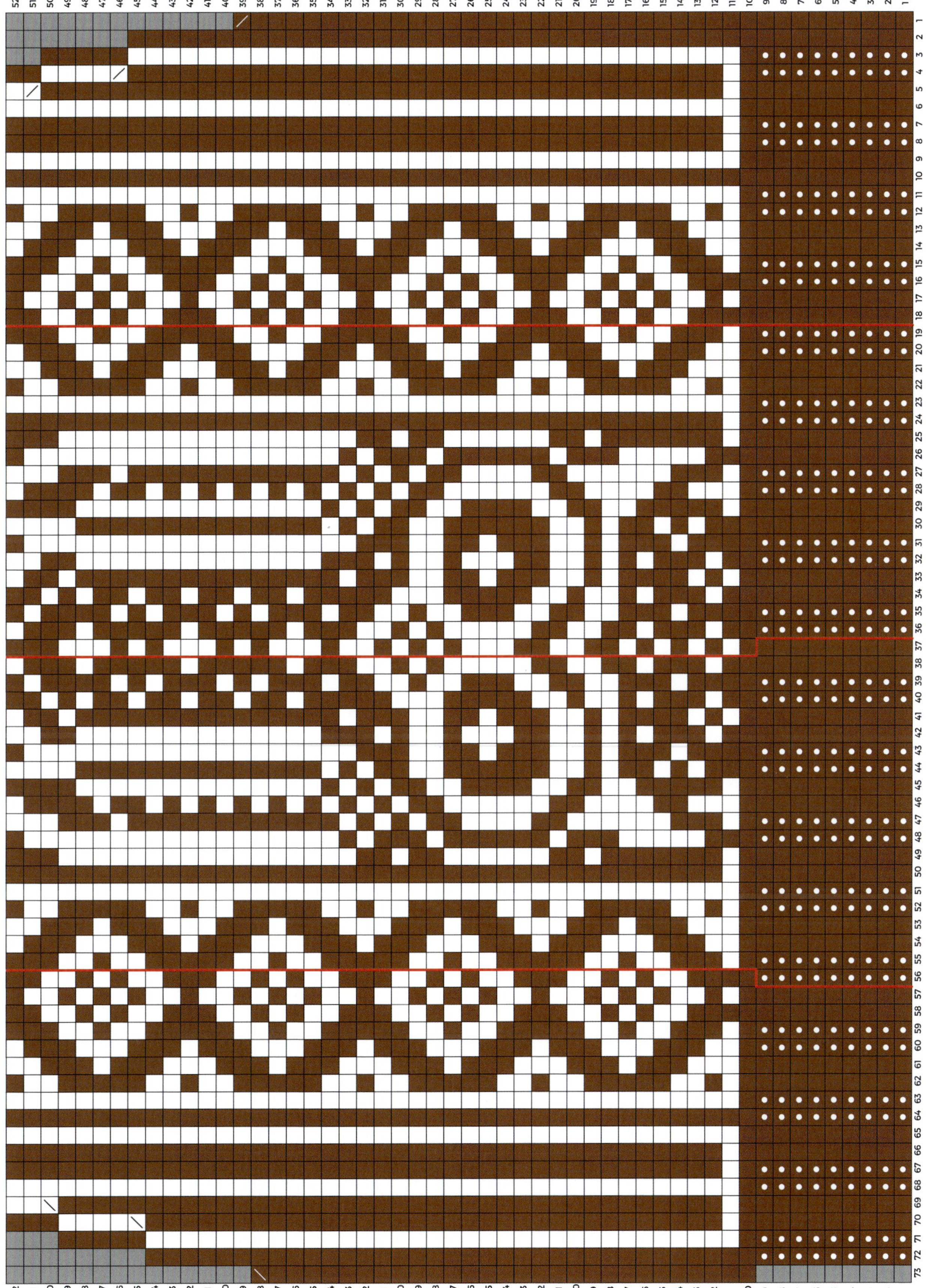

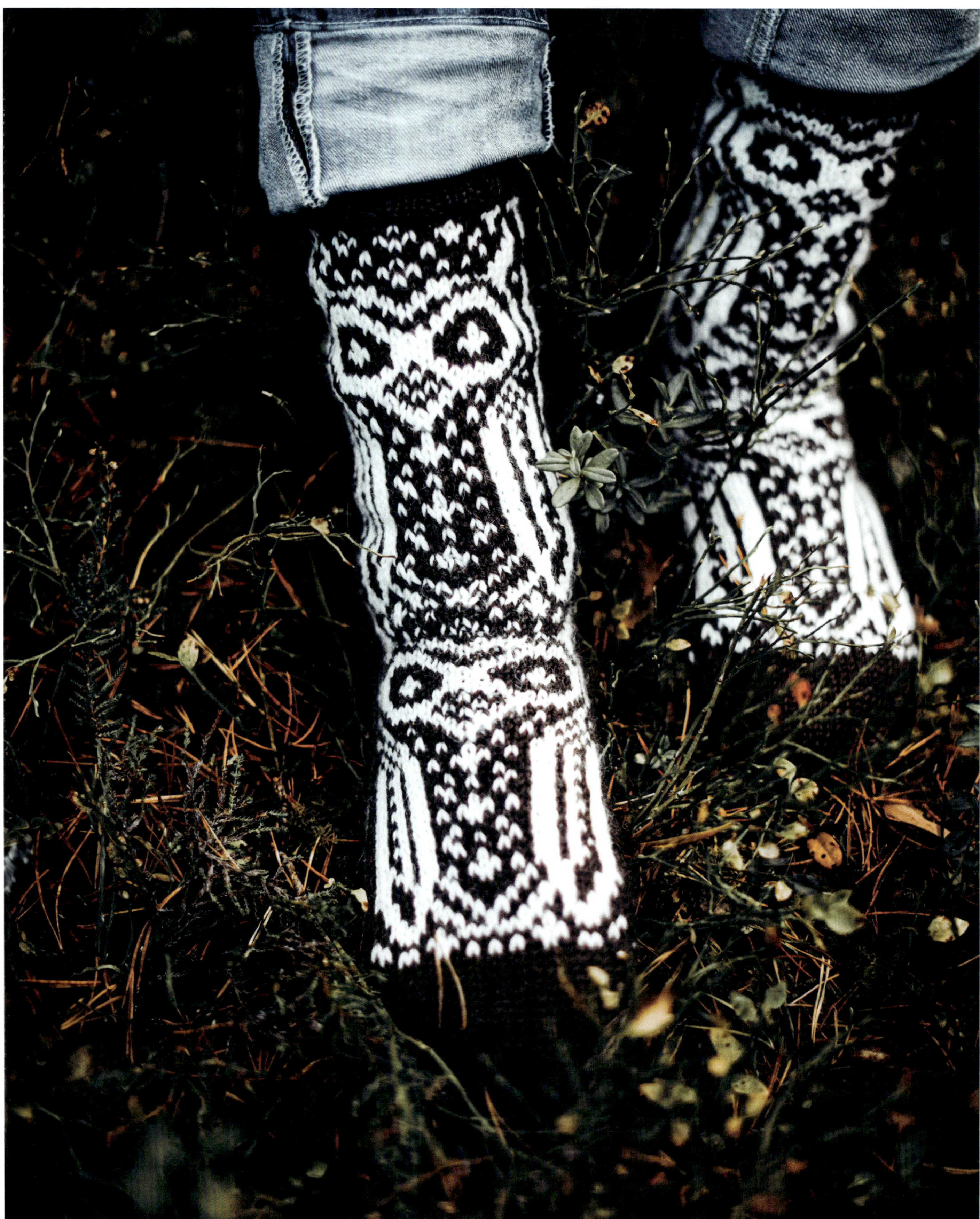

Hörst du die Nacht?

Größe: 42

Garn: Gjestal Janne (50 g = 100 m), Grundfarbe 455 Braun, Musterfarbe 400 Naturweiß

Garnverbrauch: Grundfarbe 140 g, Musterfarbe 80 g

Nadelspiel: Nr. 3,5

Maschenprobe: 20 M und 26 Rd = 10 cm x 10 cm

BEVOR SIE BEGINNEN

Die Strickschriften werden von unten nach oben und von rechts nach links gelesen.

SCHAFT

55 M in der Grundfarbe anschlagen und auf den Nd verteilen: 13-14-14-14. Das Bündchenmuster laut Strickschrift A, Rd 1–9 arbeiten, und die 10. Rd rechts stricken. Die M neu verteilen: 14-14-13-14. Das Einstrickmuster laut Strickschrift A ab der 11. Rd beginnen und alle 58 Rd für den Schaft arbeiten.

FERSE

Die Fersenwand in der Grundfarbe verstärkt stricken, dazu die M der 1. Nd auf die 4. Nd stricken (insg. 28 M). Die restlichen M bleiben ungestrickt. Die Arbeit wenden und die 1. M li abheben, ohne sie zu stricken, die übrigen M li stricken, dabei 2 M abnehmen, damit die Fersenwand insg. 26 M hat.

1. R (Hin-R): Die Arbeit wenden, *1 M abheben, ohne sie zu stricken, 1 M re, * bis R-Ende wiederholen.

2. R (Rück-R): Die Arbeit wenden, 1 M li abheben, ohne sie zu stricken, 1 M li, *1 M re, 1 M li, ab * bis R-Ende wiederholen.

Diese zwei R wiederholen, bis für die verstärkte Fersenwand 26 R gestrickt sind und zuletzt eine Rück-R gestrickt wurde.

Für die Käppchenabnahmen weiterhin verstärkt stricken. Auf der rechten Seite der Arbeit beginnen, bis noch 9 M auf der Nd sind. 1 Übz stricken und die Arbeit wenden. Auf der anderen Nd sind 7 M.

1 M li abheben, ohne sie zu stricken, und verstärkt stricken, bis 9 M übrig sind. 2 M li zus, wenden.

1 M re abheben, ohne sie zu stricken, und verstärkt stricken, bis 8 M übrig sind. 1 Übz stricken, wenden.

1 M li abheben, ohne sie zu stricken, und verstärkt stricken, bis 8 M übrig sind. 2 M li zus, wenden. So fortfahren, dabei werden die äußeren M in jeder R reduziert, die mittleren M bleiben gleich (10 M).

Wenn die äußeren M aufgebraucht sind, die M der Fersenwand auf 2 Nd verteilen (5-5). 5 M re stricken, sodass der Faden zwischen der 1. und 4. Nd liegt.

FUSSTEIL

Aus dem Fersenrand mit der 1. Nd 15 M auffassen, mit der 4. Nd aus dem anderen Fersenrand ebenfalls 15 M auffassen. Die Arbeit hat jetzt 67 M. Weiter das Einstrickmuster laut Strickschrift B ab Rd 1 stricken, die aus dem Fersenrand aufgefassten M re verschränkt stricken.

Für die Zwickelabnahmen in den in der Strickschrift B angegebenen Rd (2, 4, 6, 8, 10 und 12) am Ende der 1. Nd 2 M re zus, am Anfang der 4. Nd 1 ssk oder Übz stricken. Die grau markierten Karos stellen keine Maschen dar.

Nach den Zwickelabnahmen sind 55 M übrig (14-14-13-14). Mit dem Einstrickmuster laut Strickschrift fortfahren.

Wenn Rd 42 der Strickschrift gestrickt ist, in der Grundfarbe eine breite Bandspitze arbeiten:
1. und 3. Nd: Re stricken, bis noch 3 M übrig sind, 2 M re zus, 1 M re.
2. und 4. Nd: 1 M re, ssk oder Übz, die restlichen M re stricken.

Die Abnahmen zunächst in jeder 2. Rd stricken. Wenn insg. noch 35 M (9-9-8-9) übrig sind, in jeder Rd abnehmen. In der letzten Rd mit der 3. Nd nicht mehr abnehmen.

Wenn insg. noch 8 M übrig sind, den Faden abschneiden und durch die M ziehen.

Die Fadenenden vernähen und die Socken leicht dämpfen.

- rechts (Naturweiß)
- rechts (Braun)
- links (Braun
- ssk: 2 M einzeln wie zum Rechtsstricken abheben, zurück auf linke Nd legen, von hinten 2 M re zus (Naturweiß)
- 2 M re zus (Naturweiß)
- ssk: 2 M einzeln wie zum Rechtsstricken abheben, zurück auf linke Nd legen, von hinten 2 M re zus (Braun)
- 2 M re zus (Braun)
- keine M
- Nadelverteilung

STRICKSCHRIFT B

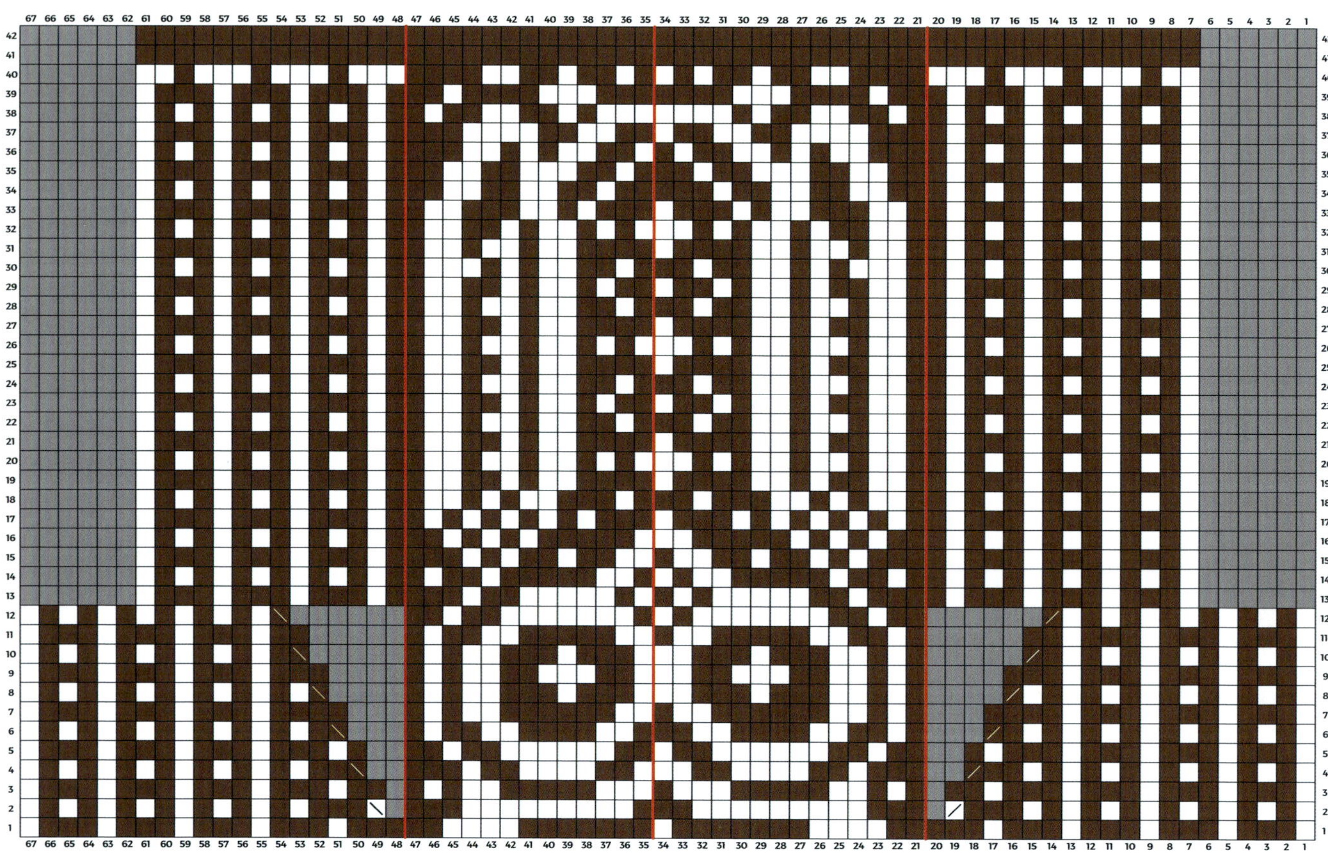

STRICKSCHRIFT A

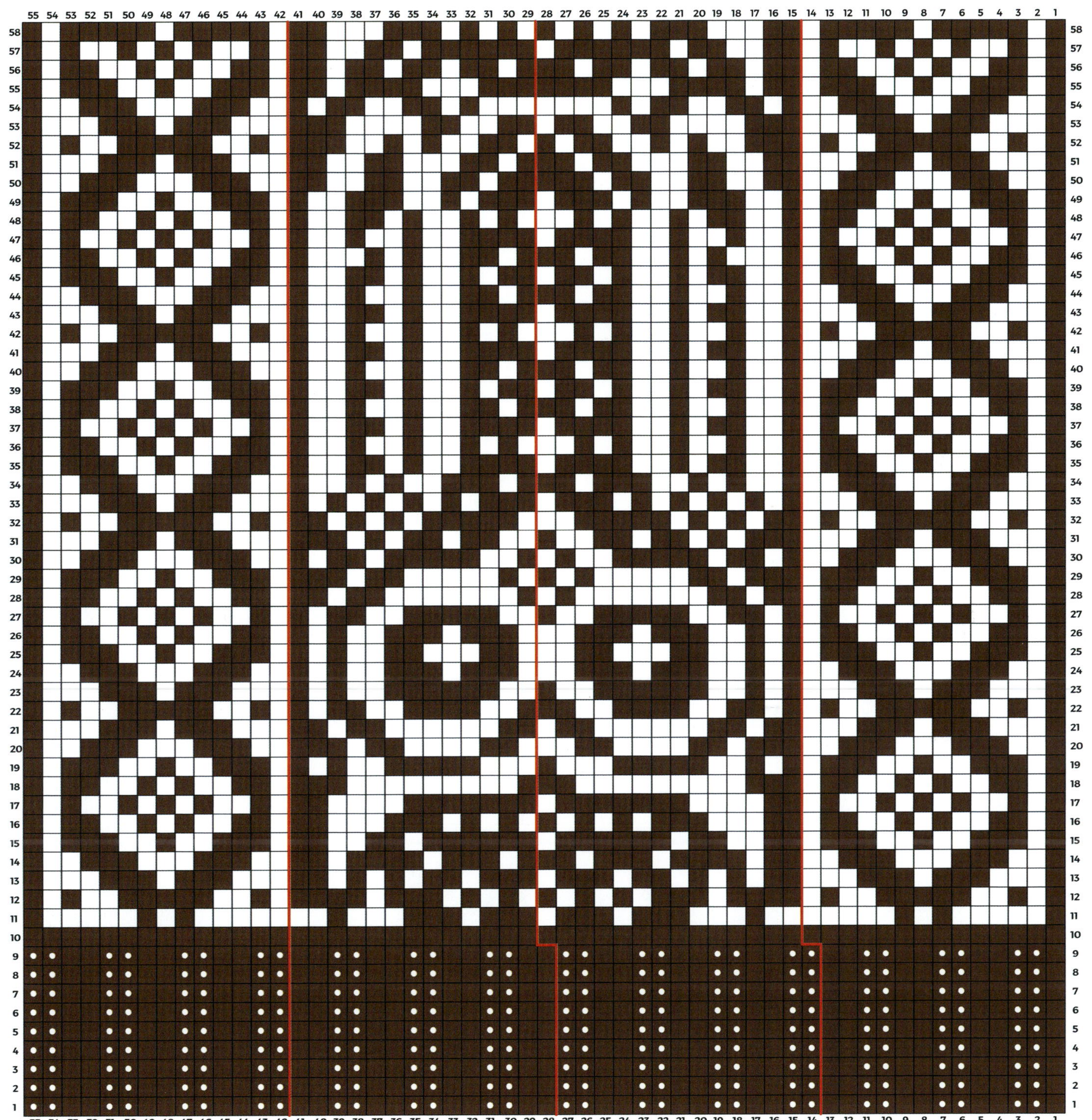

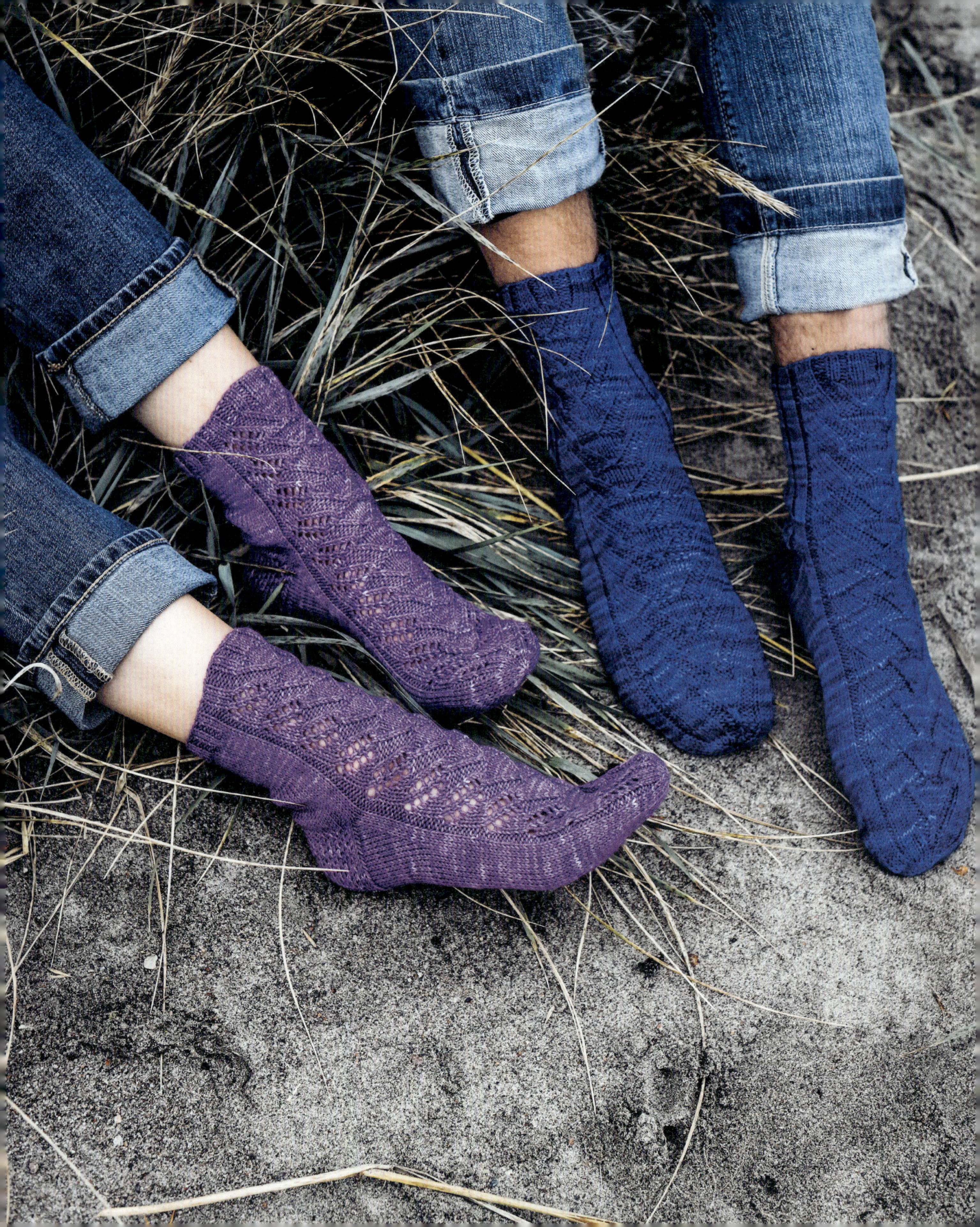

Das Wasser unter dem Wasser

Du bist mein Schatz, das Wasser unter dem Wasser, der Rückenwind meiner Emotionen. Die Musterung der Socken mit süßem Spitzenmuster auf der Vorderseite fließt hinab wie ein anmutiger Wasserfall.

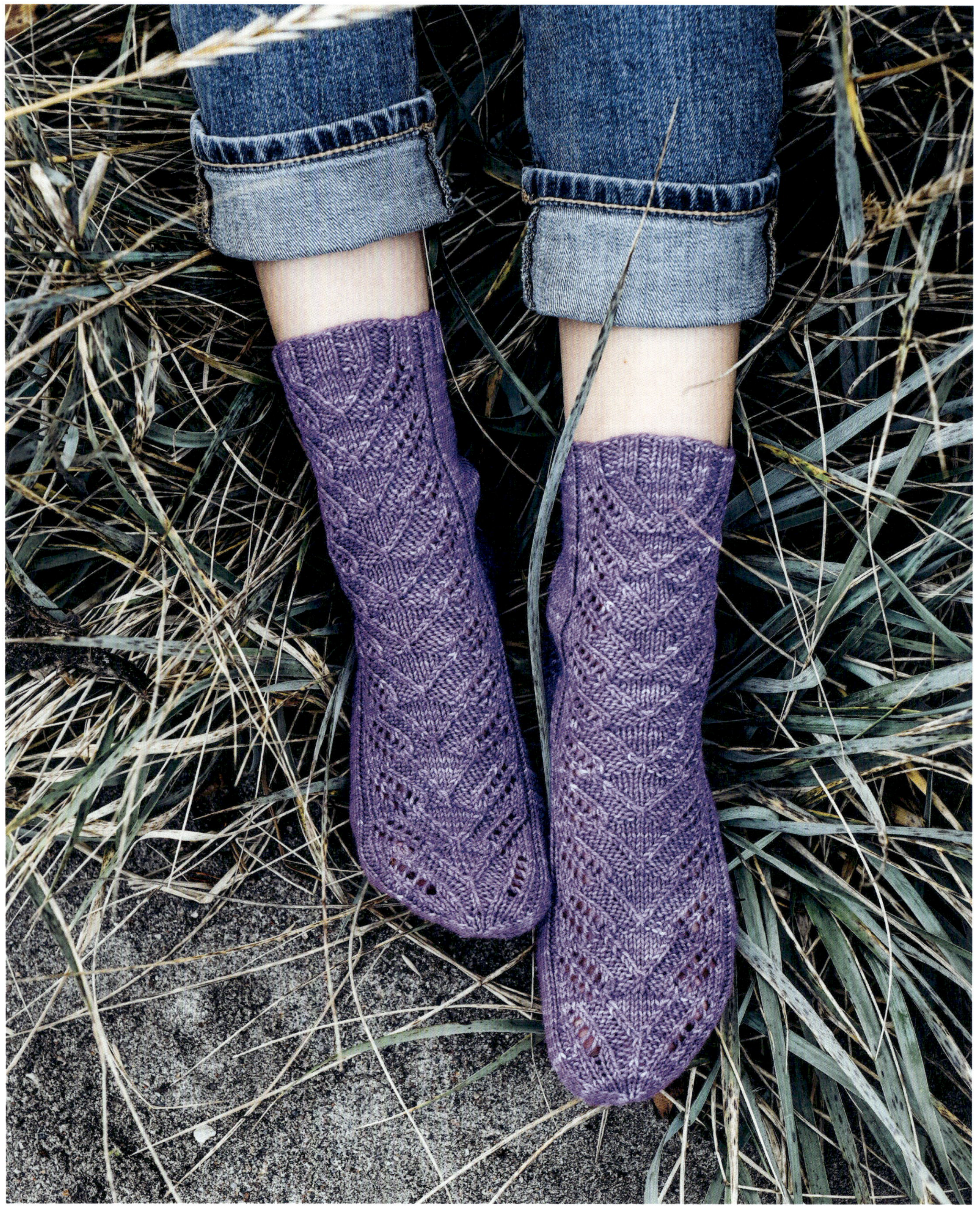

Das Wasser unter dem Wasser

Größe:: 38/39

Garn: Riikka-Piikan Hip Hei Merinosukka (100 g = 400 m), Farbe Kevätlinnunherne (Lila)

Garnverbrauch: 60 g

Nadelspiel: Nr. 2,5

Maschenprobe: 28 M und 36 Rd = 10 cm x 10 cm

SCHAFT

65 M anschlagen und auf den Nd verteilen: 16-16-15-18. Im Bündchenmuster 8 Rd wie folgt stricken:

1. Nd: 2 M re, 2 M li, 2 M re, 2 M li, 2 M re, 2 M li, 2 M re, 2 M li.

2. Nd: 2 M re, 2 M li, 3 M re, 3 M li, 2 M re, 2 M li, 2 M re.

3. Nd: 1 M re, 2 M li, 2 M re, 3 M li, 3 M re, 2 M li, 2 M re.

4. Nd: 2 M li, 2 M re, 2 M li, 2 M re, 2 M li, 2 M re, 2 M li, 2 M re, 2 M li.

Dann mit der 1. und 4. Nd re M und mit der 2. und 3. Nd im Muster laut Strickschrift A stricken, dabei Rd 1–10 fortlaufend wiederholen. Wenn für den Schaft inkl. Bündchen 48 Rd gestrickt sind und zuletzt Rd 10 der Strickschrift gestrickt wurde, mit der Ferse beginnen.

FERSE

Um mit der versetzt verstärkten Fersenwand zu beginnen, die M der 1. Nd auf die 4. Nd stricken (insg. 34 M). Die restlichen M bleiben ungestrickt. Die Arbeit wenden, die 1. M li abheben, ohne sie zu stricken, die übrigen M li stricken. Gleichzeitig 2 M abnehmen, damit die Ferse 32 M hat.

1. R (Hin-R): Die Arbeit wenden, *1 M abheben, 1 M re, ab * bis R-Ende wiederholen.

2. R (Rück-R): Die Arbeit wenden, 1 M li abheben, ohne sie zu stricken, die übrigen M li stricken.

3. R (Hin-R): Die Arbeit wenden, 1 M abheben, 1 M re, *1 M re, 1 M abheben, ab * wiederholen, bis noch 2 M übrig sind, 2 M re.

4. R (Rück-R): Die Arbeit wenden, 1 M li abheben, ohne sie zu stricken, die übrigen M li stricken.

Diese vier R wiederholen, bis für die Fersenwand 32 R gestrickt sind und zuletzt die 4. R gestrickt wurde.

Für die Käppchenabnahmen weiter verstärkt stricken. Auf der rechten Seite der Arbeit beginnen, bis noch 11 M auf der Nd sind. 1 ssk oder Übz stricken und die Arbeit wenden. Auf der anderen Nd sind 9 M. 1 M li abheben, ohne sie zu stricken, li M stricken, bis 11 M übrig sind. 2 M li zus, wenden. 1 M abheben, ohne sie zu stricken, und verstärkt stricken, bis noch 10 M auf der Nd sind. 1 ssk oder Übz stricken, wenden. 1 M li abheben, ohne sie zu stricken, und li stricken, bis 10 M übrig sind. 2 M li zus, wenden. So fortfahren, dabei werden die äußeren M in jeder R reduziert, die mittleren M bleiben gleich (12 M).

Wenn die äußeren M aufgebraucht sind, die M der Fersenwand auf 2 Nd verteilen (6-6). 6 M re stricken, sodass der Faden zwischen der 1. und 4. Nd liegt.

FUSSTEIL

Aus dem linken Fersenrand mit der freien Nd 18 M auffassen. Die 6 M der 1. Nd re stricken, danach die 18 aufgefassten M re verschränkt stricken.

Mit der 2. und 3. Nd das Muster laut Strickschrift A arbeiten, dabei mit Rd 1 beginnen und Rd 1–10 wiederholen. Aus dem rechten Fersenrand 18 M auffassen und re verschränkt stricken, dabei noch die 6 M der 4. Nd auf dieselbe Nd stricken. Die Arbeit hat jetzt 79 M.

Für die Zwickelabnahmen am Ende der 1. Nd 2 M re zus, am Anfang der 4. Nd in jeder 2. Rd 1 ssk oder Übz stricken. Mit der 2. und 3. Nd weiter im Muster laut Strickschrift A stricken. Mit den Zwickelabnahmen fortfahren, bis 63 M (16-16-15-16) übrig sind. Mit der 1. und 4. Nd rechts und mit der 2. und 3. Nd weiter im Muster laut Strickschrift A stricken.

Wenn nach der Fersenwand 60 Rd und zuletzt Rd 10 der Strickschrift gestrickt wurden, mit den Spitzenabnahmen beginnen.

Mit 1. und 4. Nd eine breite Bandspitze arb.:

1. Nd: Re stricken, bis noch 3 M übrig sind, 2 M re zus, 1 M re.

4. Nd: 1 M re, ssk, die restlichen M re stricken.

Die Abnahmen zunächst in jeder 2. Rd stricken. Wenn noch 10 M pro Nd übrig sind, in jeder Rd abnehmen.

Mit der 2. und 3. Nd die Spitzenabnahmen laut Strickschrift B arbeiten (Rd 1–18).

Wenn insg. noch 11 M übrig sind, den Faden abschneiden und durch die M ziehen.

Die Fadenenden vernähen und die Socken leicht dämpfen.

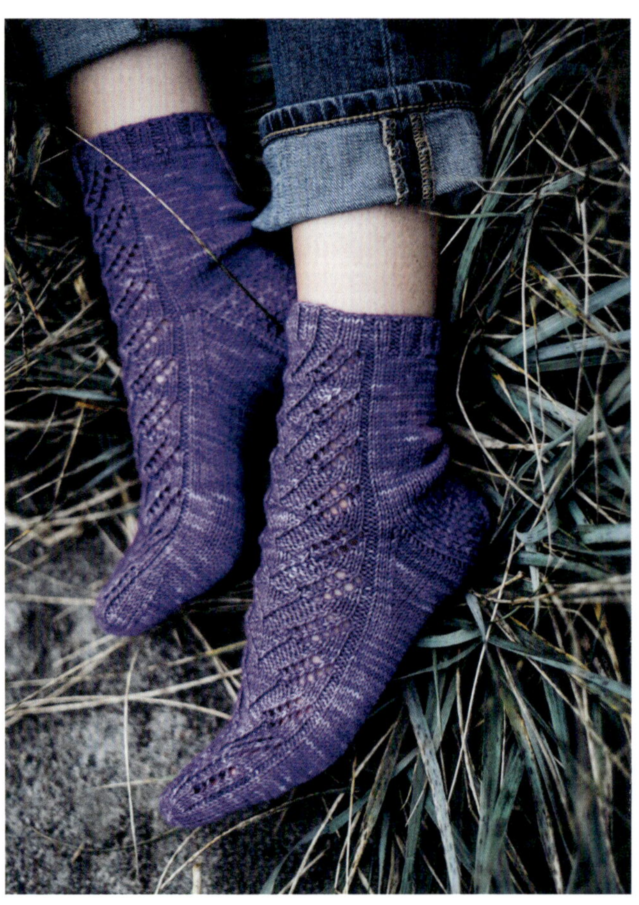

STRICKSCHRIFT A

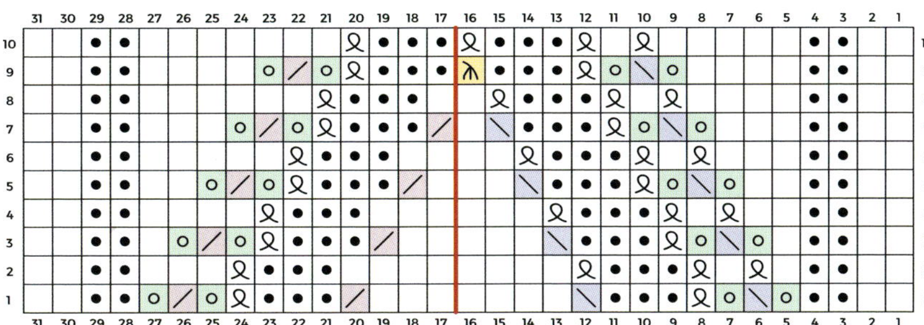

STRICKSCHRIFT B

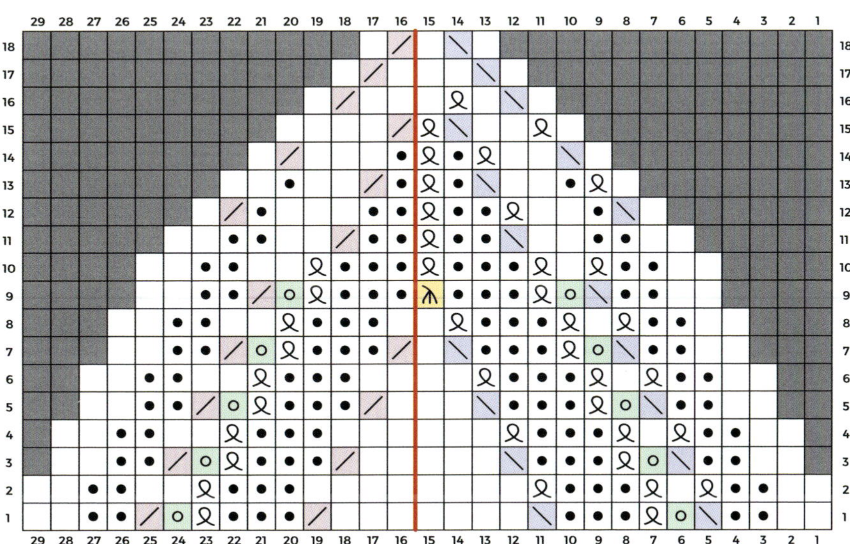

- rechts
- rechts verschränkt
- links
- Umschlag
- 2 M re zus
- ssk: 2 M einzeln wie zum Rechtsstricken abheben, zurück auf linke Nd legen, von hinten 2 M re zus
- 1 M re abheben, 2 M re zus und die abgehobene M über die gestrickten M ziehen
- Nadelverteilung

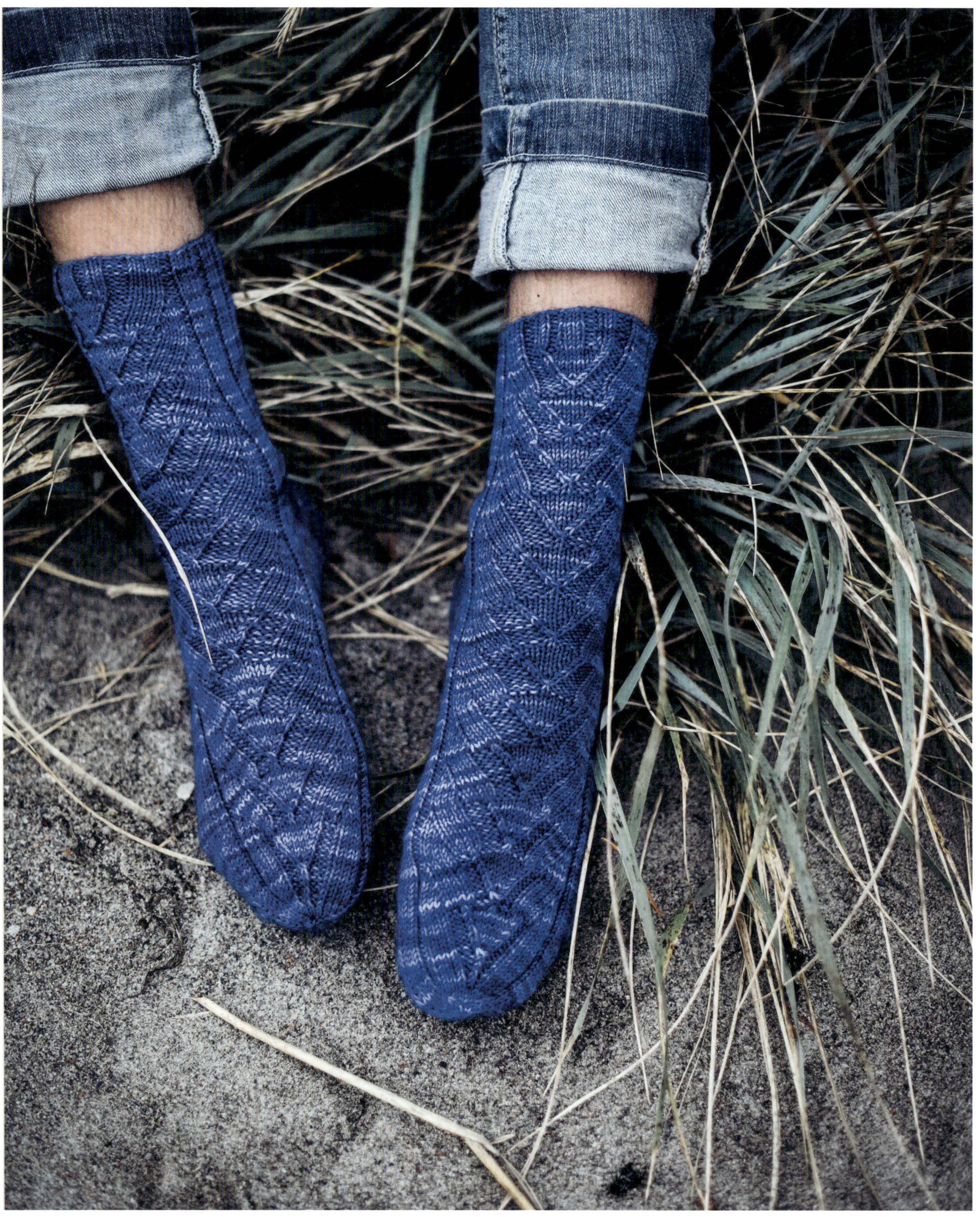

Das Wasser unter dem Wasser

Größe: 42/43

Garn: Riikka-Piikan Hip Hei Merinosukka (100 g = 400 m), Farbe Kukonkannus (Blau)

Garnverbrauch: 70 g

Nadelspiel: Nr. 2,5

Maschenprobe: 28 M und 36 Rd = 10 cm x 10 cm

SCHAFT

69 M anschlagen und auf den Nd verteilen: 19-17-16-17. Im Bündchenmuster 8 Rd wie folgt stricken:

1. Nd: 2 M li, 3 M re, 2 M li, 3 M re, 2 M li, 3 M re, 2 M li, 2 M re.

2. Nd: 2 M re, 2 M li, 4 M re, 3 M li, 2 M re, 2 M li, 2 M re.

3. Nd: 1 M re, 2 M li, 2 M re, 3 M li, 4 M re, 2 M li, 2 M re.

4. Nd: 2 M re, 2 M li, 3 M re, 2 M li, 3 M re, 2 M li, 3 M re.

Dann mit der 1. und 4. Nd im Bündchenmuster und mit der 2. und 3. Nd im Muster laut Strickschrift A stricken, dabei Rd 1–10 fortlaufend wiederholen. Wenn für den Schaft inkl. Bündchen 52 Rd gestrickt sind und zuletzt Rd 10 der Strickschrift gestrickt wurde, noch 1 Rd wie folgt stricken: 1. Nd im Bündchenmuster, 2. und 3. Nd Muster laut Strickschrift A, Rd 5, 4. Nd rechte M.

FERSE

Mit der verstärkten Fersenwand beginnen, dazu die M der 1. Nd auf die 4. Nd stricken (insg. 36 M). Die restlichen M bleiben ungestrickt. Die Arbeit wenden und die 1. M li abheben, ohne sie zu stricken, die übrigen M li stricken.

1. R (Hin-R): Die Arbeit wenden, *1 M abheben, ohne sie zu stricken, 1 M re, ab * bis R-Ende wiederholen.

2. R (Rück-R): Die Arbeit wenden, 1 M li abheben, ohne sie zu stricken, die übrigen M li stricken.

Diese zwei R wiederholen, bis für die Fersenwand 34 R gestrickt sind und zuletzt eine Rück-R gestrickt wurde.

Für die Käppchenabnahmen weiterhin verstärkt stricken. Auf der rechten Seite der Arbeit beginnen, bis noch 13 M auf der Nd sind. 1 ssk oder Übz str und die Arbeit wenden. Auf der anderen Nd sind 11 M. 1 M li abheben, ohne sie zu stricken, und li stricken, bis 13 M übrig sind. 2 M li zus, wenden. 1 M re abheben, ohne sie zu stricken, und verstärkt stricken, bis 12 M übrig sind. 1 ssk oder Übz stricken, wenden. 1 M li abheben, ohne sie zu stricken, und li stricken, bis 12 M übrig sind. 2 M li zus, wenden. So fortfahren, dabei werden die äußeren M in jeder R reduziert, die mittleren M bleiben gleich (12 M).

Sind die äußeren M aufgebraucht, die M der Fersenwand auf 2 Nd verteilen (6-6). 6 M re stricken, sodass der Faden zwischen der 1. und 4. Nd liegt.

FUSSTEIL

Aus dem linken Fersenrand mit der freien Nd 19 M auffassen. Die 6 M der 1. Nd re stricken, danach die 19 aufgefassten M re verschränkt stricken. Mit der 2. und 3. Nd das Muster laut Strickschrift A arbeiten, dabei mit Rd 6 fortfahren und Rd 1–10 wiederholen. Aus dem rechten Fersenrand 19 M auffassen und re verschränkt stricken, dabei noch die 6 M der 4. Nd auf dieselbe Nd stricken. Die Arbeit hat jetzt 83 M.

Für die Zwickelabnahmen am Ende der 1. Nd 2 M re zus, am Anfang der 4. Nd in jeder 2. Rd 1 ssk oder Übz stricken.

Mit der 2. und 3. Nd weiter im Muster laut Strickschrift A stricken. Mit den Zwickelabnahmen fortfahren, bis 67 M (17-17-16-17) übrig sind. Mit der 1. und 4. Nd rechts und mit der 2. und 3. Nd weiter im Muster laut Strickschrift A stricken.

Wenn nach der Fersenwand 65 Rd und zuletzt Rd 10 der Strickschrift gestrickt wurden, mit den Spitzenabnahmen beginnen.

Mit der 1. und 4. Nd eine breite Bandspitze arbeiten:

1. Nd: Re stricken, bis noch 3 M übrig sind, 2 M re zus, 1 M re.

4. Nd: 1 M re, ssk, die restlichen M re stricken.

Die Abnahmen zunächst in jeder 2. Rd stricken. Wenn noch 11 M pro Nd übrig sind, in jeder Rd abnehmen.

Mit der 2. und 3. Nd die Spitzenabnahmen laut Strickschrift B arbeiten (Rd 1–19).

Wenn insg. noch 11 M übrig sind, den Faden abschneiden und durch die M ziehen.

Die Fadenenden vernähen und die Socken leicht dämpfen.

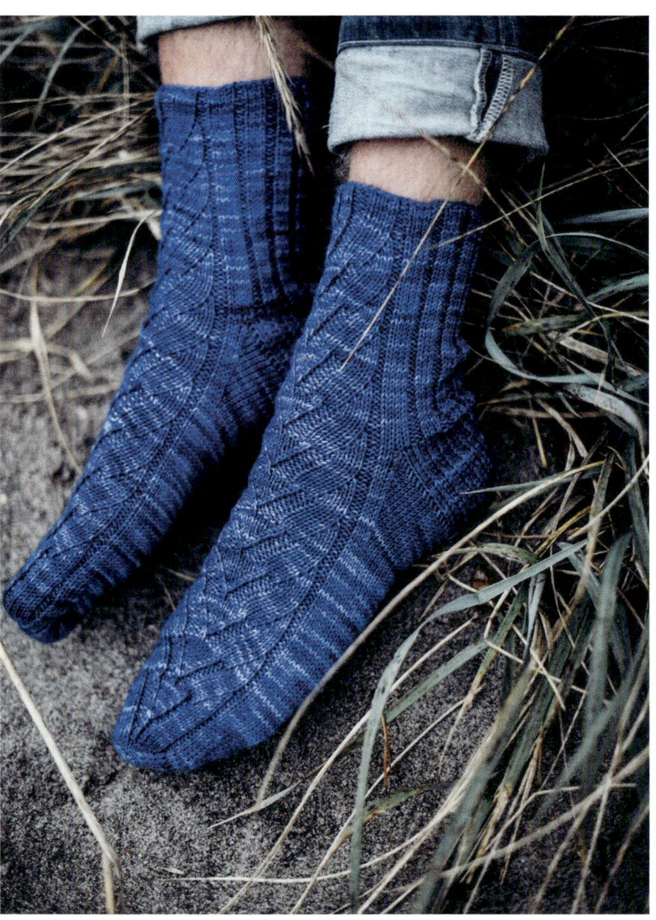

STRICKSCHRIFT A

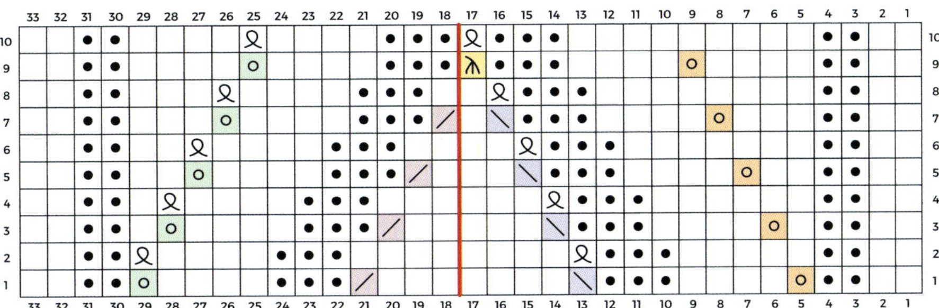

STRICKSCHRIFT B

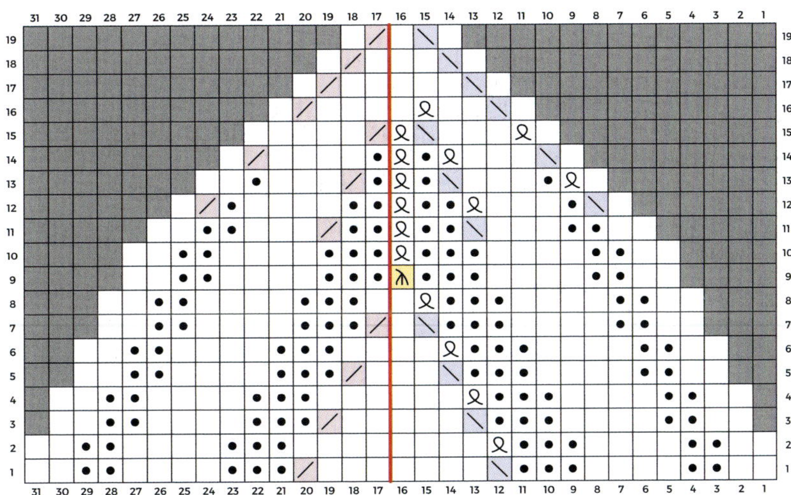

- rechts
- rechts verschränkt
- links
- 2 M re zus
- ssk: 2 M einzeln wie zum Rechtsstricken abheben, zurück auf die linke Nd legen und von hinten 2 M re zus
- Umschlag (den U in der nächsten Rd verschränkt abstricken, damit kein Loch entsteht)
- Umschlag von hinten nach vorn (den U in der nächsten Rd normal abstricken, damit kein Loch entsteht)
- 1 M re abheben, 2 M re zus und die abgehobene M über die gestrickten M ziehen
- Nadelverteilung

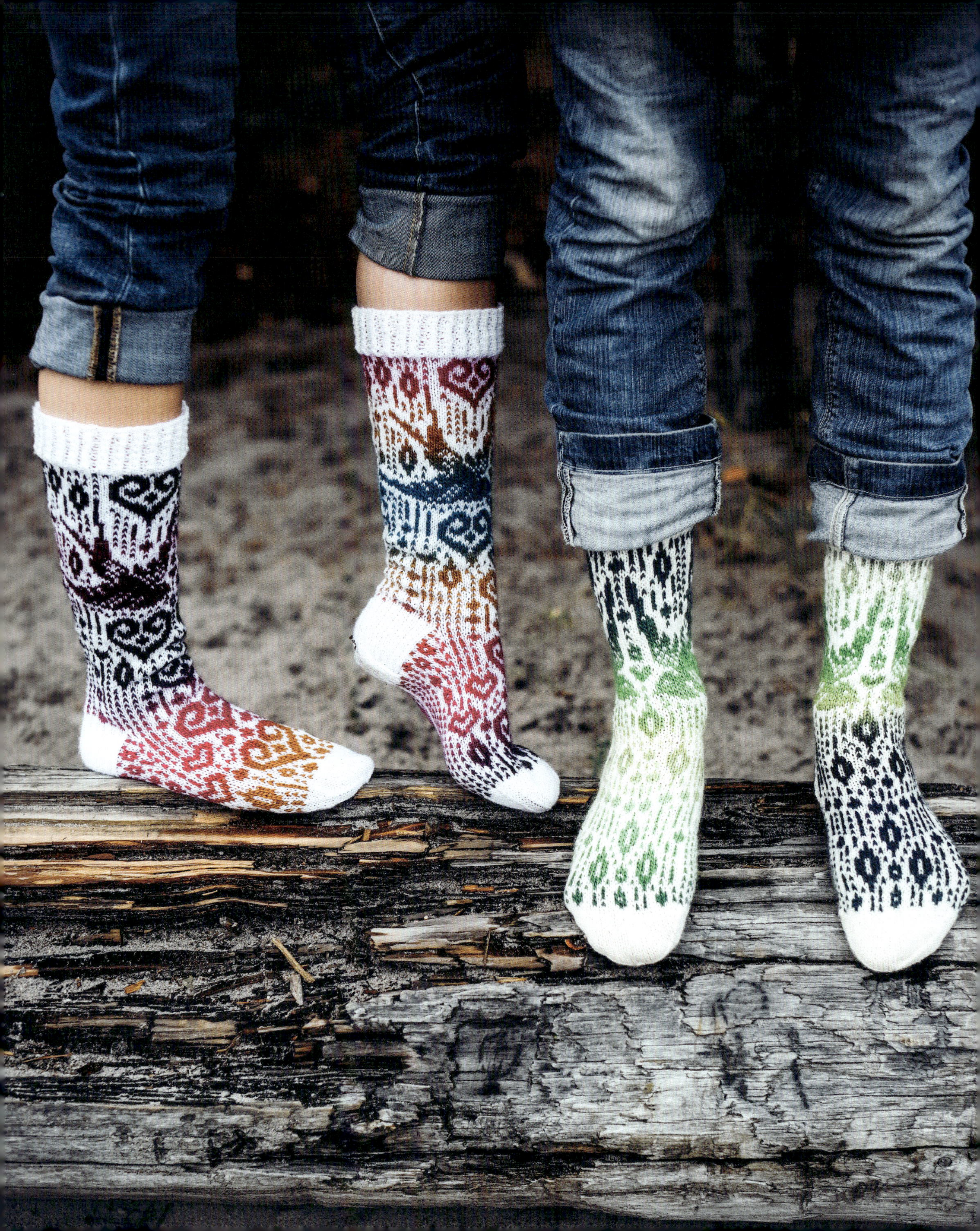

Ich bin dein

Sanft durch das Haar streicheln, mit den Fingern die Augenbrauen nachzeichnen. Die Hand zärtlich gegen den Bart auf die Wange legen. Sich geborgen fühlen, Geborgenheit geben.

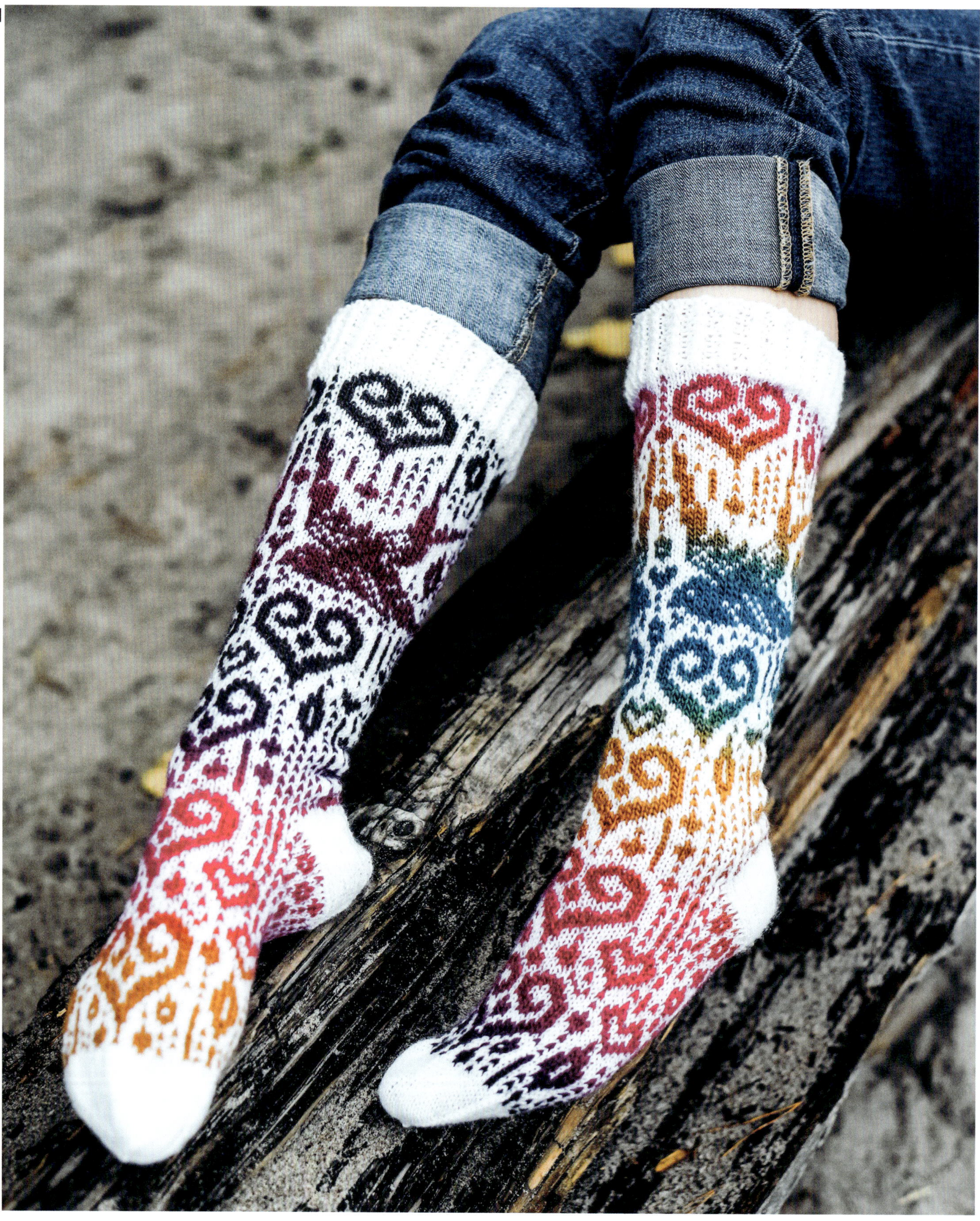

Ich bin dein

Größe: 39

Garn: Grundfarbe Opal 4-fach (100 g = 425 m), 2620 Weiß, Musterfarbe Viking Nordlys (100 g = 350 m) 956

Garnverbrauch: Grundfarbe 100 g, Musterfarbe 50 g

Nadelspiel: Nr. 2,5

Maschenprobe: 31 M und 33 Rd = 10 cm x 10 cm

BEVOR SIE BEGINNEN

Die Strickschriften werden von unten nach oben und von rechts nach links gelesen. Wenn Sie fest stricken, können Sie ein Nadelspiel Nr. 3 oder ein 6-faches Garn verwenden.

SCHAFT

84 M in der Grundfarbe anschlagen und auf den Nd verteilen: 20-22-21-21. Im Bündchenmuster laut Strickschrift A 13 Rd stricken. Danach ab Rd 14 mit dem Einstrickmuster beginnen, dabei 1 M zunehmen und die M auf den Nd verteilen: 21-22-21-21. Den Schaft laut Strickschrift arbeiten, in den unten genannten Rd im Anfangsbereich der 1. Nd und im Endbereich der 4. Nd an einer passenden Stelle abnehmen.

Abnahmen:

36. Rd: 2 M abnehmen (83 M übrig).
45. Rd: 2 M abnehmen (81 M).
51. Rd: 2 M abnehmen (79 M).
59. Rd: 2 M abnehmen (77 M).
Bitte beachten! In der 63. Rd die M neu verteilen: 22-17-16-22.
65. Rd: 2 M abnehmen (75 M).
70. Rd: 2 M abnehmen (73 M).
74. Rd: 2 M abnehmen (71 M).
78. Rd: 2 M abnehmen (69 M).
82. Rd: 2 M abnehmen (67 M).
86. Rd: 2 M abnehmen (65 M).

Falls sich der Schaft zu eng anfühlen sollte, können Sie die letzten Abnahmen weglassen und die überzähligen M in der 1. R der Fersenwand abnehmen.

Wenn alle 106 Rd für den Schaft gestrickt sind, die M auf den Nd verteilen: 16-17-16-16.

FERSE

Mit der verstärkten Fersenwand in der Grundfarbe beginnen, dazu die M der 1. Nd auf die 4. Nd stricken (insg. 32 M). Die restlichen M bleiben ungestrickt. Die Arbeit wenden und die 1. M li abheben, ohne sie zu stricken, die übrigen M li stricken.

1. R (Hin-R): Die Arbeit wenden, *1 M abheben, ohne sie zu stricken, 1 M re, ab * bis R-Ende wiederholen.

2. R (Rück-R): Die Arbeit wenden, 1 M li abheben, ohne sie zu stricken, die übrigen M li stricken.

Diese zwei R wiederholen, bis für die Fersenwand 32 R gestrickt sind und zuletzt eine Rück-R gestrickt wurde.

Für die Käppchenabnahmen weiterhin verstärkt stricken. Auf der rechten Seite der Arbeit beginnen, bis noch 11 M auf der Nd sind. 1 ssk oder Übz stricken und die Arbeit wenden. Auf der anderen Nd sind 9 M. 1 M li abheben, ohne sie zu stricken, und li stricken, bis 11 M übrig sind.

2 M li zus, wenden. 1 M abheben, ohne sie zu stricken, und verstärkt stricken, bis 10 M übrig sind. 1 ssk oder Übz stricken, wenden. 1 M li abheben,

ohne sie zu stricken, und li stricken, bis 10 M übrig sind. 2 M li zus, wenden. So fortfahren, dabei werden die äußeren M in jeder R reduziert, die mittleren M bleiben gleich (12 M).

Wenn die äußeren M aufgebraucht sind, die M der Fersenwand auf 2 Nd verteilen (6-6). 6 M re stricken, sodass der Faden zwischen der 1. und 4. Nd liegt.

FUSSTEIL

Aus dem Fersenrand mit der 1. Nd 18 M auffassen, mit der 4. Nd aus dem anderen Fersenrand ebenfalls 18 M auffassen. Die Arbeit hat jetzt 81 M. Weiter das Einstrickmuster laut Strickschrift B ab Rd 1 arbeiten, die aus dem Fersenrand aufgefassten M re verschränkt stricken.

Für die Zwickelabnahmen in den in der Strickschrift B angegebenen Rd (2, 3, 5, 6, 8, 9, 11 und 12) am Ende der 1. Nd 2 M re zus, am Anfang der 4. Nd 1 ssk oder Übz stricken. Die grau markierten Karos stellen keine Maschen dar.

Nach den Zwickelabnahmen sind 65 M übrig (16-17-16-16). Mit dem Einstrickmuster laut Strickschrift fortfahren (46 Rd). In der letzten Rd am Ende der 4. Nd 1 M abnehmen und die M auf den Nd verteilen: 16-16-16-16.

In der Grundfarbe eine breite Bandspitze arbeiten:

1. und 3. Nd: Re stricken, bis noch 3 M übrig sind, 2 M re zus, 1 M re.

2. und 4. Nd: 1 M re, ssk, die restlichen M re str.

Die Abnahmen zunächst in jeder 2. Rd stricken. Wenn noch 11 M pro Nd übrig sind, in jeder Rd abnehmen.

Wenn insg. noch 8 M übrig sind, den Faden abschneiden und durch die M ziehen.

Die Fadenenden vernähen und die Socken leicht dämpfen.

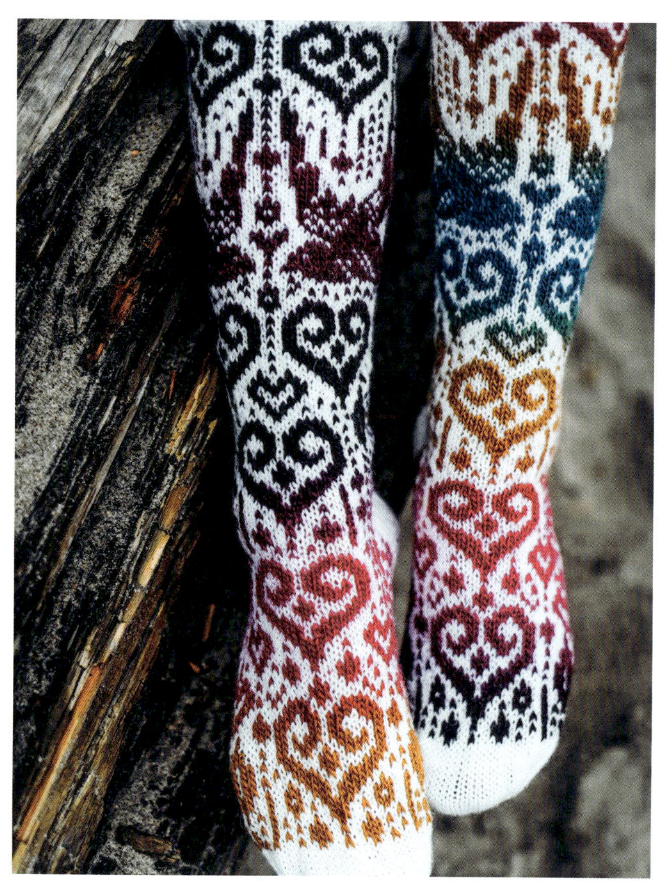

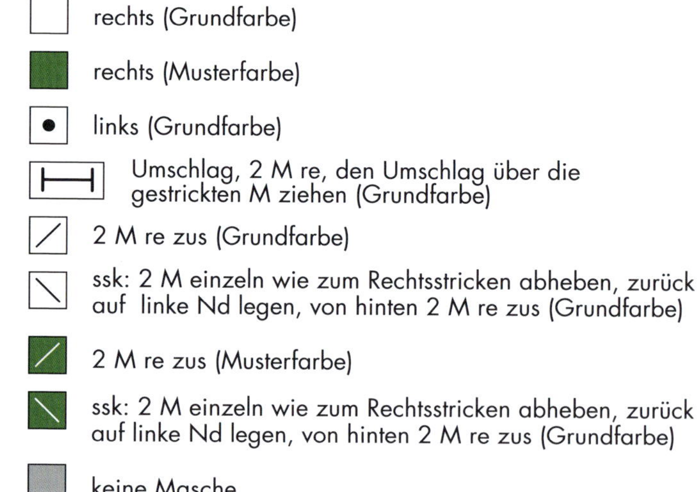

STRICKSCHRIFT B

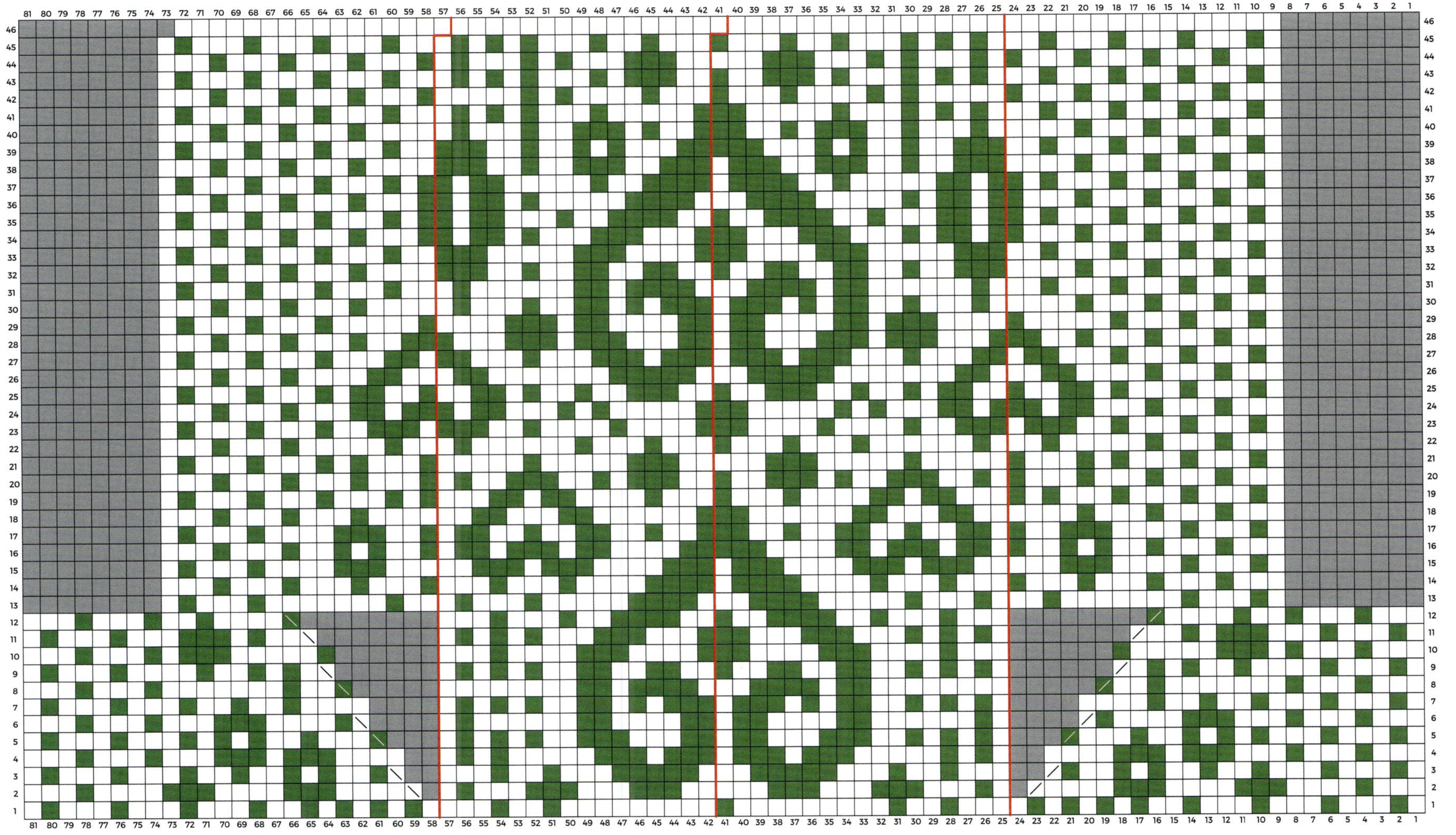

STRICKSCHRIFT A

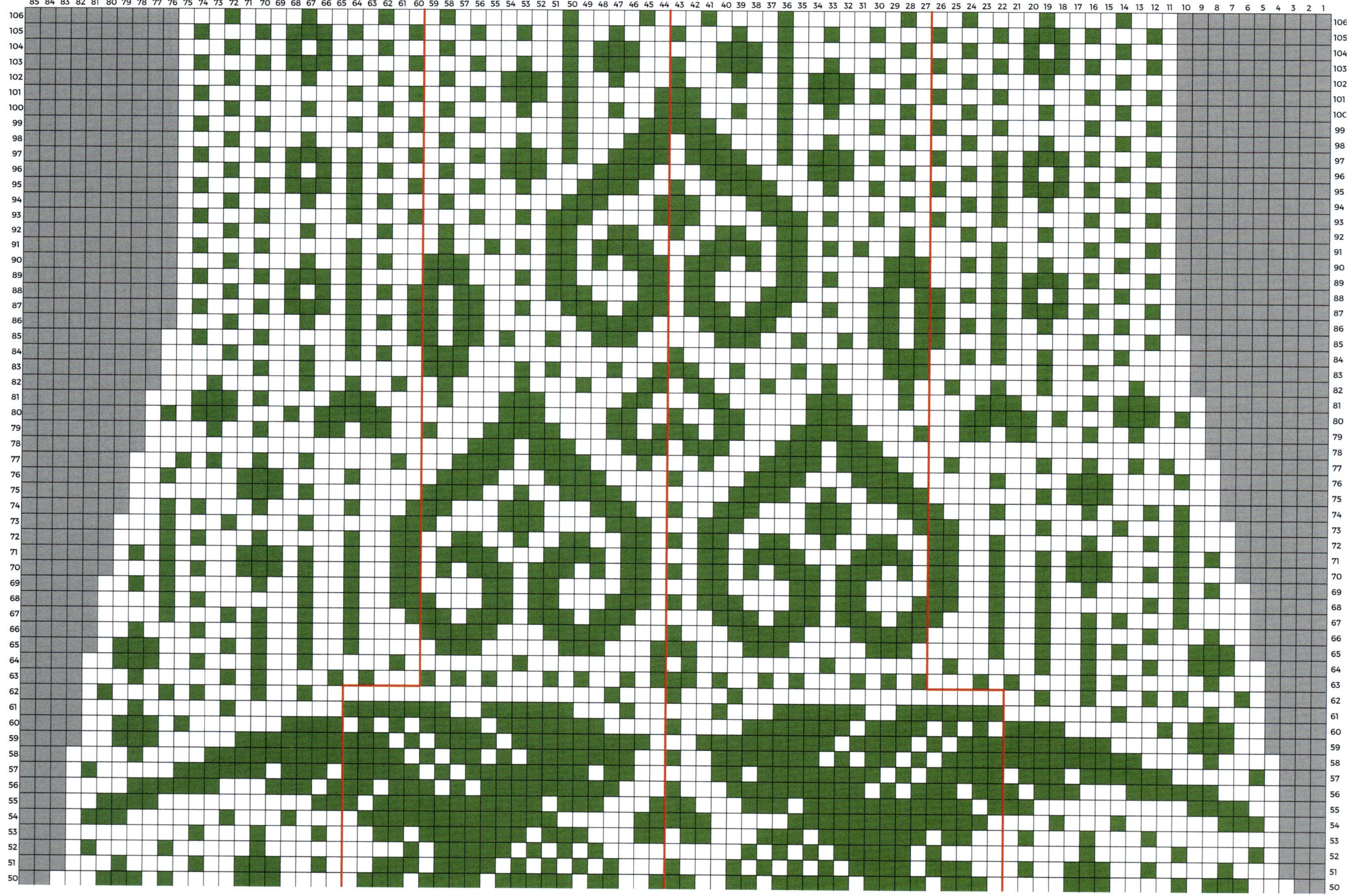

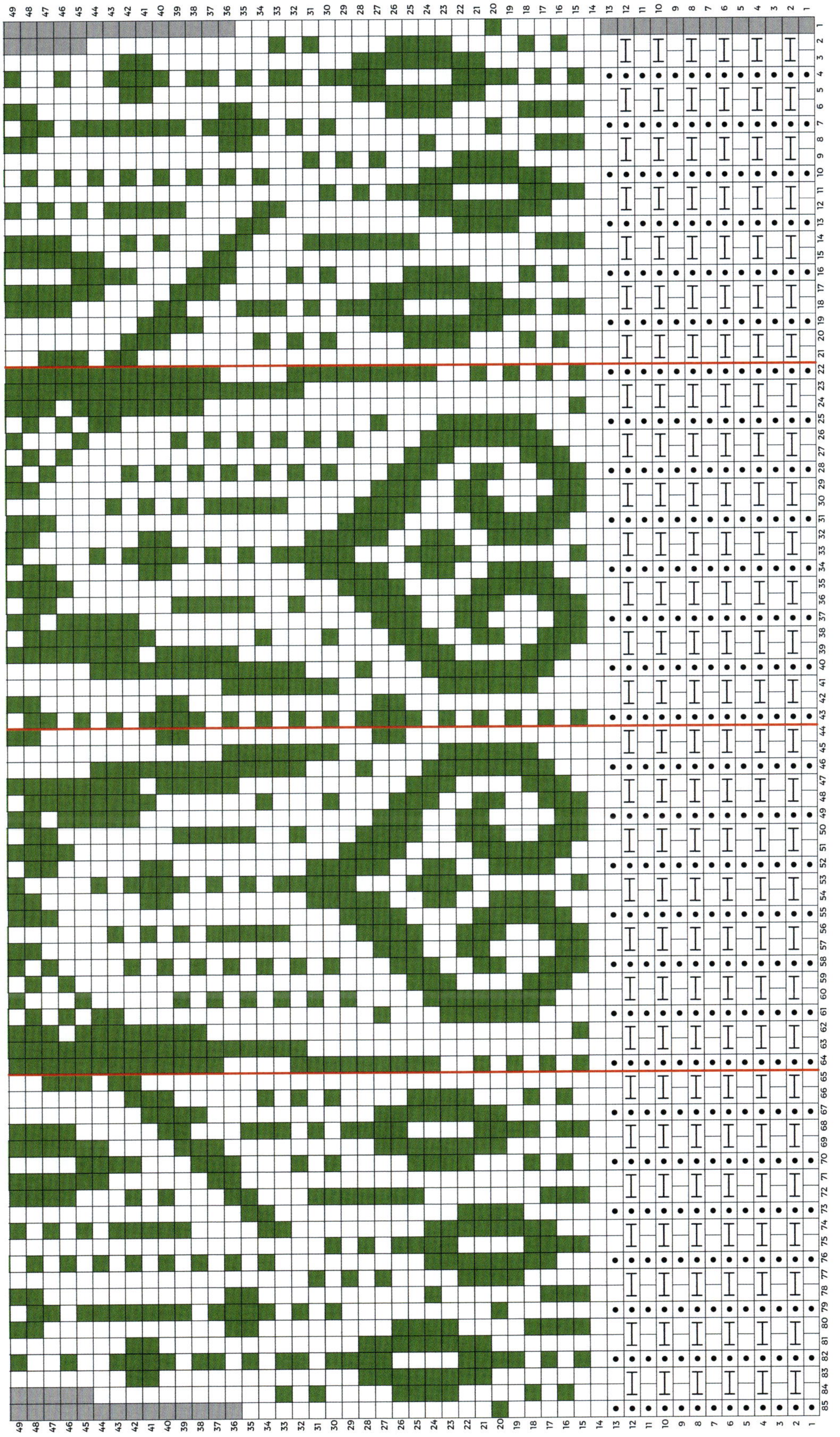

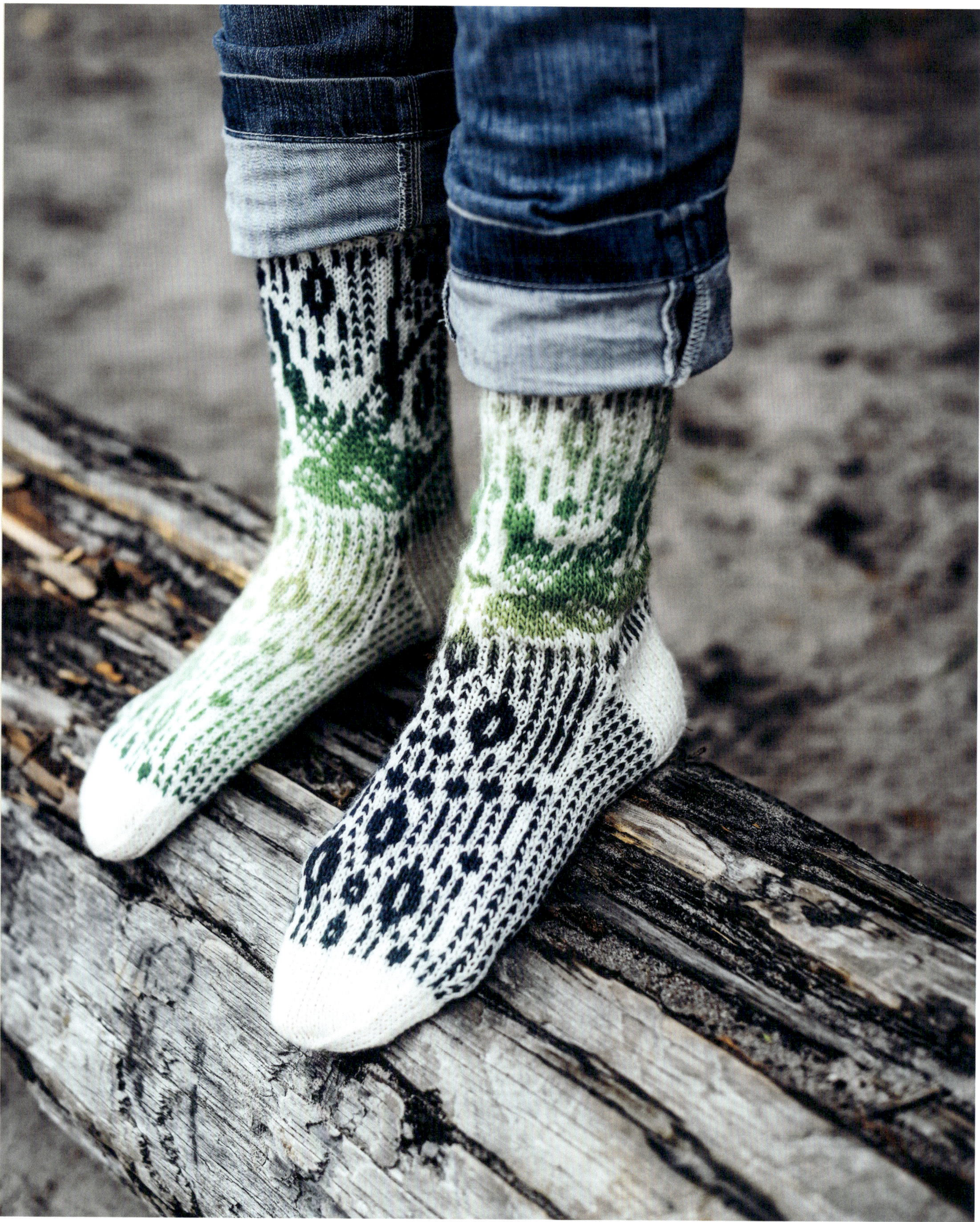

Ich bin dein

Größe: 42/43

Garn: Grundfarbe Opal 4-fach (100 g = 425 m) 3081 Natur, Musterfarbe Viking Nordlys (100 g = 350 m) 930

Garnverbrauch: Grundfarbe 60 g, Musterfarbe 40 g

Nadelspiel: Nr. 2,5

Maschenprobe: 31 M und 33 Rd = 10 cm x 10 cm

BEVOR SIE BEGINNEN

Die Strickschriften werden von unten nach oben und von rechts nach links gelesen. Wenn Sie fest stricken, können Sie ein Nadelspiel Nr. 3 oder ein 6-faches Garn verwenden.

SCHAFT

69 M in der Grundfarbe anschlagen und auf den Nd verteilen: 18-18-17-16. Im Bündchenmuster laut Strickschrift A 11 Rd stricken. Danach ab Rd 12 mit dem Einstrickmuster beginnen, dabei 2 M zunehmen und die M auf den Nd verteilen: 18-18-17-18. Den Schaft laut Strickschrift arbeiten.

FERSE

Mit der verstärkten Fersenwand in der Grundfarbe beginnen, dazu die M der 1. Nd auf die 4. Nd stricken (insg. 36 M). Die restlichen M bleiben ungestrickt. Die Arbeit wenden und die 1. M li abheben, ohne sie zu stricken, die übrigen M li stricken. Gleichzeitig 2 M abnehmen, sodass die Ferse insg. 34 M hat.

1. R (Hin-R): Die Arbeit wenden, *1 M abheben, ohne sie zu stricken, 1 M re, ab * bis R-Ende wiederholen.

2. R (Rück-R): Die Arbeit wenden, 1 M li abheben, ohne sie zu stricken, die übrigen M li stricken.

Diese zwei R wiederholen, bis für die Fersenwand 34 R gestrickt sind und zuletzt eine Rück-R gestrickt wurde.

Für die Käppchenabnahmen weiterhin verstärkt stricken. Auf der rechten Seite der Arbeit beginnen, bis noch 11 M auf der Nd sind. 1 ssk oder Übz stricken und die Arbeit wenden. Auf der anderen Nd sind 9 M. 1 M li abheben, ohne sie zu stricken, und li stricken, bis 11 M übrig sind. 2 M li zus, wenden. 1 M abheben, ohne sie zu stricken, und verstärkt stricken, bis 10 M übrig sind. 1 ssk oder Übz stricken, wenden. 1 M li abheben, ohne sie zu stricken, und li stricken, bis 10 M übrig sind. 2 M li zus, wenden. So fortfahren, dabei werden die äußeren M in jeder R reduziert, die mittleren M bleiben gleich (14 M).

Sind die äußeren M aufgebraucht, die M der Fersenwand auf 2 Nd verteilen (7-7). 7 M re stricken, sodass der Faden zwischen der 1. und 4. Nd liegt.

FUSSTEIL

Aus dem Fersenrand mit der 1. Nd 19 M auffassen, mit der 4. Nd aus dem anderen Fersenrand ebenfalls 19 M auffassen. Die Arbeit hat jetzt 87 M. Weiter das Einstrickmuster laut Strickschrift B ab Rd 1 arbeiten, die aus dem Fersenrand aufgefassten M re verschränkt stricken.

Für die Zwickelabnahmen in den in der Strickschrift B angegebenen Rd (2, 3, 5, 6, 8, 9, 11, 12 und 14) am Ende der 1. Nd 2 M re zus, am Anfang der 4. Nd 1 ssk oder Übz stricken.

Die grau markierten Karos stellen keine Maschen dar. Nach den Zwickelabnahmen sind 69 M übrig

(17-18-17-17). Mit dem Einstrickmuster laut Strickschrift fortfahren (52 Rd). In der letzten Rd am Ende der 4. Nd 1 M abnehmen und die M auf den Nd verteilen: 17-17-17-17.

In der Grundfarbe eine breite Bandspitze arbeiten:

1. und 3. Nd: Re stricken, bis noch 3 M übrig sind, 2 M re zus, 1 M re.

2. und 4. Nd: 1 M re, ssk, restliche M re stricken.

Die Abnahmen zunächst in jeder 2. Rd stricken. Wenn noch 11 M pro Nd übrig sind, in jeder Rd abnehmen.

Wenn insg. noch 8 M übrig sind, den Faden abschneiden und durch die M ziehen.

Die Fadenenden vernähen und die Socken leicht dämpfen.

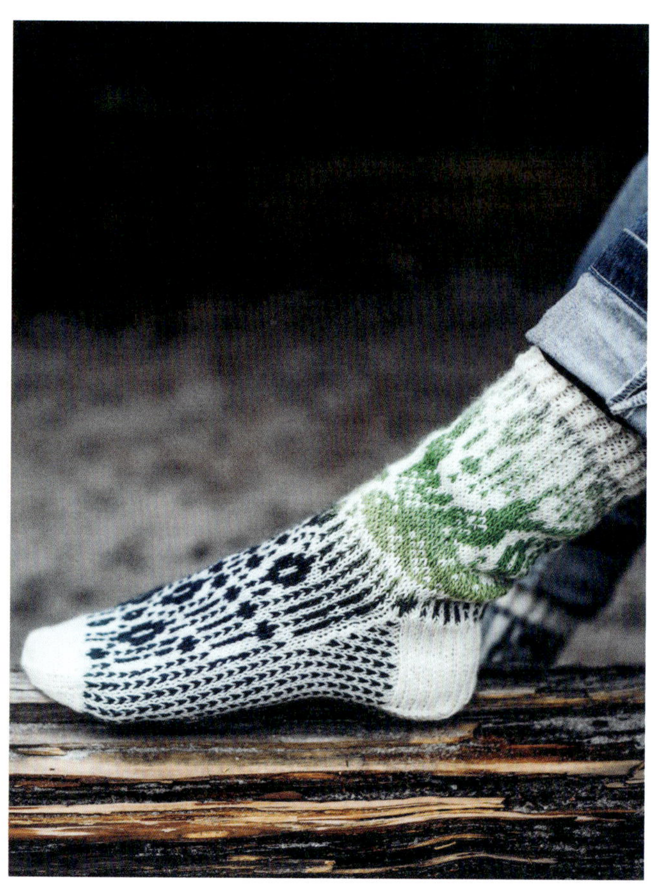

rechts (Grundfarbe)

rechts (Musterfarbe)

links

Umschlag, 2 M re, den Umschlag über die gestrickten M ziehen

2 M re zus (Grundfarbe)

ssk: 2 M einzeln wie zum Rechtsstricken abheben, zurück auf die linke Nd legen und von hinten 2 M re zus (Grundfarbe)

keine Masche

Nadelverteilung

STRICKSCHRIFT B

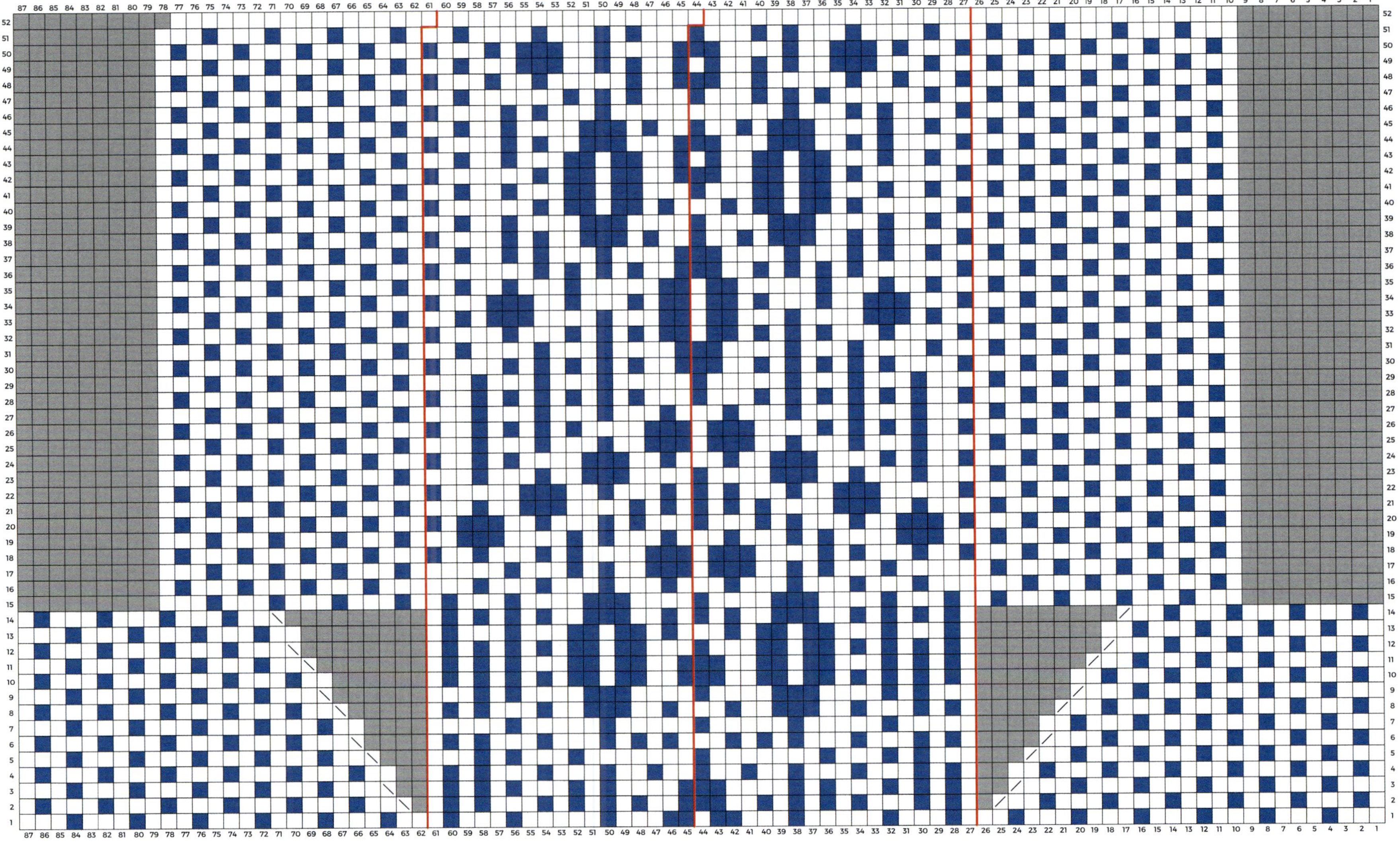

rechts (Grundfarbe)

rechts (Musterfarbe)

links

Umschlag, 2 M re, den Umschlag über die gestrickten M ziehen

2 M re zus (Grundfarbe)

ssk: 2 M einzeln wie zum Rechtsstricken abheben, zurück auf die linke Nd legen und von hinten 2 M re zus (Grundfarbe)

keine Masche

2

Nadelverteilung

STRICKSCHRIFT A

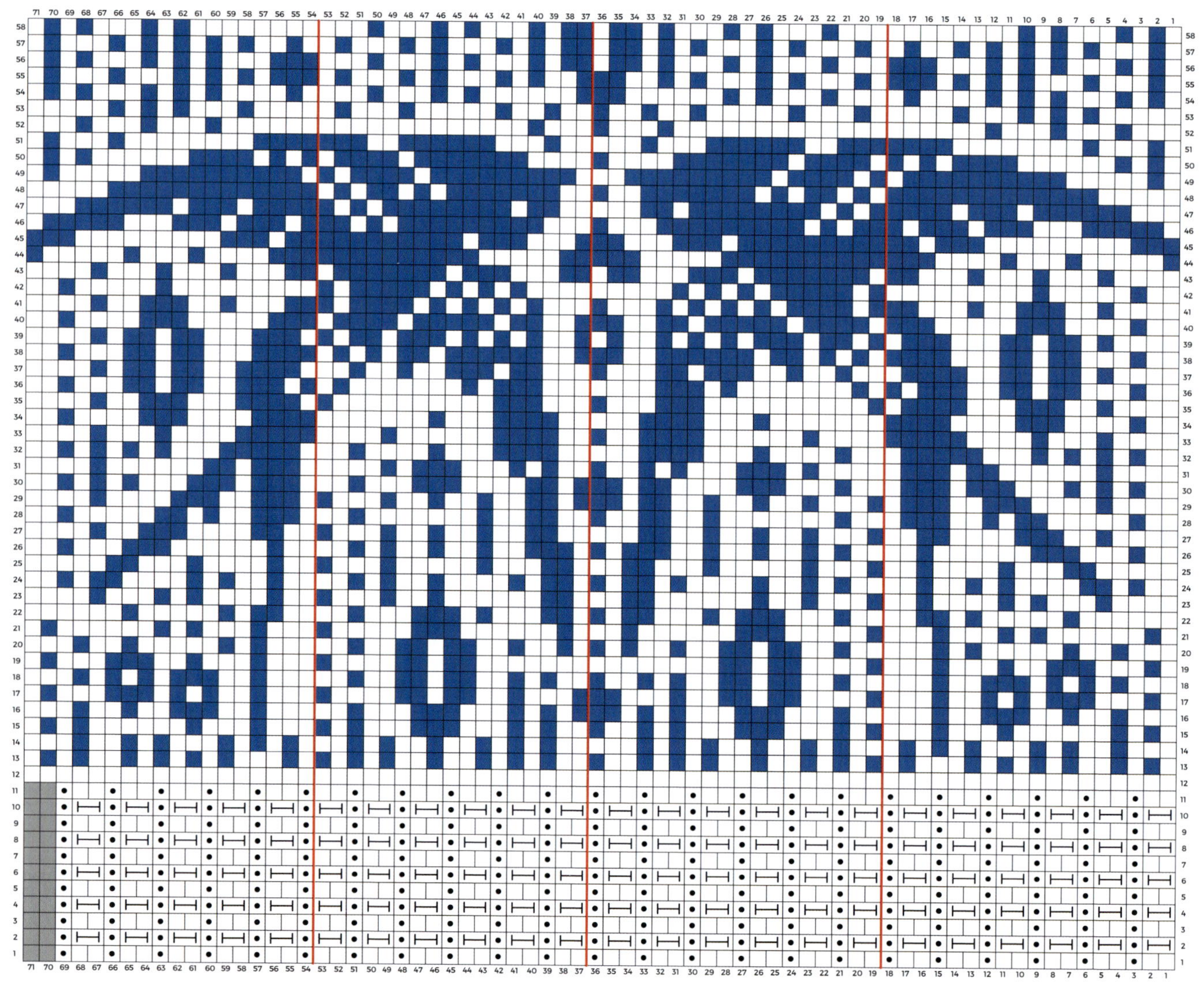

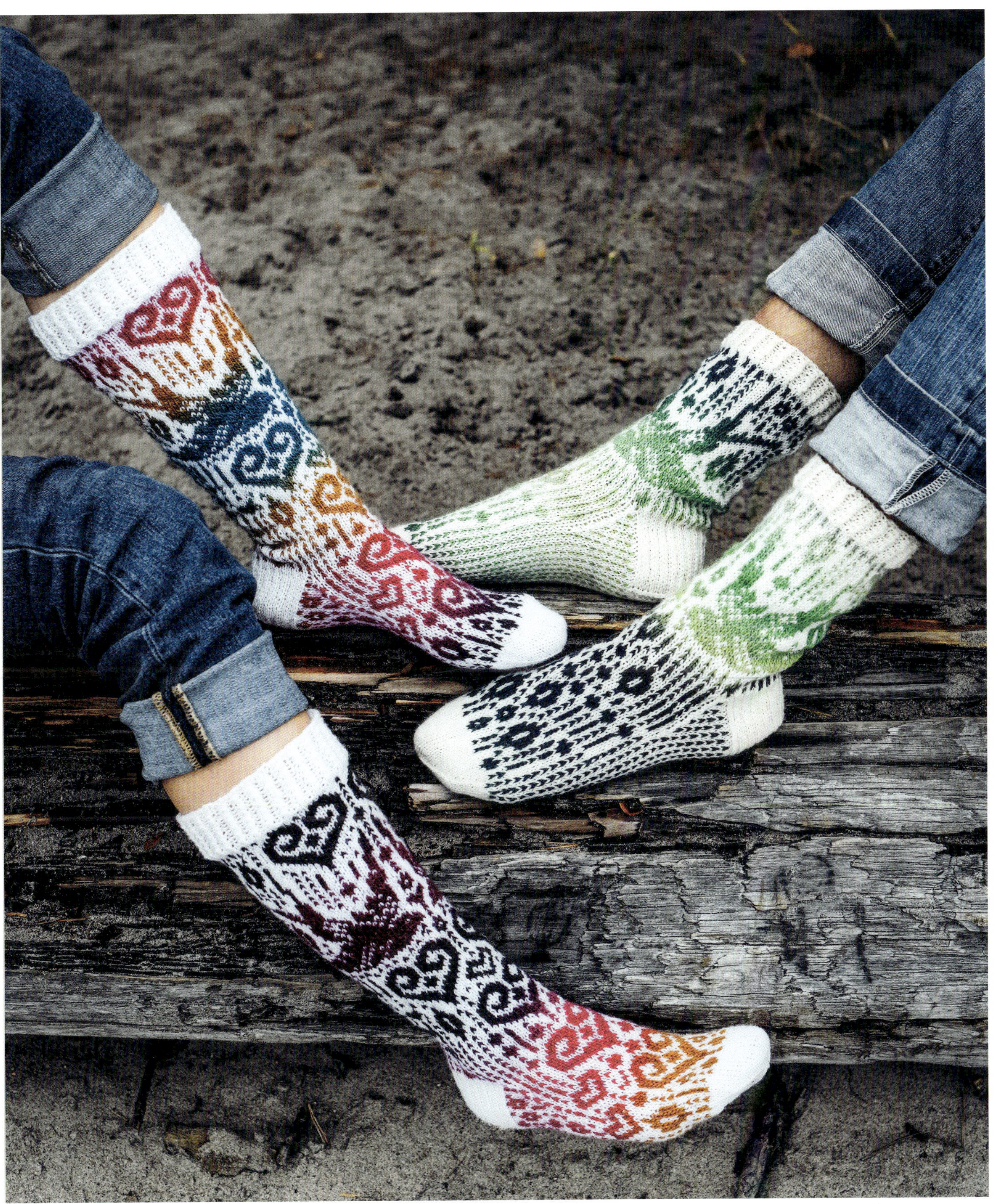

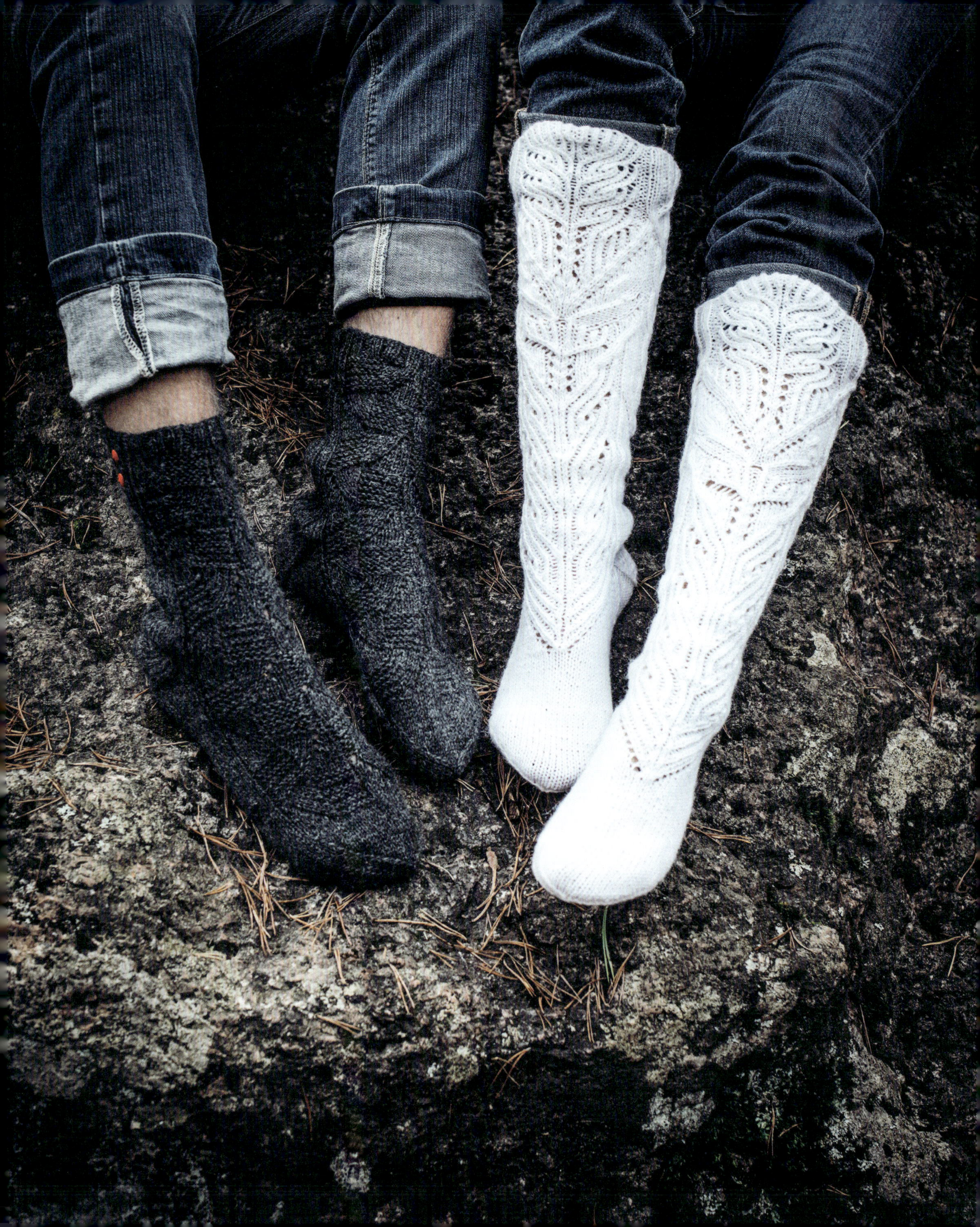

Die Eberesche vom Ural

Wie ein Hochzeitswalzer setzt dieses Modell allem die Krone auf. In diesen Socken verbinden sich innerer Jubel, Liebe und Vorfreude auf die Zukunft. Sie verkörpern Zusammengehörigkeit und einen eisernen Willen, sind Ausdruck von so viel überschäumendem Glück, dass es nicht in Worte zu fassen ist.

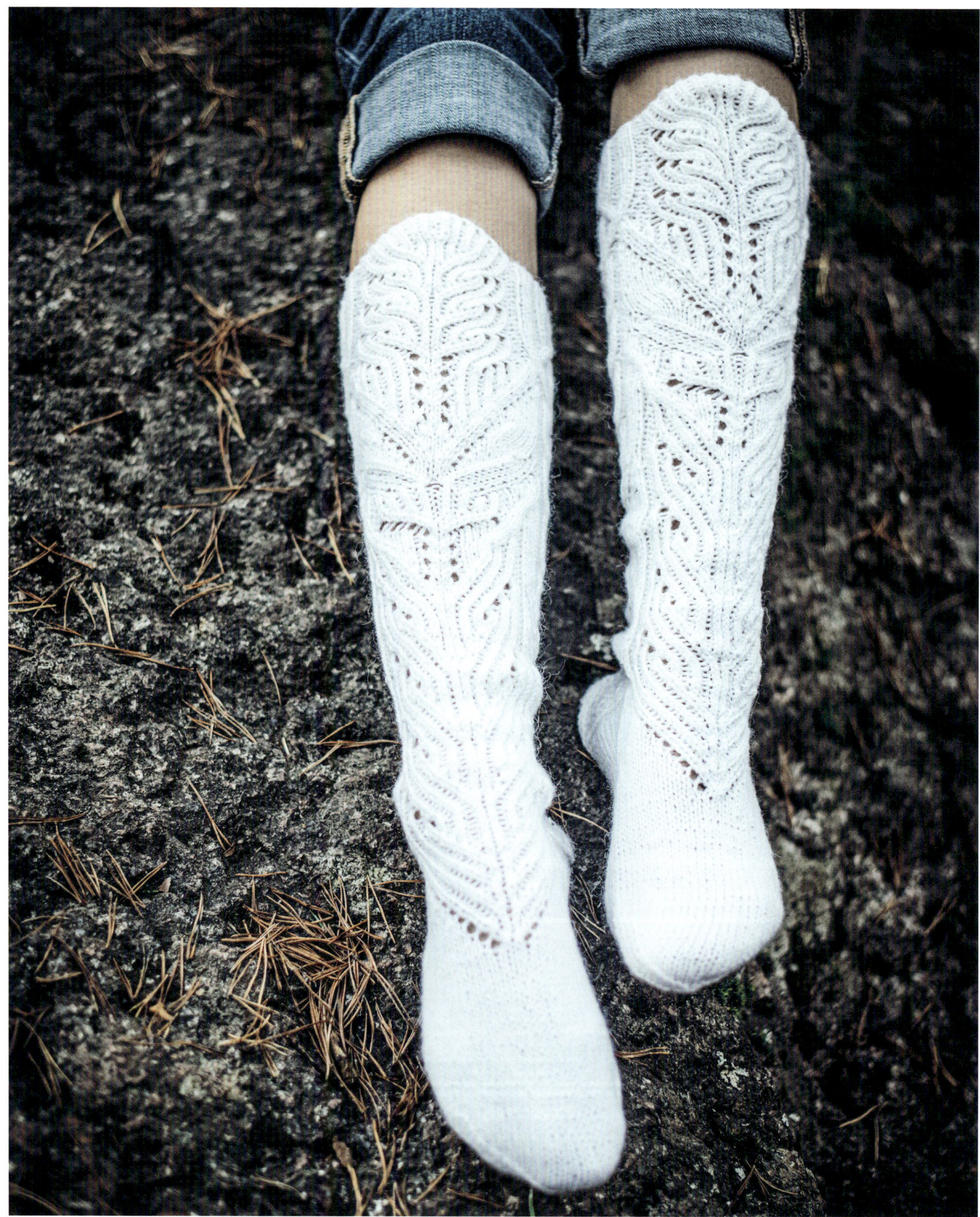

Die Eberesche vom Ural

Größe: 38/39

Garn: Novita Nalle (100 g = 260 m) Farbe 011 Weiß

Garnverbrauch: 130 g

Nadelspiel: Nr. 3, Hilfsnadel

Maschenprobe: 23 M und 28 Rd = 10 cm x 10 cm

BEVOR SIE BEGINNEN

Die Socken lassen sich leicht größer oder kleiner stricken. Für weitere Waden am Anfang der 1. Nadel und am Ende der 4. Nadel rechte Maschen zunehmen. Der Fußteil wird zum Ende hin glatt rechts gestrickt, sodass Sie die Abnahmen für die Bandspitze an einer für Sie passenden Stelle beginnen können.

SCHAFT

75 M anschlagen und auf den Nd verteilen: 23-14-14-24. Alle 115 Rd für den Schaft laut Strickschrift A stricken. Durch die in der Strickschrift gekennzeichneten Abnahmen für die Waden reduziert sich die Maschenanzahl auf 58. Vor dem Stricken der Ferse die M gleichmäßig auf den Nd verteilen: 15-14-14-15.

FERSE

Mit der versetzt verstärkten Fersenwand beginnen, dazu die M der 1. Nd rechts auf die 4. Nd stricken (insg. 30 M). Die restlichen M bleiben ungestrickt. Die Arbeit wenden, die 1. M li abheben, ohne sie zu stricken, die übrigen M li stricken. Gleichzeitig 2 M abnehmen, damit die Ferse 28 M hat.
1. R (Hin-R): Die Arbeit wenden, *1 M abheben, ohne sie zu stricken, 1 M re, ab * bis R-Ende wiederholen.
2. R (Rück-R): Die Arbeit wenden, 1 M li abheben, ohne sie zu stricken, die übrigen M li stricken.
3. R (Hin-R): Die Arbeit wenden, 1 M abheben, ohne sie zu stricken, 1 M re, *1 M re, 1 M abheben, ab * wiederholen, bis noch 2 M übrig sind, 2 M re.
4. R (Rück-R): Die Arbeit wenden, 1 M li abheben, ohne sie zu stricken, die übrigen M li stricken.

Diese vier R wiederholen, bis für die Fersenwand 28 R gestrickt sind und zuletzt die 4. R gestrickt wurde.

Für die Käppchenabnahmen weiter verstärkt stricken. Auf der rechten Seite der Arbeit beginnen, bis noch 9 M auf der Nd sind. 1 ssk oder Übz stricken und die Arbeit wenden. Auf der anderen Nd sind 7 M. 1 M li abheben, ohne sie zu stricken, und li M stricken, bis 9 M übrig sind. 2 M li zus, wenden. 1 M abheben, ohne sie zu stricken, und verstärkt stricken, bis noch 8 M auf der Nd sind. 1 ssk oder Übz stricken, wenden. 1 M li abheben, ohne sie zu stricken, und li M stricken, bis 8 M übrig sind. 2 M li zus, wenden.

So fortfahren, dabei werden die äußeren M in jeder R reduziert, die mittleren M bleiben gleich (12 M).

Wenn die äußeren M aufgebraucht sind, die M der Fersenwand auf 2 Nd verteilen (6-6). 6 M rechts str, sodass der Faden zwischen der 1. und 4. Nd liegt.

FUSSTEIL

Aus dem linken Fersenrand mit der freien Nd 16 M auffassen und mit der 1. Nd 6 M re stricken, dann die 16 aufgefassten M re verschränkt stricken. Mit der 2. und 3. Nd das Muster laut Strickschrift B beginnend mit Rd 1 arbeiten. Aus dem rechten Fersenrand 16 M auffassen und re verschränkt abstricken, auf dieselbe Nd noch die 6 M der 4. Nd stricken. Die Arbeit hat jetzt 72 M.

Für die Zwickelabnahmen in jeder 2. Rd am Ende der 1. Nd 2 M re zus, am Anfang der 4. Nd 1 ssk oder Übz stricken. Wenn noch 56 M übrig sind (14-14-14-14), die Zwickelabnahmen beenden und mit der 1. und 4. Nd weiterhin rechts, mit der 2. und 3. Nd im Muster laut Strickschrift B arbeiten. Sind alle 25 Rd von Strickschrift B gestrickt, glatt rechts str.

Wenn nach der Fersenwand 48 Rd (nach Strickschrift B 23 Rd) gestrickt sind, eine breite Bandspitze arbeiten:

1. und 3. Nd: Re stricken, bis noch 3 M übrig sind, 2 M re zus, 1 M re.

2. und 4. Nd: 1 M re, 1 ssk oder Übz, die restlichen M re stricken.

Die Abnahmen zunächst in jeder 2. Rd stricken. Wenn noch 8 M pro Nd (insg. 36 M) übrig sind, in jeder Rd abnehmen.

Wenn insg. noch 8 M übrig sind, den Faden abschneiden und durch die M ziehen.

Die Fadenenden vernähen und die Socken leicht dämpfen.

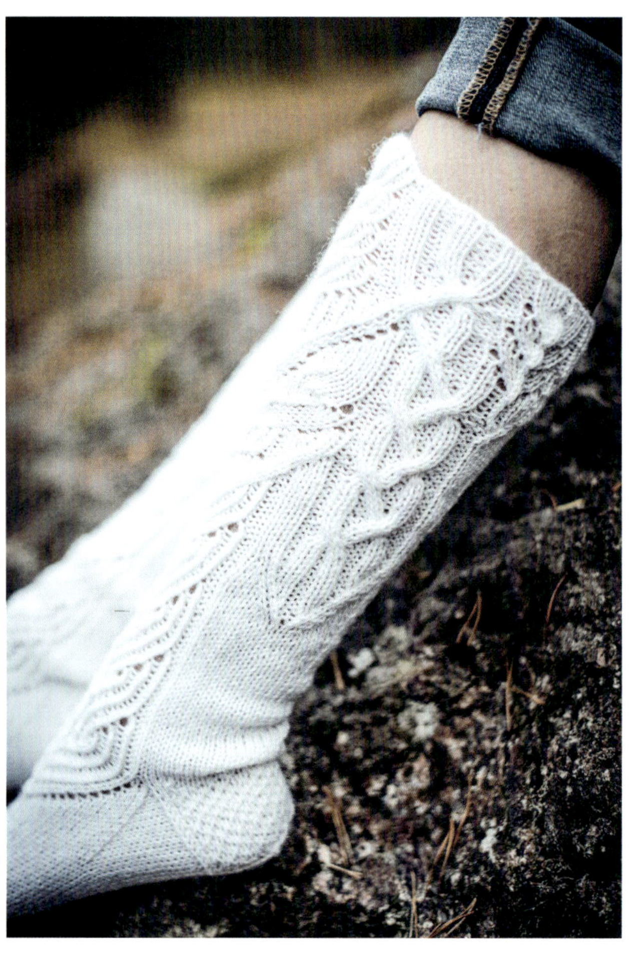

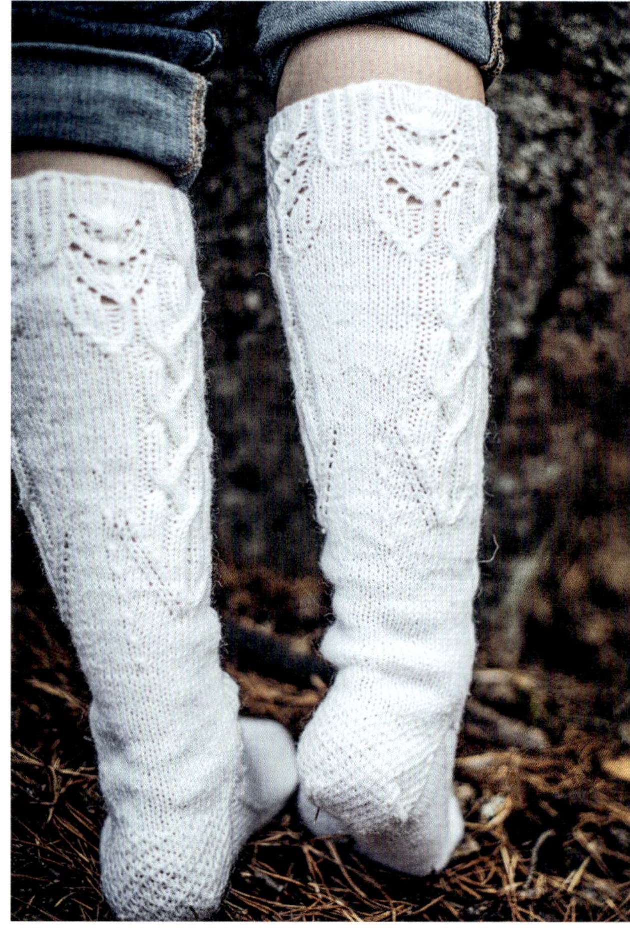

STRICKSCHRIFT B

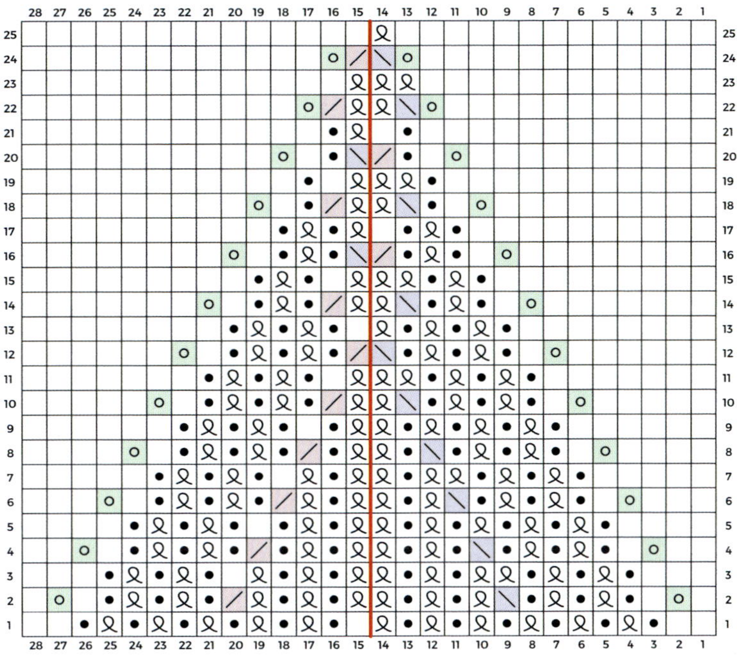

- rechts
- rechts verschränkt
- links
- ssk: 2 M einzeln wie zum Rechtsstricken abheben, zurück auf die linke Nd legen und von hinten 2 M re zus
- 2 M re zus
- 2 M wie zum re Zusammenstricken abheben, 1 M re, abgehobene M über gestrickte M ziehen
- Umschlag
- Umschlag von hinten nach vorn
- 1 M auf Hilfsnd vor die Arbeit legen, 1 M li, die 1 M der Hilfsnd re
- 1 M auf Hilfsnd hinter die Arbeit legen, 1 M re, die 1 M der Hilfsnd li
- 1 M auf Hilfsnd vor die Arbeit legen, 1 M re, die 1 M der Hilfsnd re
- 1 M auf Hilfsnd hinter die Arbeit legen, 1 M re, die 1 M der Hilfsnd re
- 2 M auf Hilfsnd vor die Arbeit legen, 2 M re, die 2 M der Hilfsnd re
- 2 M auf Hilfsnd hinter die Arbeit legen, 2 M re, die 2 M der Hilfsnd re
- 2 M auf Hilfsnd vor die Arbeit legen, 1 M re, die 2 M der Hilfsnd re
- 1 M auf Hilfsnd hinter die Arbeit legen, 2 M re, die 1 M der Hilfsnd re
- 2 M auf Hilfsnd vor die Arbeit legen, 1 M li, die 2 M der Hilfsnd re
- 1 M auf Hilfsnd hinter die Arbeit legen, 2 M re, die 1 M der Hilfsnd li
- keine Masche
- Nadelverteilung

STRICKSCHRIFT A

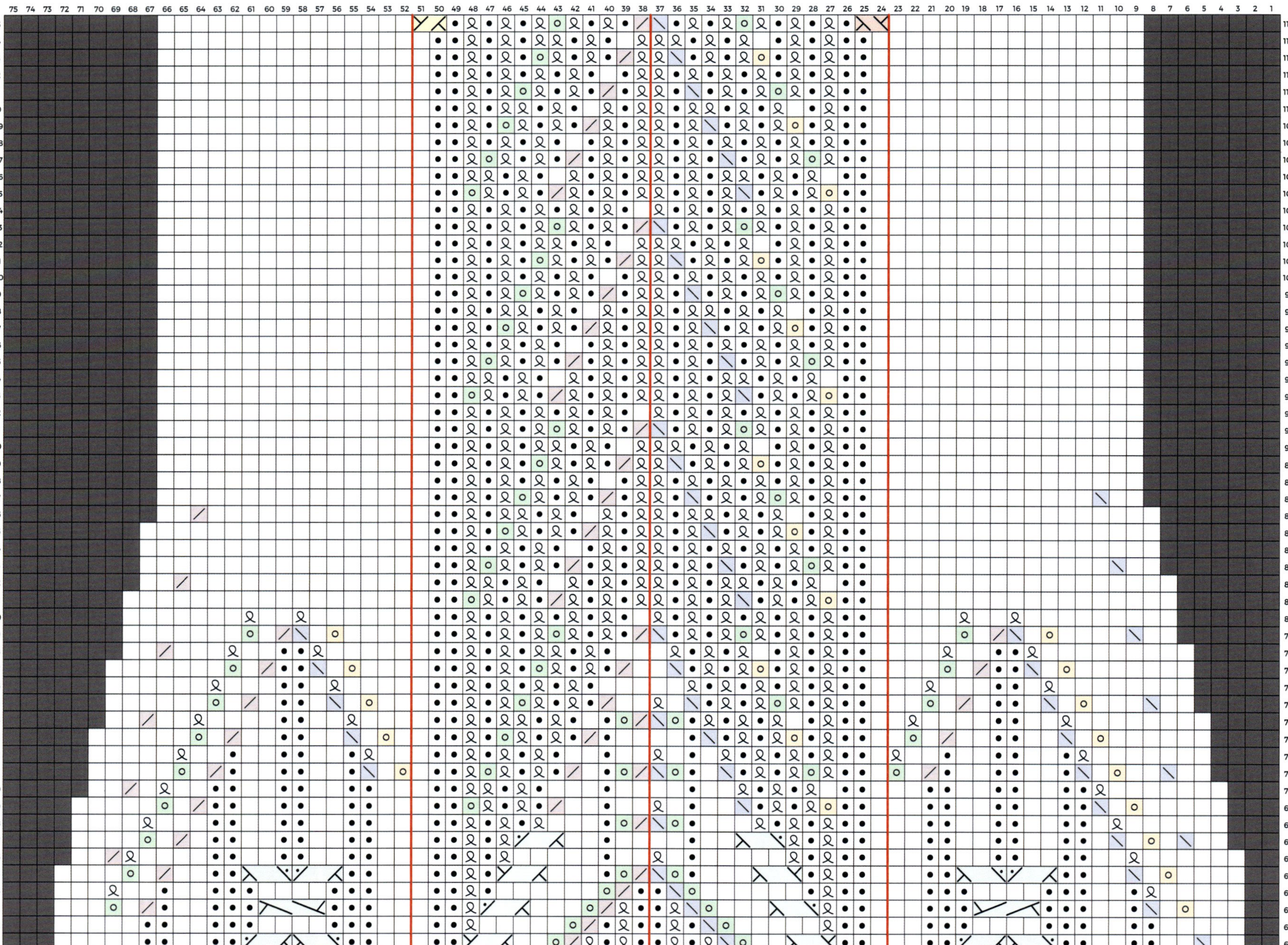

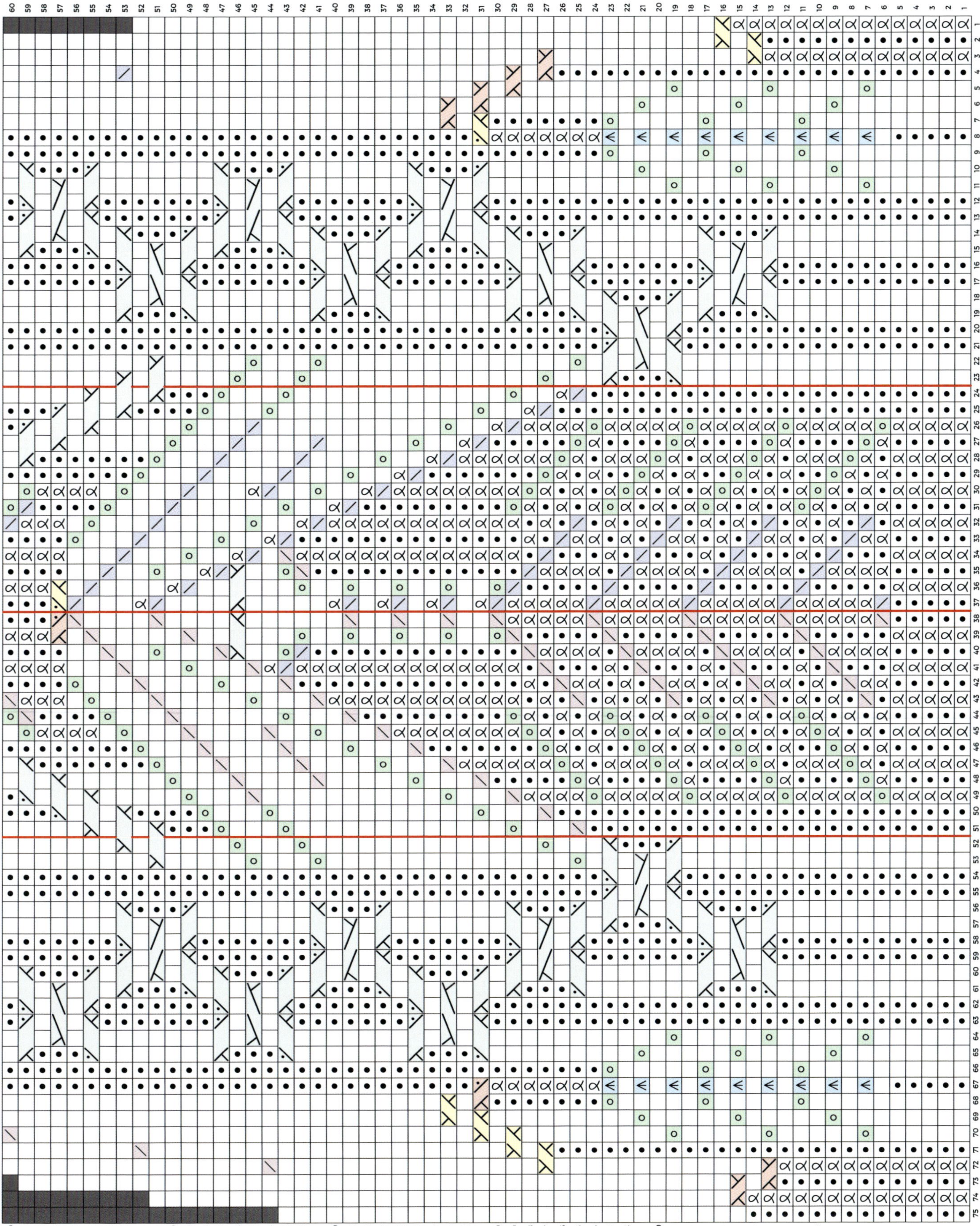

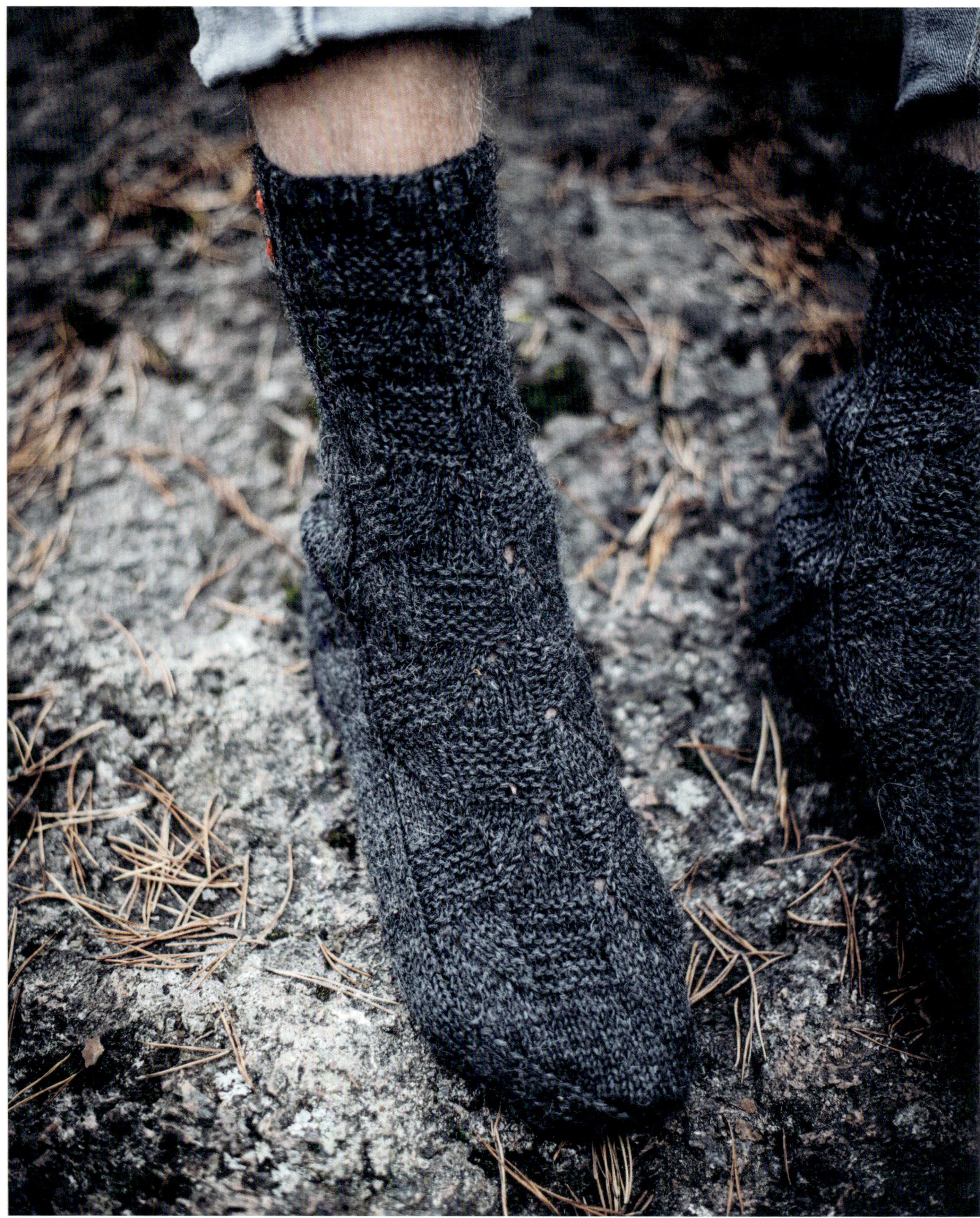

Die Eberesche vom Ural

Größe: 41/42 (44/45)

Garn: Novita Nalle (100 g = 260 m), Farbe 044 Graphit

Garnverbrauch: 100 (110) g

Nadelspiel: Nr. 3

Maschenprobe: 23 M und 28 Rd = 10 cm x 10 cm

Zubehör: 4 kleine Knöpfe

BEVOR SIE BEGINNEN

Die Socken werden gegengleich gestrickt. Verwenden Sie die Strickschriften A1 und B1 für die rechte Socke, A2 und B2 für die linke Socke. Der Schaft wird für beide Größen nach derselben Anleitung gearbeitet, danach sind die Abweichungen für die Größe 44/45 blau markiert.

SCHAFT

63 M anschlagen und auf den Nd verteilen: 17-15-14-17 für die rechte Socke und 17-14-15-17 für die linke Socke. Den Schaft laut Strickschrift A1/A2 beginnend vom rechten unteren Rand stricken, Rd 1–60. In der letzten Rd die M neu auf den Nd verteilen: für die rechte Socke 16-16-15-16 und für die linke Socke 16-15-16-16.

FERSE

Die Fersenwand verstärkt stricken, dazu die M der 1. Nd auf die 4. Nd stricken (insg. 32 M). Die restlichen M bleiben ungestrickt. Die Arbeit wenden, die 1. M li abheben, ohne sie zu stricken, die übrigen M li stricken.

1. R (Hin-R): Die Arbeit wenden, *1 M abheben, 1 M re, ab * bis R-Ende wiederholen.

2. R (Rück-R): Die Arbeit wenden, 1 M li abheben, ohne sie zu stricken, die übrigen M li stricken.

Diese zwei R wiederholen, bis für die Fersenwand 32 R gestrickt sind und zuletzt eine Rück-R gestrickt wurde.

Die Käppchenabnahmen in der nächsten Hin-R beginnen und weiterhin verstärkt stricken, bis noch 11 M auf der Nd sind. 1 ssk oder Übz stricken und die Arbeit wenden. Auf der anderen Nd sind 9 M. 1 M li abheben, ohne sie zu stricken, und li stricken, bis 11 M übrig sind. 2 M li zus, wenden. 1 M re abheben, ohne sie zu stricken, und verstärkt stricken, bis 10 M übrig sind. 1 ssk oder Übz stricken, wenden. 1 M li abheben, ohne sie zu stricken, und li stricken, bis 10 M übrig sind. 2 M li zus, wenden.
So fortfahren, dabei werden die äußeren M in jeder R reduziert, die mittleren M bleiben gleich (12 M).

Wenn die äußeren M aufgebraucht sind, die M der Fersenwand auf 2 Nd verteilen (6-6). 6 M re str, sodass der Faden zwischen der 1. und 4. Nd liegt.

FUSSTEIL

Aus dem Fersenrand mit der 1. Nd 18 M auffassen und mit der 4. Nd aus dem anderen Fersenrand ebenfalls 18 M auffassen. Die Arbeit hat jetzt 79 M. Mit der 1. und 4. Nd weiterhin re und die aus dem Fersenrand aufgefassten M re verschränkt stricken. Mit der 2. und 3. Nd das Muster laut Strickschrift B1/B2 beginnend mit Rd 19 stricken und Rd 1–24 wiederholen.

Für die Zwickelabnahmen am Ende der 1. Nd 2 M re zus und am Anfang der 4. Nd 1 ssk oder Übz stricken.

Wenn noch 63 M übrig sind (16-16-15-16 für die rechte Socke, 16-15-16-16 für die linke Socke), die

Zwickelabnahmen beenden und mit der 1. und 4. Nd weiterhin rechts, mit der 2. und 3. Nd im Muster laut Strickschrift B1/B2 arbeiten. Wenn ab der Ferse 54 Rd gestrickt sind und zuletzt Rd 24 der Strickschrift gestrickt wurde, noch 0 (5) Rd glatt rechts stricken und eine breite Bandspitze arbeiten:
1. und 3. Nd: Re stricken, bis noch 3 M übrig sind, 2 M re zus, 1 M re.
2. und 4. Nd: 1 M re, 1 ssk oder Übz, die restlichen M re stricken.

Die Abnahmen zunächst in jeder 2. Rd stricken. Wenn noch insg. 35 M (rechte Socke 9-9-8-9, linke Socke 9-8-9-9) übrig sind, in jeder Rd abnehmen. In der letzten Rd für die rechte Socke mit der 3. Nd und für die linke Socke mit der 2. Nd nicht mehr abnehmen.

Wenn insg. noch 8 M übrig sind, den Faden abschneiden und durch die M ziehen.

Die Fadenenden vernähen und die Socken leicht dämpfen. Jeweils 2 Knöpfe an der Außenkante der Socken annähen.

- rechts
- rechts verschränkt
- links
- Umschlag
- ssk: 2 M einzeln wie zum Rechtsstricken abheben, zurück auf die linke Nd legen und von hinten 2 M re zus
- 2 M re zus
- Nadelverteilung

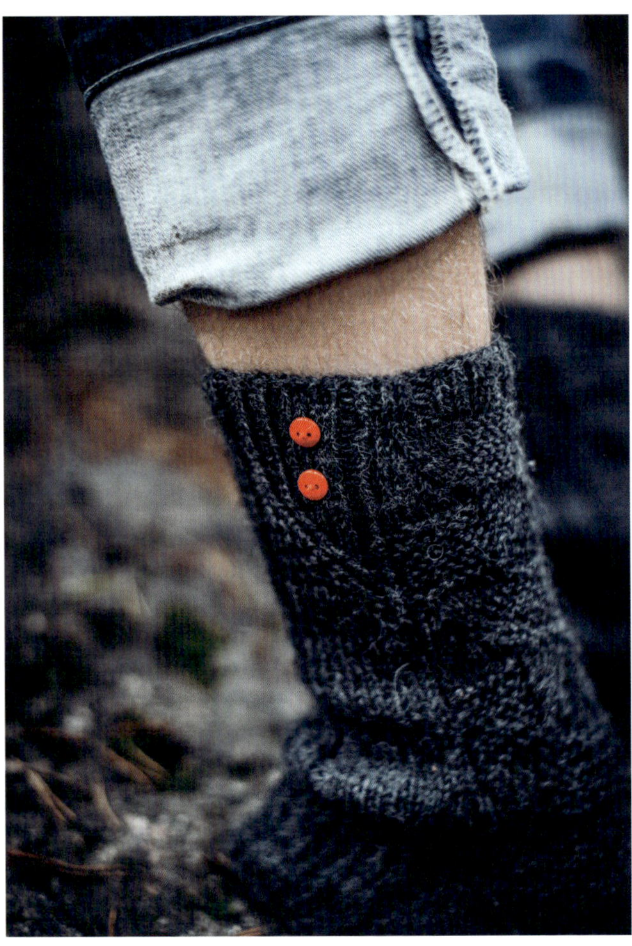

STRICKSCHRIFT B1, RECHTE SOCKE

	31	30	29	28	27	26	25	24	23	22	21	20	19	18	17	16	15	14	13	12	11	10	9	8	7	6	5	4	3	2	1	
24		•	•	•	•	•	•	•								•	•	•	•	•	•	•								•		24
23		•							\	O						•							\	O						•		23
22		•	•	•	•	•	•	•								•	•	•	•	•	•	•								•		22
21		•							\		O					•							\		O					•		21
20		•	•	•	•	•	•	•								•	•	•	•	•	•	•								•		20
19		•							\			O				•							\			O				•		19
18		•	•	•	•	•	•	•								•	•	•	•	•	•	•								•		18
17		•							\				O			•							\				O			•		17
16		•	•	•	•	•	•	•								•	•	•	•	•	•	•								•		16
15		•							\					O		•							\					O		•		15
14		•	•	•	•	•	•	•								•	•	•	•	•	•	•								•		14
13		•							\						O	•							\						O	•		13
12		•								•	•	•	•	•	•	•								•	•	•	•	•	•	•		12
11		•						O	/							•						O	/							•		11
10		•								•	•	•	•	•	•	•								•	•	•	•	•	•	•		10
9		•					O		/							•					O		/							•		9
8		•								•	•	•	•	•	•	•								•	•	•	•	•	•	•		8
7		•				O			/							•				O			/							•		7
6		•								•	•	•	•	•	•	•								•	•	•	•	•	•	•		6
5		•			O				/							•			O				/							•		5
4		•								•	•	•	•	•	•	•								•	•	•	•	•	•	•		4
3		•		O					/							•		O					/							•		3
2		•								•	•	•	•	•	•	•								•	•	•	•	•	•	•		2
1		•	O						/							•	O						/							•		1
	31	30	29	28	27	26	25	24	23	22	21	20	19	18	17	16	15	14	13	12	11	10	9	8	7	6	5	4	3	2	1	

STRICKSCHRIFT B2, LINKE SOCKE

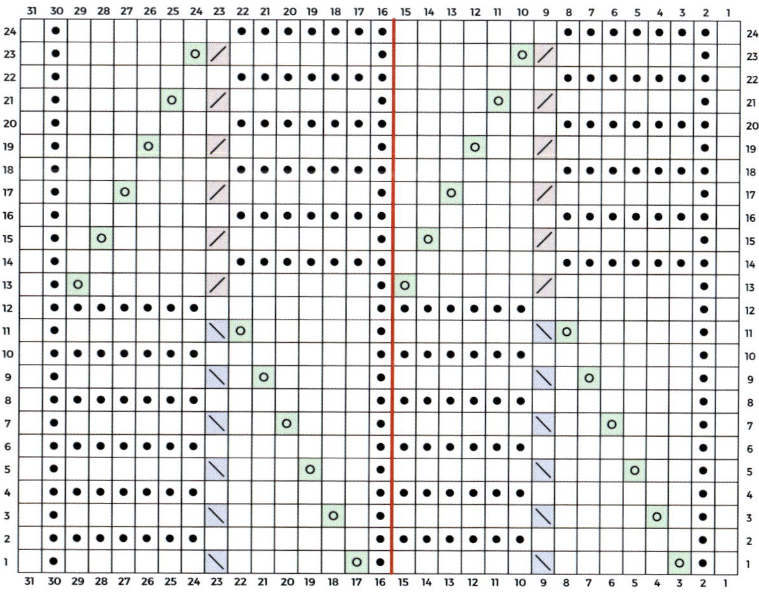

	31	30	29	28	27	26	25	24	23	22	21	20	19	18	17	16	15	14	13	12	11	10	9	8	7	6	5	4	3	2	1	
24		•								•	•	•	•	•	•	•								•	•	•	•	•	•	•		24
23		•						O	/							•						O	/							•		23
22		•								•	•	•	•	•	•	•								•	•	•	•	•	•	•		22
21		•					O		/							•					O		/							•		21
20		•								•	•	•	•	•	•	•								•	•	•	•	•	•	•		20
19		•				O			/							•				O			/							•		19
18		•								•	•	•	•	•	•	•								•	•	•	•	•	•	•		18
17		•			O				/							•			O				/							•		17
16		•								•	•	•	•	•	•	•								•	•	•	•	•	•	•		16
15		•		O					/							•		O					/							•		15
14		•								•	•	•	•	•	•	•								•	•	•	•	•	•	•		14
13		•	O						/							•	O						/							•		13
12		•	•	•	•	•	•	•								•	•	•	•	•	•	•								•		12
11		•							\	O						•							\	O						•		11
10		•	•	•	•	•	•	•								•	•	•	•	•	•	•								•		10
9		•							\		O					•							\		O					•		9
8		•	•	•	•	•	•	•								•	•	•	•	•	•	•								•		8
7		•							\			O				•							\			O				•		7
6		•	•	•	•	•	•	•								•	•	•	•	•	•	•								•		6
5		•							\				O			•							\				O			•		5
4		•	•	•	•	•	•	•								•	•	•	•	•	•	•								•		4
3		•							\					O		•							\					O		•		3
2		•	•	•	•	•	•	•								•	•	•	•	•	•	•								•		2
1		•							\						O	•							\						O	•		1
	31	30	29	28	27	26	25	24	23	22	21	20	19	18	17	16	15	14	13	12	11	10	9	8	7	6	5	4	3	2	1	

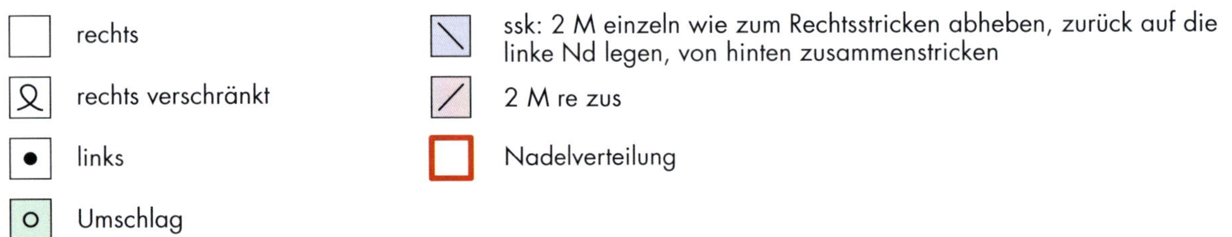
rechts
rechts verschränkt
links
Umschlag
ssk: 2 M einzeln wie zum Rechtsstricken abheben, zurück auf die linke Nd legen, von hinten zusammenstricken
2 M re zus
Nadelverteilung

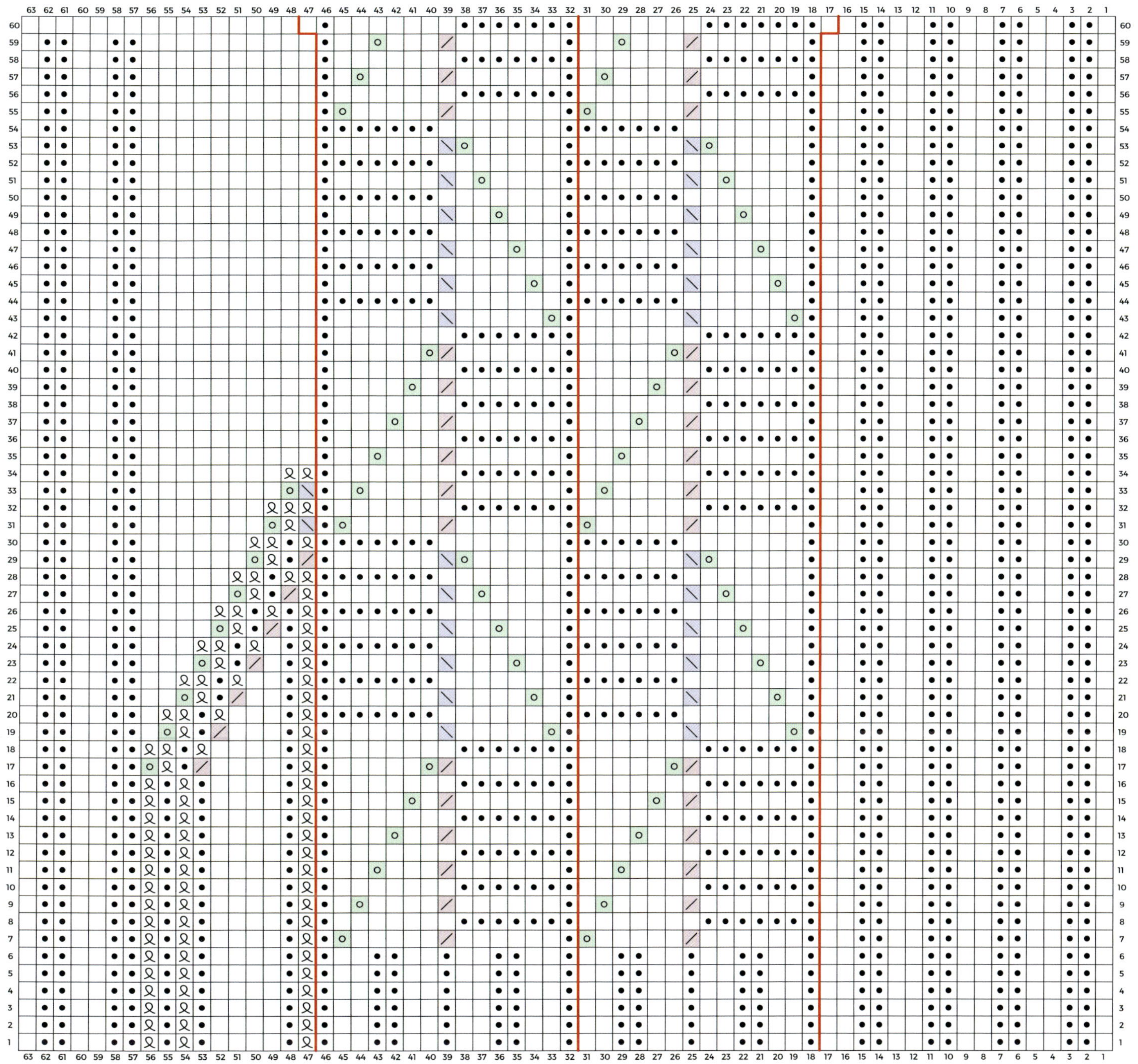

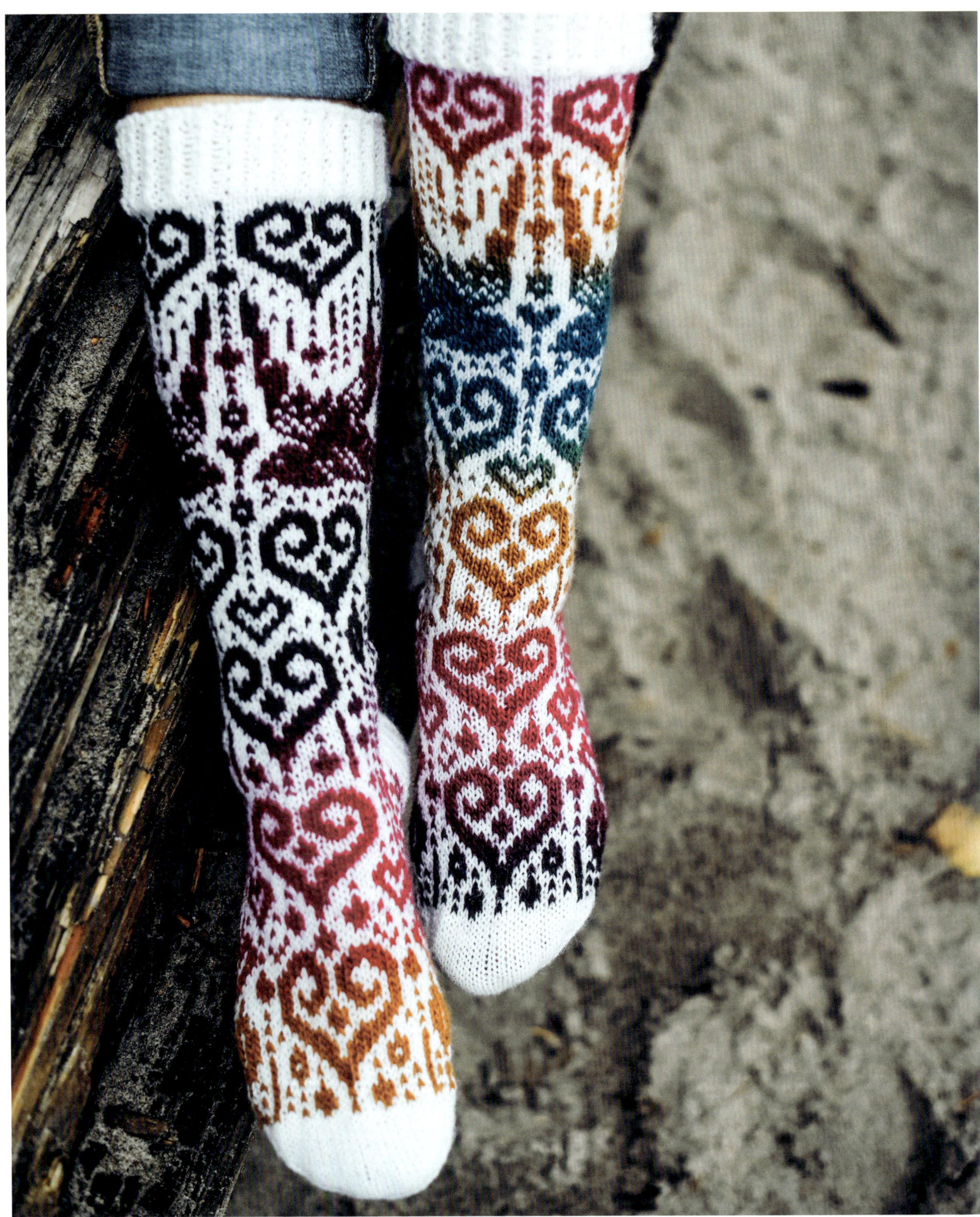

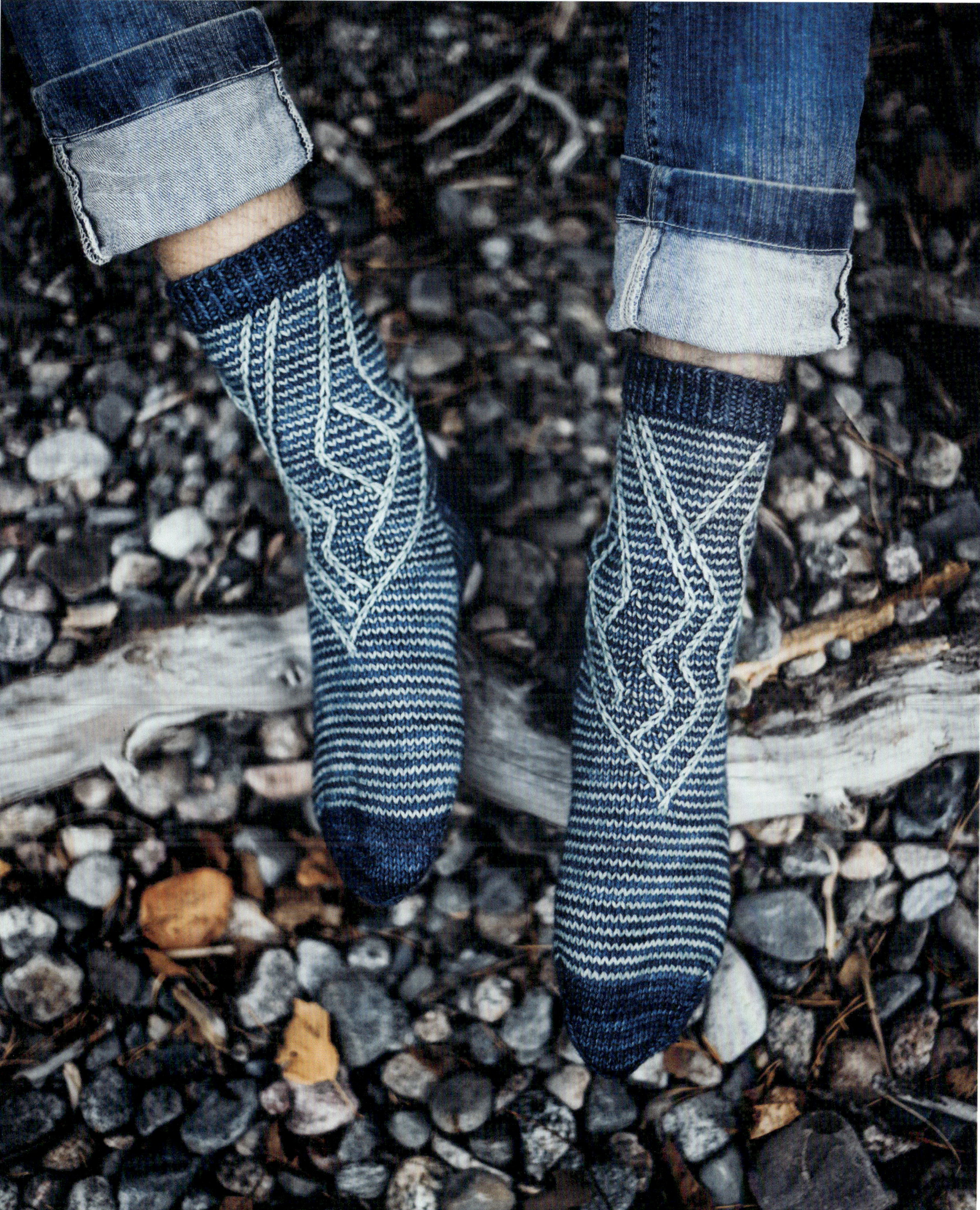

Auch von Niina Laitinen bei Stiebner:

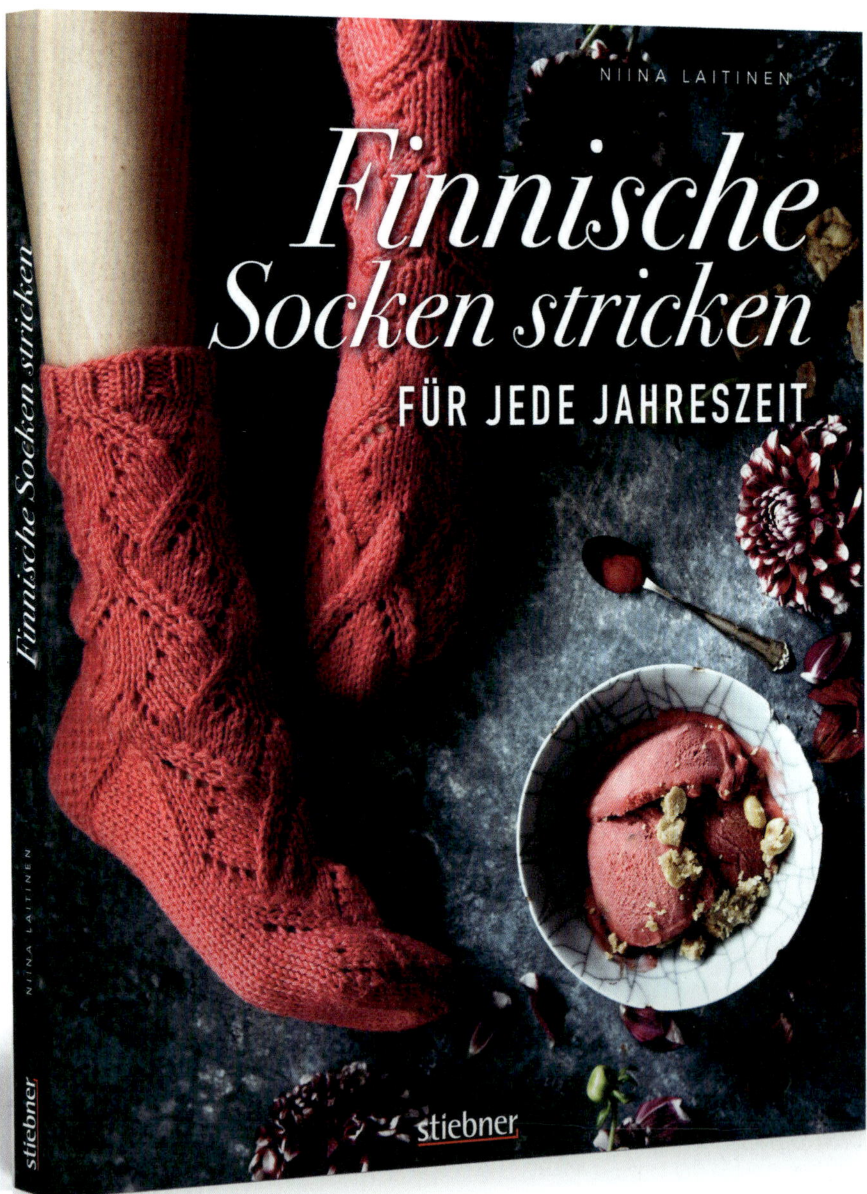

Niina Laitinen
Finnische Socken stricken
für jede Jahreszeit
176 Seiten
ISBN 978-3-8307-2113-0